LOS HOMBRES DE LOS RÍOS

Jesuitas en Guayana

Cuadernos publicados

©   José Del Rey Fajardo S.J.
    email: jdelrey@ucab.edu.ve
    ISBN: 978-980-365-450-4
    Depósito Legal: DC2019000083

    Impresión por Lightning Source, a INGRAM Content company
    para su distribución por: Editorial Jurídica Venezolana International Inc.
    Panamá, República de Panamá
    ejvinternational@gmail.com

    Editorial Jurídica Venezolana
    Sabana Grande, Av. Francisco Solano, Edif. Torre Oasis, Local 4, P.B.
    Apartado Postal 17.598, Caracas 1015-A, Venezuela
    Teléfonos: 762.2553/762.3842 - Fax: 763.5239
    E-mail fejv@cantv.net
    http://www.editorialjuridicavenezolana.com.ve

    Diagramación, composición y montaje
    por: Francis Gil, en Time New Roman 12, Interlineado: Exacto 13
    Mancha 18 x 11,5

José del Rey Fajardo, S.J.

LOS HOMBRES DE LOS RÍOS.
Jesuitas en Guayana

Colección Cuadernos de la Cátedra Fundacional
Charles Brewer Maucó, Sobre Historia del Derecho.
Universidad Católica Andrés Bello
Nº 15

Editorial Jurídica Venezolana
Caracas, 2019

CONTENIDO

CAPÍTULO I:
LA GEOGRAFÍA EN EL IMAGINARIO JESUÍTICO

CAPÍTULO II:
LOS HOMBRES DE LOS RÍOS

CAPÍTULO 3:

LA INSPIRACIÓN FLUVIAL EN LA TOPOGRAFÍA MISIONAL

CAPÍTULO IV:

LA CARTOGRAFÍA JESUÍTICA

ARCHIVOS Y BIBLIOGRAFÍA

INTRODUCCIÓN

De gran impacto tuvo que ser la impresión que le produjo el espectáculo de los Llanos al novel misionero Juan Rivero cuando nos dejó en 1729 la siguiente descripción que recoge como pórtico para su obra *Historia de las Misiones*: "La esplendidez y magnificencia de los Llanos no puede comprenderse sino viéndolos. La pluma es impotente, las palabras y las frases son inadecuadas, y todas las descripciones demasiado pálidas para dar a conocer este inmenso territorio que, semejante a la mar en calma, se extiende hasta donde la vista no alcanza, y confunde sus límites con la bóveda azulada en el horizonte"[1].

Geógrafos y novelistas han captado el embrujo de esta excepcional región colombo-venezolana. Si a ello añadimos la agresividad de sus tierras inhóspitas y salvajes debemos concluir que su conocimiento y poblamiento suponía el mayor de todos los riegos.

Ciertamente que las tierras guayanesas ingresaron como protagonistas en la Historia de América desde los albores del descubrimiento. En el siglo XVI el utópico Dorado convocaría una serie de gestas cuyos relatos fueron fuente generosa de inspiración históri-

---

1   Juan RIVERO. *Historia de las Misiones de los Llanos de Casanare y los ríos Orinoco y Meta*. Bogotá, Biblioteca de la Presidencia de Colombia (1956) 1.

ca^2 así como también han servido para iluminar la creación literaria que aún hoy día recrea los imaginarios de esas regiones míticas^3.

De estos antecedentes deducimos que el siglo XVI lo vivirían con intensidad tanto Venezuela como el Nuevo Reino pues hombres decididos y audaces se enfrentarían a todo ese proceso del descubrimiento de territorios enteramente desconocidos y hostiles por la ferocidad de sus habitantes y por el infierno verde de sus selvas.

María Teresa Cobos dibuja su concepción de los Llanos de la siguiente manera: "Sabanas despejadas cuyo horizonte está surcado por bosques de galería o fajas selváticas, por ríos que en la época lluviosa se convierten en mares y en verano pierden hasta su caudal. Espacios abiertos, silenciosos. Es el trópico misterioso con su ecuación tierra-cielo, en donde no cuentan las horas ni las distancias. El hombre y la naturaleza luchan por su sobrevivencia. En invierno (abril-octubre) la tierra es avasallada por las aguas y el tránsito por sus tierras se hace imposible. En verano (diciembre-marzo) la sequía hace que las sabanas aridezcan, los terrenos se resquebrajen y el fuego sea el protagonista de las quemas y el terror de la flora y la fauna^4.

Y en palabras de José Eustasio Rivera "... esta tierra lo alienta a uno para gozarla y para sufrirla... Es el desierto, pero nadie se siente solo: son nuestros hermanos el sol, el viento y la tempestad. No se les teme ni se les maldice"^{5}.

Por otro lado, uno de sus mejores intérpretes es el novelista venezolano Rómulo Gallegos: "La llanura es bella y terrible a la vez; en ella caben holgadamente, hermosa vida y muerte atroz. Esta acecha por todas partes; pero allí nadie la teme. El llano asusta,

---

2   Véase: Demetrio RAMOS PÉREZ. *El mito del Dorado. Su génesis y proceso.* Caracas, 1973.

3   Una síntesis puede verse en: S. G. [Sonia GARCÍA]. "El Dorado, mito de". En: FUNDACIÓN POLAR. *Diccionario de Historia de Venezuela.* Caracas, II (1997) 190-192.

4   María Teresa COBOS. "El llanero y la colonización del Oriente". En: *Boletín Cultural y Bibliográfico.* Bogotá, 9 (1966) 74-78.

5   José Eustasio RIVERA. *La vorágine.* Bogotá, Editorial Pontificia Universidad Javeriana (2005) 51.

pero el miedo del llano no enfría el corazón: es caliente como el gran viento de su soleada inmensidad, como la fiebre de sus esteros… Tierra abierta y tendida, buena para el esfuerzo y para la hazaña, toda horizontes, como la esperanza; toda caminos como la voluntad"[6].

Mas para llegar a la verdadera comprensión de la Orinoquia dejamos de lado la visión literaria para mejor comprender la tierra y el hombre que la habitaban así como también sus orígenes históricos.

Geografía física.

Si comenzamos por la visión de la geografía física de toda la Guayana nos remitimos al escritor venezolano Perera quien fundamenta su tesis en el análisis que ofrece de la Orinoquia en la que distingue las siguientes regiones:

En primer lugar la inmensidad superficial de los Bosques y Selvas, con un total de 350 mil kilómetros cuadrados. Ellos integran los Bosques de Galería a lo largo de los ríos y con abundancia de población y de faunística, junto con una agricultura básica de maíz y yuca y tubérculos diversos. Después se deben mencionar los Bosques tropófilos de escasos recursos, los Bosques específicos de transición en el área mesopotámica de los ríos Guainía-Negro-Atabapo-Casiquiare, con agrupaciones indígenas diseminadas forzosamente por la escasez de espacios abiertos; finalmente, los inmensos Bosques ombrófilos de la llamada comúnmente Selva Virgen, en donde, ayer como hoy, las etnias indígenas, con un promedio de no más de 0'2 habitantes por kilómetro cuadrado, pugnan por vivir holgadamente.

En segundo término hay que aludir a las Sabanas con un total de 55 mil kilómetros cuadrados. De ellos 10 mil kilómetros cuadrados los constituyen las sabanas altas de arenisca, con suelos impermeables, y con imposibilidad de habitación poblacional; 5 mil son inundables por su condición de sabanas fluviales, con sus transhumancias estacionales de vivienda y de modos de vida; 40 mil kilómetros cuadrados son sabanas bajas, de suelos duros y siempre arrasadas por el fuego y con escasa posibilidad de una cul-

---

6 Rómulo GALLEGOS. *Doña Bárbara*. Bogotá, Oveja Negra, 1987.

tura agrícola, pero con abundante cacería mayor. La sustentabilidad poblacional indígena extrema de esa región sabanera no pasó de los 30 mil habitantes.

En tercer término hay que señalar el Estuario deltáico del Orinoco y los pantanales del Casiquiare-Río Negro, con un total de 30 mil kilómetros cuadrados y que pudieron sustentar, por su riqueza piscícola y frutera a unos 50 mil habitantes indígenas.

Y en último lugar, aparecen las áreas geográficas inhabitables de Guayana como son las regiones altas de los Tepuyes, las cordilleras más hostiles y las marismas propiamente dichas, que conforman un total de más de 30 mil kilómetros cuadrados a los que habría que añadir los 3.500 kilómetros cuadrados que conforman el espejo superficial de los grandes ríos en sus madres respectivas[7].

Del lado colombiano, (sede de las Misiones del Meta y Casanare), hay que hacer referencia a los departamentos del Meta, Arauca, Casanare y Vichada[8]. En una perspectiva fisiográfica se deben distinguir los Llanos altos, apegados a las estribaciones de los Andes, configurados por anchas franjas de tierra de aluvión de grano fino sobre los que reposan bosques húmedos que incentivan el cultivo del arroz, café, caña de azúcar, maíz, algodón, plátano y otros productos agrícolas. Los Llanos bajos, más al oriente, es "tierra yerma, castigada por las vicisitudes del clima" en la que solo se producen pastos de mala calidad[9].

Toda la región está sometida a dos estaciones anuales: la temporada de lluvias que se extiende desde abril hasta finales de no-

---

7 Daniel de BARANDIARÁN, "El Orinoco amazónico de las misiones jesuíticas" en *Misiones jesuíticas en la Orinoquia,* Universidad Católica del Táchira, II, J. DEL REY FAJARDO (edit.), San Cristóbal 1992, pp. 129-285.

8 Robert C., WEST, "The Geography of Colombia" en *The Caribbean Contemporary Colombia,* A. CURTIS WILGIUS, (edit.), Gainesville 1962, p. 19. Citado por Jane M., RAUSCH, *Una frontera de la sabana tropical. Los llanos de Colombia 1531-1831,* Colección Bibliográfica Banco de Colombia, s/a (El original inglés es de 1984) Santafé de Bogotá, p. 7. Eduardo, ACEVEDO LATORRE, *Diccionario geográfico de Colombia,* Instituto Geográfico A. Codazzi, Bogotá 1971.

9 Robert C. WEST, *The Geography of Colombia*, p. 19.

viembre y la seca que abarca de diciembre hasta marzo[10]. Y su población no superaba los 100.000 habitantes[11].

El paisaje humano.

El paisaje humano estuvo compuesto por muy diversas familias étnicas y con toda verdad podemos afirmar que se trataba de un auténtico mosaico de naciones[12]. A ello hay que añadir muy diversos grados de nomadismo en la mayoría de los autóctonos. Era una pauta de vida –observa Luis Duque Gómez– que estaba determinada por la naturaleza por ser ésta la fuente principal de sus recursos de subsistencia en cuya búsqueda llevaban a cabo grandes desplazamientos con el fin de aprovechar "la maduración de las frutas silvestres, los refugios de las especies de la caza mayor y menor y las facilidades de la pesca en los tiempos de verano"[13].

Si en los Llanos los jesuitas laboraron con seis naciones distintas, en el Orinoco el número de familias lingüísticas fue mucho mayor.

Los achaguas se extendían desde cerca de Barinas hasta San Juan de los Llanos. Eran de lengua Maipure y habían sido una de las naciones más numerosas de estas comarcas[14].

Los sálivas[15] constituyen la segunda nación en importancia dentro del ámbito misional jesuítico llanero y orinoquense. Su hábitat

---

10 F.J., VERGARA Y VELASCO, *Nueva geografía de Colombia,* Bogotá 1901-1902, p. 683.

11 Jane M., RAUSCH, *Una frontera de la sabana tropical. Los llanos de Colombia 1531-1831,* Santafé de Bogotá 1984, p. 33.

12 José, DEL REY FAJARDO, *Los Jesuitas y las Lenguas Indígenas Venezolanas,* Universidad Católica Andrés Bello, Caracas 1979, Mayor información en Fernando, ARELLANO, *Una introducción a la Venezuela prehispánica,* Universidad Católica Andrés Bello, Caracas 1986.

13 Luis, DUQUE GÓMEZ, "Visión etnológica del Llano y el proceso de la evangelización" en *Misiones jesuíticas en la Orinoquia,* I, José DEL REY FAJARDO, (edit.), San Cristóbal 1992, p. 693.

14 Juan, RIVERO, *Historia de las misiones de los Llanos de Casanare y los ríos Orinoco y Meta,* Bogotá 1956, p. 46.

15 F., ARELLANO, *Una introducción a la Venezuela prehispánica,* Caracas 1986, pp. 508-519.

14

se asentaba entre la desembocadura del Meta y los raudales de Atures y Maipures, a ambos lados del río Orinoco[16] pero también se expandieron hasta el alto Vichada y el Guaviare[17]. Sus formas de vida eran muy semejantes a las de los achaguas pero sus lenguas eran totalmente diversas. Esto no impidió que convivieran en aldeas mixtas en donde fácilmente se hacían bilingües pues los hijos eran de madre sáliva y de padre achagua[18]. Los jesuitas clasificaron su lengua como matriz[19].

Al norte de los Llanos habitaban también tres etnias de agricultores en lo que se denominó el Airico de Macaguane entre los ríos Casanare y Apure: los betoyes, los giraras y los tunebos.

Los betoyes se ubicaban entre el río Sarare y el Uribante[20] y aunque Gumilla considera su lengua como matriz[21], sin embargo, hoy se le considera de origen chibcha[22]. Gozaban de una geografía privilegiada y sus tierras constituían uno de los corredores terrestres entre Venezuela y el Nuevo Reino.

Los giraras aparecen en las historias jesuíticas como una etnia belicosa y cruel[23]. Habitaban en la serranía de Morcote y en el Airico de Macaguane pero tenían sus ramificaciones profundas en el actual territorio venezolano[24].

16 RIVERO, *ob. cit.*, pp. 47, 216. GILIJ, *ob. cit.*, I, p. 74.
17 A., TOBAR y C., LARRUCEA DE TOVAR, *Catálogo de las lenguas de América del Sur con clasificaciones, indicaciones tipológicas, bibliografía y mapas,* Madrid 1984, p. 161. Nancy C., MOREY, y Robert V., MOREY, "Los sáliva" en *Los aborígenes de Venezuela,* Fundación La Salle de Ciencias Naturales, I, Walter COPPENS (edit.), Caracas 1980, pp. 241-285.
18 RIVERO, *ob. cit.*, p. 199.
19 GUMILLA, *El Orinoco ilustrado y defendido,* Caracas 1963, p. 298. GILIJ, *ob. cit.*, III, p. 180.
20 RIVERO, *ob. cit.*, p. 346.
21 GUMILLA, *ob. cit.*, p. 298.
22 Antonio, TOVAR, *Catálogo de las Lenguas de América del Sur,* Edit. Sudamericana, Buenos Aires 1961, p. 174.
23 Pedro de MERCADO, *Historia de la Provincia del Nuevo Reino y Quito de la Compañía de Jesús,* II, Bogotá 1957, p. 267.
24 RIVERO, *ob. cit.*, pp. 117 y ss. ARELLANO, F., *ob. cit.*, pp. 400-402.

La imagen que hoy tenemos del tunebo se puede tipificar en un grupo indígena extremadamente introvertido en su psique, ajeno al acontecer del mundo circundante, aferrado a sus tradiciones ancestrales y encerrado en las inaccesibles selvas y montañas que constituyen la Sierra Nevada del Cocuy[25].

Pero la paz de las regiones llaneras se vio siempre perturbada por los guahivos y chiricoas, el grupo más poderoso y numeroso de los recolectores. Erráticos y vagabundos recorrían desde los rincones más retirados del gran Orinoco, del río Meta y del Ayrico, hasta casi los últimos términos de San Juan de los Llanos. Su nomadismo activo les hizo vivir como gitanos trashumantes sin poblaciones fijas, sin tierras y sin labranzas viviendo siempre del pillaje, de la amenaza y del robo[26].

Al referirnos a la cuenca del Orinoco la primera observación que llama la atención del estudioso es la pluralidad de naciones y lenguas que vertebran las huellas de los diversos poblamientos que sufrió nuestro gran río. Por ello no descendemos a singularización de ninguna de las etnias. Baste citar como ejemplo el de la pequeña reducción de La Encaramada a orillas del Orinoco: la poblaron tamanacos, avaricotos, parecas, maipures, avanes, meepures y quaquas[27].

Más, sería el jesuita italiano Felipe Salvador Gilij quien interpretaría esa dispersión al reducir a nueve lenguas matrices todo el mosáico lingüístico de la Orinoquia[28]: Caribe, Sáliva, Maipure, Otomaco, Guamo, Guahibo, Yaruro, Guaraúno y Aruaco.

Mención obligada debemos hacer de la nación caribe. La historia de la demografía en la Orinoquia recoge a esta nación como la más feroz depredadora de los habitantes del Orinoco medio y bajo[29].

---

25 José, DEL REY FAJARDO, "Consideraciones sobre el hombre y la lengua tuneba" en María Elena, MÁRQUEZ, (AGUABLANCA, Esperanza) BERICHÁ y Jesús, OLZA, *Gramática de la lengua tuneba,* Universidad Católica del Táchira, San Cristóbal 1988, pp. 5-28.

26 MERCADO, *ob. cit.,* II, pp. 285-286.

27 GILIJ, *ob. cit.,* II, p. 175.

28 GILIJ, *ob. cit.,* III, p. 174.

29 *V.,* Daniel de, BARANDIARÁN, "Introducción al estudio de la historia de las misiones jesuíticas en la Orinoquia" en *Misiones jesuíticas en la Orino-*

Este mundo caribe, o mejor macrocaribe, puede ser considerado, desde su ingreso en la hoya orinoquense algunas centurias antes de la llegada de Colón, como el pueblo de la navegación fluvial o marítima. Muy probablemente su acceso a la gran Orinoquia debió efectuarse por una doble vía: la fluvial amazónica desde el Matto Grosso y la marítima por la desembocadura del Amazonas y su lanzamiento costero e insular en el Mediterráneo americano. Por ello, tanto los caribes fluviales como los marítimos aportarán una gran cosmovisión del mundo y del agua: *Mar y Río* de donde y por donde todo nació y emergió.

Las coordenadas que limitan los espacios temporales de este hecho histórico corren de 1661 a 1767 para los Llanos de Casanare, vale decir, para las misiones del piedemonte andino. Sin embargo, las reducciones orinoquenses sólo lograron consolidarse en 1731, es decir, 36 años antes de la expulsión de Carlos III en 1767[30].

Pero viniendo al caso concreto de los jesuitas, de facto, se le encomendaba a la Orden fundada por Ignacio de Loyola gran parte de la Provincia de Guayana, la creada por don Antonio de Berrío, que "se empujaba hasta el Amazonas y lo abarcaba desde su nacimiento hasta su desembocadura", es decir, la Provincia y Gobernación de Guayana integrada por la Provincia del Dorado de Papamene-Pauto de Quesada y la Provincia de Guayana y Caura de Ordaz y luego de Serpa[31]. Este territorio daba cabida a todo el complejo mesopotámico que hoy conforman las cuencas colombo-venezolanas del Orinoco y del Amazonas.

Los espacios señalados en esta geografía histórica pertenecen hoy a tres naciones: Venezuela, Colombia y Brasil.

---

quia, Universidad Católica del Táchira, I, José DEL REY FAJARDO (edit.), San Cristóbal 1992, pp. 247-265.

30 José, DEL REY FAJARDO, "Introducción al estudio de la historia de las misiones jesuíticas en la Orinoquia", en *Misiones jesuíticas en la Orinoquia*, Universidad Católica del Táchira, I, José DEL REY FAJARDO (edit.), San Cristóbal 1992, pp. 415-419.

31 Daniel de BARANDIARÁN. "El Orinoco amazónico de las misiones jesuíticas". En: José DEL REY FAJARDO (Edit.). *Misiones jesuíticas en la Orinoquia*. San Cristóbal, Universidad Católica del Táchira, II (1992) 141.

Pero, esa primigenia Provincia de Guayana se desintegró a lo largo del siglo XIX de la siguiente manera. Por el Tratado de 1859, firmado con el Brasil, pasaron a la república sureña 200.000 kilómetros cuadrados: 150.000 correspondientes a la franja norte del Medio Yapurá y el Alto y Medio Río Negro-Guainía; y 50.000 comprendidos en la franja meridional del Medio Yapurá y el Río Amazonas o Solimoés[32]. Por el Laudo español de 1891 la Provincia de Guayana se desprendió de 519.857 kilómetros cuadrados[33] que se integraron a la actual República de Colombia[34]. Y a Venezuela le quedaron 460 mil kilómetros cuadrados contabilizados por el Delta Amacuro, el Territorio Federal Amazonas y el Estado Bolívar.

La superficie total de las Misiones jesuíticas en la primigenia Guayana occidental y meridional involucraba unos 50 mil kilómetros cuadrados de acción directa. A ellos habría que sumar los de los territorios de Casanare y Meta.

Frente a estas ingentes extensiones de terreno llama la atención la demografía de la población autóctona que habitó en estas tierras guayanesas.

Según Miguel Ángel Perera, durante los tiempos coloniales, no sobrepasó nunca esta tierra difícil y despoblada los 200.000 habitantes[35]. Quizá pueda llamar la atención esta afirmación pero su confrontación referencial con la población actual, que apenas supera el millón de habitantes, parece avalar el interesante estudio que ha venido realizando durante años el mencionado profesor de la Universidad Central de Venezuela.

En 1780 escribía el ex-misionero orinoquense P. Felipe Salvador Gilij: "Todavía insolentes y bárbaros, los orinoquenses, a los

---

32 Véase: Daniel de BARANDIARÁN. "Brasil nació en Tordesillas". En: *Paramillo*. San Cristóbal, 13 (1994) 331-774.

33 Véase: Pablo OJER. *La Década fundamental en la controversia de Límites entre Venezuela y Colombia (1881-1891)*. Maracaibo, Corpozulia, 1982.

34 Comandancia del Vichada (100.242 Kilómetros cuadrados); Departamento del Meta (85.635); Comisaría del Vaupés (107.595); Comisaría del Guainía (72.238); Intendencia del Caquetá (44.482); y Comisaría del Amazonas (109.665).

35 Miguel Ángel, PERERA, *Oro y Hambre: Antropología histórica y Ecología cultural de un mal entendido. Guayana en el siglo XVI*. Manuscrito.

18

jesuitas y a todos les parecieron infinitos. Pero amansados en el día de hoy por la santa ley de Dios, y reducidos a ovejas, a cualquiera que tenga ojos deben parecerle poquísimos, como son en realidad"[36].

El contexto histórico.

La obsesión de la corona española era evidente: identificar y conquistar los espacios que correspondían según la Línea de Tordesillas a Castilla y a Portugal. Y en el caso de Tierra Firme los grandes espacios comprendidos entre el Mar Caribe y el río Amazonas constituían un verdadero misterio al que había que descifrar.

En última instancia la utopía de la Orinoquia venía condicionada por dos premisas jurídico-filosóficas: el Tratado de Tordesillas[37] que interpretaría las zonas mundiales de influencia hispano-portuguesa pero dejaría a la intemperie las fronteras gestantes, abiertas a la dinámica civilizadora; y el "Mare Liberum" de Grocio[38] que propugnaba los derechos universales del libre comercio y de la libre navegación.

La frontera delimitada jurídicamente en Tordesillas no coincidiría nunca con la frontera zonal, siempre en continuo vaivén, cambiante, dinámica y abierta siempre al riesgo y a la aventura. Fue un territorio de nadie donde se practicaba un comercio de urgencia y de necesidad, se canalizaba la exportación prohibida y se permitía la inmigración y emigración clandestinas, sobre todo, cristianos nuevos, inculpados por la Inquisición, perseguidos por la justicia, mano de obra esclava indígena y negra y comerciantes españoles, portugueses y extranjeros[39]. Pero, en superficies más extensas se movería una carga humana de aventureros y bandoleros,

36 Felipe Salvador GILIJ. *Ensayo de Historia americana.* Caracas, Academia Nacional de la Historia, I (1965) 76.

37 Daniel de BARANDIARÁN. *Brasil nació en Tordesillas. (Historia de los límites entre Venezuela y Brasil).* Primera parte: 1494-1801. San Cristóbal, Universidad Católica del Táchira, 1994. [Citaremos por la separata].

38 Hugo GROCIO. *Mare Liberum sive de jure quod Batavis competit ad indiana commercia dissertatio.* Lugduni Batavorum, 1609.

39 Charles BOXER. "Comercio e contrabando entre Bahía e Potosí no século XVI". En: *Revista de Historia.* Sao Paulo, IV (1953) 195-212.

sin ley y sin rey, –bien se llamen paulistas, mamelucos o bandei-rantes[40]– que trazarían "la expansión territorial portuguesa y brasi-leña más sorprendente en América Meridional"[41].

El cinturón de misiones jesuíticas que se iniciaba en el alto Orinoco y pasaba por Mainas, Quijos, Mojos y el Paraguay[42] signi-ficó un bloqueo y una tentación para el avance portugués siempre ajeno al espíritu de Tordesillas. Lamentablemente, la política amazónica española acabaría ignorando las posiciones estratégicas y la diligencia mostrada por la Compañía de Jesús para mantener los extensos territorios que la había conferido a la corona hispana el Tratado de Tordesillas.

El "Mare Liberum" convirtió el Mediterráneo americano, en zona de ensueño y fantasía para los aventureros de toda índole, bucaneros que saqueaban las haciendas de los españoles y filibuste-ros que se convirtieron en corsarios de todo navío mercante a la vez que ambicionaban como botín de guerra los galeones hispanos. En su deambular por los mares caribeños y atlánticos Inglaterra, Fran-cia y Holanda buscarían hábitats para asegurar sus monopolios co-merciales en la fachada construida entre la desembocadura del Amazonas y el rosario isleño caribe.

Tristemente la Orinoquia sería un lugar desafortunado de en-cuentro entre el Tratado de Tordesillas y el Mare liberum, pero esa es la realidad histórica.

A este binomio histórico habría que añadir dos acontecimientos históricos fundamentales.

El primero: el Cardenal Richelieu había obtenido un breve del Santo Oficio, el 12 de julio de 1635, el cual significaba una dero-

---

40 Véase: Gilberto FREYRE. *Casa-Grande y Senzala*. Caracas, Biblioteca Ayacucho, 1977. Sin restar uno solo de los innegables méritos que posee es-ta obra de la cultura sociológico-histórica brasilera, pensamos que el autor malinterpreta muchas de las acciones de la Compañía de Jesús en el Brasil colonial.

41 BARANDIARÁN. *Ob. cit.*, 411,

42 Para una información sistemática, véase: Ángel SANTOS. *Art. cit.*, I, 34-56; 65-83.

gación tácita de la bula de Alejandro VI del 12 de mayo de 1493[43] por la que se entregaba a españoles y portugueses el mundo que se estaba descubriendo[44] y abría los espacios americanos al influjo francés[45].

El segundo: con la firma del Tratado de Münster (1648) los Países Bajos habían asumido su total independencia de España y comenzaron a actuar de forma más incisiva en diversos frentes del imperio español de Indias.

Paralelamente, la realidad política, cultural, religiosa y social de Occidente se había convulsionado de tal forma que las luchas religiosas habían producido cruentas guerras entre las nuevas naciones aunque también hay que reconocer que no siempre coincidían los intereses religiosos con los políticos.

Tampoco se puede olvidar que, al mediar el siglo XVII, Venezuela no tenía conciencia de su proyecto de nación ni en lo político, ni en lo administrativo, ni en lo religioso. La falta de integración de sus diversas provincias y su inserción en otros centros de poder como Bogotá en lo político y de Santo Domingo en lo judicial se evidencia en la dependencia de los diversos planos de la administración. También la estructuración eclesiástica hacía referencia a las concepciones geopolíticas que imperaban en la primera mitad del siglo XVII: el occidente pertenecía a la arquidiócesis de Bogotá, el oriente y Guayana a la diócesis de Puerto Rico y la parte central a la de Santo Domingo[46].

43 G. DE VAUMAS. *L'éveil missionnaire de la France au XVIIe. Siècle.* París, Bloud & Gay. Bibliothèque de l'histoire de l'Eglise. Collecion publiée sous la direction de e. Jarry. Giovanni, 198.

44 Para entender la versión francesa, véase: Joseph LECLER. "La <donation> d'Alexandre VI". En: *Etudes*, París (1938) 1-16; 195-208.

45 Véase: G. DE VAUMAS. *L'éveil missionnaire*, 198-199.

46 J. M. OTS CAPDEQUI. *Instituciones*. Barcelona, Ed. Salvat, Tomo XIV de la *Historia de América y de los Pueblos Americanos* dirigida por Antonio Ballesteros Baretta. Rafael FERNÁNDEZ HERES. "Factores históricos determinantes en la creación del Arzobispado de Caracas". [Manuscrito]

Los elementos constitutivos de la visión histórica jesuítica de la Guayana del siglo XVII.

Pensamos que se puede completar esta Introducción con las posibles influencias que pudieron influir en el imaginario de los seguidores de Ignacio de Loyola sobre su concepción de los espacios mesopotámicos comprendidos entre los dos más grandes ríos de América.

La Provincia del Nuevo Reino había nacido bajo el amparo de la del Perú y ello explica cierto influjo tanto intelectual como cultural en sus visiones del nuevo continente.

La cosmovisión americana la heredan del gran escritor José de Acosta (1540-1600)[47], el intelectual y el inspirador de las líneas de acción jesuítica en el subcontinente[48] primero como Provincial del Perú y después a través de sus libros consagrados *De procuranda indorum salute*[49] y más tarde la *Historia natural y moral de las Indias*[50].

En el ámbito misional los jesuitas del virreinato habían elaborado su concepción propia de *reducción* con el ensayo llevada a cabo en Juli, en el altiplano peruano[51]. Esta experiencia iluminaría buena parte de las reflexiones que consagra el P. José de Acosta en su libro *De procuranda indorum salute*. A ella se añadirían después las enseñanzas del Paraguay y las levantadas por los seguidores de Ignacio de Loyola portugueses en el Brasil. En definitiva Juli representaba para la Compañía de Jesús sudamericana el arquetipo

---

47   Javier BAPTISTA. "Acosta, José de". En: Charles E. O'NEILL y Joaquín Mª DOMÍNGUEZ. *Diccionario histórico de la Compañía de Jesús*. Roma-Madrid, Institutum Historicum S. I.-Comillas, I (2001) 10-12.

48   Luis MARTIN. *La conquista intelectual del Perú*. Barcelona, Editorial Casipea (2201) 41-47.

49   José de ACOSTA. *De natura novi Orbis libri duo et de Promulgatione Evangelii apud barbaros sive de Procuranda Indorum salute libri sex*. Salamanca, 1590.

50   José de ACOSTA. *Historia natural y moral de las Indias*. Sevilla, 1590.

51   Alfonso, ECHANOVE, "Origen y evolución de la idea jesuítica de *Recucciones* en las Misiones del Virreinato del Perú" en *Missionalida Hispanica*, XII, nº 34, Madrid 1955, pp. 95-144; XIII, n° 39, Madrid 1956, pp. 497-540.

metodológico propio para dar respuesta al reto de los indígenas del corazón del subcontinente. En consecuencia, ese *élan vital* sería el alma de todas sus proyecciones en las geografías interioranas frente a la silenciosa invasión portuguesa en territorios hispanos. La proyección de los jesuitas limeños se realizaría hacia el sur a través del Paraguay y Mojos y por el norte Mainas y el Orinoco.

Mas, dentro de la historia de la Compañía de Jesús americana no era extraña la presencia temprana de jesuitas "portugueses" en los enormes territorios de la que sería la Provincia del Perú. Ya en 1552 el P. Leonardo Nunes (29 de junio) le escribía desde San Vicente, fuerte fronterizo brasilero con el Paraguay, al P. Manuel de Nóbrega sobre la petición de los españoles de Asunción para que los jesuitas laboraran en su territorio[52]. Y en algunos medios de las jerarquías brasileras estaban convencidos de que el Paraguay pertenecía a Portugal. Sin embargo, un pretendido ensayo conjunto fracasó por las naturales desavenencias entre españoles y portugueses quienes en definitiva dependían de las coronas de los dos países que integraban la Península Ibérica[53]. Con todo, hay que dejar claro que tuvieron más visión de la realidad paraguaya los superiores de Roma que los del Perú quienes en la Congregación Provincial de 1600 todavía solicitaban dejar el Paraguay en manos de los jesuitas del Brasil[54].

---

[52] Para la historia de las relaciones jesuíticas en torno al Paraguay, véase: Javier BAPTISTA y Cayetano BRUNO. "Paraguay". En: Charles E. O'NEILL y Joaquín Mª DOMÍNGUEZ. *Diccionario histórico de la Compañía de Jesús*. Roma-Madrid, III (2001) 3032-3038.

[53] Martín María MORALES (Edit.). *A mis manos han llegado.* Cartas de los PP. Generales a la antigua Provincia del Paraguay (1608-1639). Madrid-Roma (2005) 39*-43*.

[54] Martín María MORALES (Edit.). *A mis manos han llegado,* 42*-43*. El 7 de mayo de 1606 escribía Juan Romero a Esteban Páez: "Supuesto que ya sabemos que no vienen Padres del Brasil porque propuso el Padre asistente de Portugal a nuestro Padre [General] y nuestro Padre suspendió el orden que había dado, que tampoco conviene se les de a los Padres de Brasil la parte del Paraguay que es Provincia del Guayrá y la Villa porque no quiere el rey Nuestro Señor que se comunique el Brasil por tierra on estas provincias y es levantar pelotero tratar de esto" (ARSI. *Fondo Gesuitico*, 1486/3, 1).

Más, al ser Lima la casa matriz del desarrollo jesuítico sudamericano su onda expansiva llevaría a la creación de las Viceprovincias del Nuevo Reino y Quito (1604) y del Paraguay (1604).

Así pues, no es de extrañar que desde Quito y Santa Fe los superiores de la Compañía de Jesús, venidos del virreinato limeño, adelantaran las Misiones de Mainas y del Orinoco como un antemural a la expansión brasilera. Esta evidente realidad le llevó a declarar en 1646 al conde de Salvatierra, virrey del Perú, que los indígenas de las reducciones jesuíticas eran los "custodios de la frontera"[55].

Ciertamente que Lima veía con preocupación el avance portugués hacia tierras hispanas. Lamentablemente, política territorial del virreinato del Perú le dio la espalda a esta utopía del corazón de América y el virrey Chinchón desoyó el consejo de la reunión resolutoria de Lima para que inaugurara la vía fluvial Napo-Amazonas, como vía formal de enlace con España y de esa forma evitar la ruta continental y marítima que trajinaba el océano Pacífico y atravesaba el Istmo de Panamá[56].

La misma Provincia jesuítica del Nuevo Reino de Granada, a través de su sede de Quito, iniciaría sus actividades, en 1638, en el área denominada Misiones de Mainas[57]. El papel jugado por los seguidores de Ignacio de Loyola en estas regiones del Marañón y sus luchas territoriales frente al Brasil portugués[58] así como su aporte escrito para el conocimiento de sus hombres, de su historia y

---

55 Constantino BAYLE. "Las Misiones, defensa de las fortalezas de Mainas". En: *Missionalia Hispanica*. Madrid (1951) 417-503.

56 Rubén VARGAS UGARTE. *Historia General de Perú*. Lima, III (1971) 223 y ss. Citado por Daniel de BARANDIARÁN. "Brasil nació en Tordesillas. (Historia de los límites entre Venezuela y Brasil). Primera parte: 1494-1801". En: *Paramillo*. Universidad Católica del Táchira, 13 (1994) 412-413.

57 Para una visión general véase: Ángel SANTOS HERNÁNDEZ. "Actividad misionera de los jesuitas en el continente americano". En: José DEL REY FAJARDO (Edit.). *Misiones jesuíticas en la Orinoquia*. San Cristóbal; I (1992) 40-47.

58 Constantino BAYLE. "Notas sobre bibliografía jesuítica en Mainas". En *Missionalia Hispanica*. Madrid (1949) 277-317.

de su geografía[59] constituyen un arquetipo de lo que fueron y significaron las misiones jesuíticas en el corazón de Sudamérica.

También la Provincia del Perú se haría presente en 1674 en los espacios que la colonia designó como Alto Perú y hoy pertenecen a la República de Bolivia. Nos referimos a la Misión de Mojos[60] cuya vitalidad ha venido siendo resucitada a través de los estudios realizados en el siglo XX.

Otra línea de influencias geográficas surgió en el propio Nuevo Reino de Granada.

Si la célula madre del desarrollo jesuítico en Suramérica dependió de Lima fácilmente se desprende que sus hombres destinados a suelo neogranadino participaran de las visiones limeñas del subcontinente y actuaran de acuerdo con ellas.

Además, la presencia en tierras neogranadinas desde 1604 es natural que los ignacianos se insertaran de lleno no sólo en las preocupaciones y retos que suponía la fijación de los grandes territorios que iban definiendo la realidad jurídica del Nuevo Reino sino que además tuvieran sus contactos con protagonistas de las empresas guayanesas tanto de Bogotá como de Tunja.

Y en este sentido no hemos podido precisar todavía cómo los jesuitas neogranadinos se conectaron con la familia descendiente del fundador de Bogotá don Gonzalo Jiménez de Quesada.

Pensamos que fue don Martín de Mendoza de la Hoz Berrío[61], gobernador de Guayana, el que colaboró a formular a los jesuitas el Proyecto guayanés, quizá a través de una de las figuras más vincu-

---

59 Constantino BAYLE. "Las Misiones, defensa de las fortalezas de Mainas". En *Missionalia Hispanica*. Madrid (1951) 417-503.

60 Para una visión general, Véase: Ángel, SANTOS HERNÁNDEZ, "Actividad misionera de los jesuitas en el continente americano" en *Misiones jesuíticas en la Orinoquia*, I, J. DEL REY FAJARDO (edit.), San Cristóbal 1992, pp. 52-55. *V.*, también Josep M., BARNADAS, "Introducción", Francisco Javier, EDER, sj., *Breve descripción de las Reducciones de Mojos*, Traducción y edición de Josep M., BARNADAS, *Historia Boliviana*, Cochabamba 1985, III-CIV.

61 María Elena PARRA PARDI [M.E.P.P.]. "Mendoza y Berrío, Martín de". En: Charles E. O'NEILL y Joaquín Mª DOMÍNGUEZ. *Diccionario histórico de la Compañía de Jesús*. Roma-Madrid, III (2001) 127.

ladas a la primera historia misional llanera; nos referimos a Doña Serafina Orozco, esposa de Don Martín de Mendoza, encomendera de Chita y persona cercana, al parecer, a los miembros de la Compañía de Jesús que misionaron el balcón andino en el trienio 1625-1628[62].

El 25 de enero de 1625 llegaron los jesuitas a Chita[63] y allí fijó su residencia el Superior que fue el P. Miguel Jerónimo de Tolosa (1585-1640)[64]. La elección de esta población como centro rector del experimento se llevó a cabo porque era "cabeza de encomienda"[65]. Además, la historia de Chita y de sus entornos debe estudiarse a la luz documental de la encomienda ya que a través de ella de hilan los testimonios de sus etnias, de los encomenderos, de los protectores de indios, de los visitadores reales y de los doctrineros[66]. Así no es de extrañar que por esta población serrana desfilaran, según los archivos chitenses[67], los PP. Domingo Molina (c.1591-

62 Juan RIVERO. *Historia de las Misiones de los Llanos de Casanare y los ríos Orinoco y Meta*. Bogotá (1956) 84.

63 Todo el proceso jurídico levantado en el caso de los jesuitas puede verse en: AGI. *Santafé*, 245. *Autos hechos en la Real Audiencia sobre el beneficio de Chita*.

64 José DEL REY FAJARDO. *Bío-bibliografía de los jesuitas en la Venezuela colonial*. San Cristóbal-Santafé de Bogotá (1995) 622-624.

65 AGI. *Santafé*, 245. *Autos hechos en la Real Audiencia sobre el beneficio de Chita*, fol., 34v.

66 Elena PRADILLA. "Un caso de encomienda tuneba 1635-1664. Aspectos históricos. Los tunebos". En: *Repertorio Boyacense*. Tunja. Año LXXII (1988) n°. 321, pp. 22-51.

67 Martín, AMAYA ROLDAN, *Historia de Chita*. Tunja, Imprenta Oficial (1930) 141: "Durante la administración del Padre Tolosa ejercieron el ministerio sacerdotal en Chita, aunque por corto tiempo, los padres Agustín de Vargas, Baltasar Sanz, José Tobalina y Felipe Zambrano, todos de la Compañía de Jesús". Con todo, el P. Felipe Zambrano no era jesuita y fue nombrado doctrinero de Pauto y no quería apersonarse en aquella parroquia (PACHECO. *Los jesuitas en Colombia*, I, 380).

1661)[68], José de Tobalina (1593-1633)[69], Baltasar Sanz (c.1592-1670)[70] y Agustín de Vargas (1597-1639)[71].

En verdad la familia Berrío se había instalado en Chita desde 1583 y allí fijaría el cuartel general para todas sus expediciones Don Antonio[72]. Don Martín de Mendoza y Berrío fue hijo de doña Antonia María de la Hoz Berrío y don Martín de Mendoza y Cárdenas[73]. Poco sabemos de su biografía. En 1622 atravesó el Atlántico con su tío Fernando Berrío y fueron ambos cautivados por los sarracenos y trasladados a Argel donde murió don Fernando. Tras casi 4 años de cautiverio fue mandado rescatar por el Rey de España y regresado al Nuevo Reino solicitaba en 1626 las encomiendas vacas de su tío Fernando, el título de Adelantado y la Gobernación de Guayana[74]. Para julio de 1635 ya se había casado pues el 19 de julio de ese año otorgaba un poder a su esposa Serafina de Orozco y Zúñiga[75]. El 28 de mayo de 1638 se encontraba don Martín en San José de Oruña próximo a partir para España[76]. El 30 de agosto de 1642 llegó don Martín a Guayana como Gobernador: reedificó la ciudad destruida a orillas del río Usupamo, fundó el Castillo de San Francisco para defenderla y la dotó de

---

68   DEL REY FAJARDO. *Bío-bibliografía*, 416-418. [Su verdadero apellido era MOLINELLO].

69   DEL REY FAJARDO. *Bío-bibliografía*, 616.

70   DEL REY FAJARDO. *Bío-bibliografía*, 581-582.

71   DEL REY FAJARDO. *Bío-bibliografía*, 645.

72   AGI. *Patronato*, 254, Ramo 1, fol., 3. *Carta al Presidente y Oidores de Santa Fe*. Riveras del Casanare, 1 de abril 1587.

73   Dado lo extenso de la familia Berrío nos remitimos a Enrique CARRIZOSA ARGÁEZ. *Índices de los árboles de las Genealogías del Nuevo Reino de Granada de Juan Flórez de Ocáriz*. Bogotá, Instituto Caro y Cuervo. Instituto Colombiano de Cultura Hispánica (1990) 18-19.

74   AGI. *Santafé*, 2. *Lo que parece en las pretensiones de Don Martín de Mendoza y Berrío*.

75   ANB. *Encomiendas*, t. XIII. Doña Antonia María de la Hoz y Berrío vecina de la Ciudad de Tunja en razón de que de las demoras del pueblo de Chita se le den alimentos. Fol., 649. En cuanto al nombre de doña Serafina aparece más adelante con el siguiente: Serafina de Orozco y Vargas.

76   ANB. *Encomiendas*, T. XIII. *Doña Antonia María de la Hoz y Berrío*, fol., 649v.

artillería. Durante su administración se abrió la comunicación con el Río Apure. Murió en 1655[77].

Es lógico suponer que más allá de todas las imaginaciones míticas y fabulosas que se desarrollaban sobre los territorios doradenses los ignacianos neogranadinos bebieran el agua pura de la fuente de la familia Berrío y dejaran bien asentado en su conciencia geográfica que la Provincia y Gobernación de Guayana comprendía la doble Provincia integrada del Dorado de Papamene-Pauto de Quesada y de la propia Guayana y Caura de Ordaz y luego de Serpa y se estructuraba con todo el complejo mesopotámico que hoy conforman las cuencas colombo-venezolanas del Orinoco y del Amazonas.

En el presente libro se presenta una visión geográfica de la Orinoquia descrita por los jesuitas coloniales.

En el capítulo 1º se hace referencia a la geografía como ciencia estudiada por los jesuitas desde el barroco hasta el año 1767 en que fueron desterrados de España y América. Se hace especial hincapié en los aportes tanto en Europa como en América.

En el capítulo 2º se afronta la conquista de la geografía guayanesa por los seguidores de Ignacio de Loyola y cómo se les debe considerar como los genuinos descubridores de sus inmensos territorios gracias al dominio de sus redes fluviales. De ahí el título "Los hombres de los ríos".

En el capítulo 3º se apela al estudio de todas las poblaciones fundadas por los ignacianos en el amplio mundo guayanés ya para ello siempre hay que recurrir a las coordenadas que definían el ser y el existir de cada establecimiento en el contexto de la geografía local.

En el capítulo 4º se anexa la cartografía jesuítica en donde los mapas consignan de forma gráfica los descubrimientos llevados a cabo durante la época colonial.

---

77 Miguel Ángel PERERA. *La provincia fantasma. Guayana siglo XVII*. Ecología cultural y antropología histórica de una rapiña, 1598-1704. Caracas, Universidad Central de Venezuela (2003) 137. Sin embargo DUARTE LEVEL. *Historia Patria*. Caracas (1911) 105 afirma que falleció en 1656.

CAPÍTULO I:

LA GEOGRAFÍA EN EL IMAGINARIO JESUÍTICO

En la Utopía la geografía no es un lugar, pero es el espacio. Y la pasión por lo inédito surge como el reto jesuítico del XVI ante los mundos inexplorados. Y el topos es una tensión que mira al futuro, pues, las culturas que permanecen prisioneras del presente tienen el peligro de retroceder rápidamente al pasado.

En todo caso siempre será interesante la teoría de Michel Foucher quien concibe el cuerpo geográfico de la Compañía de Jesús como una respuesta a la geopolítica espiritual[1] previamente diseñada y concluye que este universal es cartografiable pues se trata también de un fenómeno de la geografía[2].

En definitiva, imaginación, innovación y audacia fueron principios rectores para muchas personalidades jesuíticas que trataron de dar respuesta a los retos que le planteaban las personas, los tiempos y las geografías. De ahí que los mitos y los estereotipos sobre los hombres seguidores al de Loyola se hayan multiplicado en la revisión que realiza la historiografía moderna.

Desde los inicios de la Orden fundada por Ignacio de Loyola en 1540 la empresa misionera se evidenció como la genuina forja de la identidad jesuítica. Por una parte el celo religioso fue el motor de sus aventuras pues, al insertarse en el siglo de los grandes descubrimientos, les hizo sentirse herederos de esa dinámica de sueños,

---

1   Michel FOUCHER. Géographie de la Compagnie de Jésus: une géopolitique spirituelle". En: *Hérodote*, 56 (1990) 55-66.

2   Michel FOUCHER. Géographie de la Compagnie de Jésus: une géopolitique spirituelle", 66.

temores y entregas aprendidas en los Ejercicios Espirituales del fundador de la Orden; y así todos esos compromisos personales estimularon sus iniciativas, les impulsaron a luchar contra el conformismo y propiciaron en ellos la búsqueda de soluciones originales para problemas inéditos[3].

La élite intelectual de la sociedad del pensamiento renancentista europeo se dejó alucinar por la obra de la Compañía de Jesús en Oriente, sobre todo, en China considerándola como "la expedición científica más ambiciosa de los tiempos modernos"[4]. Los ignacianos tuvieron la valentía de asumir el reto y los riesgos de la confrontación científica en el mundo oriental. Y así la describía Sabatino de Ursis, un genio de la hidráulica, el "trabajar con ambas manos, la derecha en los negocios de Dios" y la izquierda en las empresas de la ciencia y del intelecto, era el mejor camino para lograr la conversión de los chinos, aunque se trataba de un camino muy laborioso[5].

Para los jesuitas la "Misión" consistió, por una parte, en "aquella paciente estrategia contemporizadora y una evangelización basada en la tecnología, continuada por varias generaciones de astrónomos, relojeros, cartógrafos y artistas"[6]; y por otro lado supuso la elaboración de nuevos y mejores mapas geográficos y conceptuales que ayudaron a destruir viejos mitos gracias a las historias, relatos

---

3 Para una visión completa del concepto de "geografía", véase: Charles E. O'NEILL. "Geografía". En: Charles O'NEILL y Joaquín Mª. DOMÍNGUEZ. *Diccionario histórico de la Compañía de Jesús*. Roma-Madrid, Institutum Historicum S. I.-Universidad Pontificia de Comillas, II (2001) 1712-1714. Para el caso hispano-americano: J. VILLAVA. «V. Descubrimientos geográficos y cartografía». En: Charles E. O'NEILL. "Geografía". En: Charles O'NEILL y Joaquín Mª. DOMÍNGUEZ. *Diccionario histórico de la Compañía de Jesús.*, I, 126-127.

4 Jean LACOUTURE. *Jesuitas*, 398.

5 Jonathan WRIGHT. *Los jesuitas. Una historia de los soldados de Dios*. Santa Perpetua de Mogola (Barcelona) (2005) 104. Wright se remite a: P. M. D'ELIA. *Galileo in China. Relations through the Roman College between Galileo and the Jesuit Scientist-Missionaries*. Cambridge (Mass.) (1960) 21.

6 Jonathan WRIGHT. *Los jesuitas,* 81.

y hazañas de unos audaces protagonistas que enriquecieron el imaginario de los estudiosos europeos con todas sus teorías.

Con visión culturalista escribe Fernando García de Cortázar
que el legado de Francisco de Javier "forma parte de la mejor historia viajera de los jesuitas, que ha impregnado al resto de la humani-
dad de ideas y valores y que con sus personajes y sus obras ha en-
riquecido el patrimonio universal y sin cuya aportación nuestro
mundo no sería el mismo"[7].

Ciertamente que el periplo por el mundo oriental llevado a cabo por el jesuita navarro, quien en 11 años recorrió la India, Malaca,
parte de Indonesia, Japón y le sorprende la muerte, en 1552, a las
puertas de China por donde pensaba regresar a Roma siguiendo los
pasos de Marco Polo[8], traza "la insólita carrera evangelizadora de
Javier [que] constituyó la primera gran historia de éxito de los jesuitas"[9]. Pareciera como si el joven doctor parisino era el hombre
elegido por la nueva orden religiosa para que encarnase lo que ellos
significaban.

En verdad este Ulises de la fe cristiana en las Indias orientales
abrió la puerta a una monumental producción geográfica que recoge en gran parte la *Bibliothèque* de Sommervogel[10] y que se inspira
en las Constituciones de la Compañía de Jesús cuando establece
que "el bien cuanto más universal es más divino"[11].

---

7   Fernando GARCÍA DE CORTAZAR. "Algo más que un aventurero. 500
     años del nacimiento de San Francisco Javier". En: *SIC*. Caracas, n°., 684
     (2006) 165.

8   Félix ZUBILLAGA. *Cartas y escritos de San Francisco Javier*. Madrid,
     Biblioteca de Autores Cristianos, t. 101 (1979) 30-34.

9   Jonathan WRIGHT. *Los jesuitas*, 14.

10   Carlos SOMMERVOGEL. *Bibliothèque de la Compagnie de Jesús*. París,
     XI, 1932. Sólo para las Misiones recoge la bibliografía que se extiende des-
     de la columna 1221 a la 1366. Y conviene completar esta información con
     la bibliografía anual que publica la Revista *Archivum Historicum S.I.* del
     Instituto Histórico de la Compañía de Jesús en Roma. El tema está todavía
     vigente como lo demuestra el libro Juan PLAZAOLA (Edit.). *Jesuitas ex-
     ploradores, pioneros y geógrafos*. Bilbao, Ediciones Mensajero, 2006.

11   Ignacio IPARRAGUIRE, Cándido de DALMASES y Manuel RUIZ JU-
     RADO. *Obras de San Ignacio de Loyola*. Madrid, Biblioteca de Autores
     Cristianos, 1991. El texto se encuentra en la Parte VII de las Constituciones,

En este contexto no es de extrañar que el P. Jerónimo Nadal (1507-1580)[12], promulgador oficial de las Constituciones de la Compañía de Jesús, insistiera ante las primeras generaciones que ingresaban en la Orden que los jesuitas "no somos monjes... el mundo es nuestra casa"[13] y que en 1640, al cumplirse el primer centenario de la fundación de la Compañía de Jesús, un extraordinario libro conmemorativo, la *Imago primi saeculi*, destacara en una de sus ilustraciones "unus non sufficit orbis", es decir, "con un mundo no basta"[14].

Como punto obligado de referencia es conveniente dejar sentado que la geografía fue una ciencia cultivada con pasión por los jesuitas del Barroco[15]. En efecto, en la formación de la paideia jesuítica es preciso reconocer el influjo que ejerció en su formación el estudio de la geografía clásica. En este contexto se puede comprender la afirmación de François Dainville que "los escolares del siglo XVI conocían mucho mejor y con infinitamente más detalles la tierra de los antiguos que la suya. Y cuando la geografía moderna se yuxtapone a la antigua, sus ojos se fijan, más que en la des-

---

[n°., 622] que reza: "Porque el bien quanto más universal es más divino, aquellas personas y lugares que, siendo aprovechados, son causa que se estienda el bien a muchos otros que siguen su autoridad o se gobiernan por ellos, deben ser preferidos. Así la ayuda spiritual que se hace a personas grandes y públicas (ahora sean seglares como Príncipes y Señores y Magistrados o administradores de justicia, ahora sean ecclesiásticos como perlados) y la que se hace a personas señaladas en letras o auctoridad, debe tenerse por más de importancia, por la mesma razón del bien universal....". (pág., 597).

12   Manuel RUIZ JURADO. "Nadal, Jerónimo". En: Charles E. O'NEILL y Joaquín Mª DOMÍNGUEZ. *Diccionario histórico de la Compañía de Jesús*. Roma-Madrid, 3 (2001) 2793-2796.

13   Jerónimo NADAL. *Commentarii de Instituto Societatis Jesu*. Roma (1962) 413, 608.

14   *Imago primi saeculi*. Amberes (1640).

15   Para una información general, véase: Charles E. O'NEILL. "BRIET, Philippe". En: Charles E. O'NEILL y Joaquín Mª DOMÍNGUEZ. *Diccionario histórico de la Compañía de Jesús*. Roma-Madrid, Institutum Historicum S. I.-Comillas, I (2001) 547.

cripción de las tierras nuevas, en la de los principales imperios y pueblos de Europa y más particularmente en los turcos"[16].

A esto debemos añadir que la Compañía de Jesús también desarrolló su propia tradición en las disciplinas geográficas y en ese sentido conviene hacer referencia obligada a Felipe Briet[17], condiscípulo y amigo del geógrafo Nicolás Sanson[18]; a Adán Aigenler[19], autor de una especie de manual para resolver los problemas de navegación, geografía, cartografía y determinación de las horas del día y de la noche[20]; a Felipe Avril[21] que pretendió establecer una ruta terrestre entre Europa y China[22]; a Rudjer Boskovic[23] y Cristóbal Maire[24] quienes rectificaron el mapa de los Estados Pontificios (1750-1755) por orden de Benedicto XIV cuyo testimonio quedó impreso en el libro *De literaria expeditione per Pontifi-*

---

16 François de DAINVILLE. *L'éducation des jésuites (XVI-XVIII siècles)*. Paris, Les Editions de Minuit (1978) 456.

17 Charles E. O'NEILL. "Geografía". En: Charles E. O'NEILL y Joaquín Mª DOMÍNGUEZ. *Diccionario histórico de la Compañía de Jesús*. Roma-Madrid, Institutum Historicum S. I.-Comillas, II (2001) 1712-1714.

18 Autor de: Philippe, BRIET, *Théâtre geographique de l'Europe*. París, 1653. SOMMERVOGEL. *Bibliothèque*, II, 156-161.

19 John W. WITEK, "AIGENLER, Adam". En: Charles E. O'NEILL y Joaquín Mª DOMÍNGUEZ. *Diccionario histórico de la Compañía de Jesús*. Roma-Madrid, Institutum Historicum S. I.-Comillas, I (2001) 27.

20 Adam, AIGENLER, *Tabula geographico-horologa universalis, problematis cosmographicis, astronomicis, geographicis, gnomonicis illustrata*. Ingolstadt, 1668. SOMMERVOGEL. *Bibliothèque*, I, 94-95.

21 John W. WITEK, "AVRIL, Philippe". En: Charles E. O'NEILL y Joaquín Mª DOMÍNGUEZ. *Diccionario histórico de la Compañía de Jesús*. Roma-Madrid, Institutum Historicum S. I.-Comillas, I (2001) 308.

22 Philippe, AVRIL, *Voyages en divers états d'Europe et d'Asie entreprits pour découvrir un nouveau chemin à la Chine*. París, 1693. SOMMERVOGEL. *Bibliothèque*, I, 706-707.

23 Ivan, STRILIC, "BOSKOVIC, Rudjer". En: Charles E. O'NEILL y Joaquín Mª DOMÍNGUEZ. *Diccionario histórico de la Compañía de Jesús*. Roma-Madrid, Institutum Historicum S. I.-Comillas, I (2001) 499-500. SOMMERVOGEL. *Bibliothèque*, I, 1828-1850.

24 Geoffrey, HOLT, "MAIRE, Christopher". En: Charles E. O'NEILL y Joaquín Mª DOMÍNGUEZ. *Diccionario histórico de la Compañía de Jesús*. Roma-Madrid, Institutum Historicum S. I.-Comillas, III (2001) 2478.

ciam...[25], así como a Carlos Martínez y Claudio de la Vega quienes prepararon un detallado mapa de España (1739-1743)[26]. Todavía más, el cargo de Cartógrafo Mayor de Indias siempre residió en un miembro de la Compañía de Jesús[27].

Para el siglo XVII los seguidores de Ignacio de Loyola habían levantado visiones geográficas en América desde las Los Grandes Lagos hasta Chile y Paraguay; en África desde Etiopía hasta Madagascar y en Asia desde la India hasta China y Japón.

En una panorámica de altura[28] podríamos señalar a Pedro Páez (1564-1622)[29] como el primer europeo en llegar a las fuentes del Río Nilo (1618) y una década después Jerónimo Lobo (1595-1678)[30] dejaría para la posteridad la descripción del Nilo Azul. Y en Madagascar y Mozambique hay que reseñar a Luis Mariana (1582-1634)[31].

---

25   Cristóbal, MAIRE, y Roger Joseph, BOSCOVICH, *De litteraria expeditione per Pontificiam dictionem ad dimetiendos duos meridiani gradus et corrigendam mappam geographicam jussu, et auspiciis Benedicti XIV. Pont. Max. suscepto a Patribus Societ. Jesu Christophoro Maire et Rogerio Josepho Boscovich*. Romae, MDCCLV.

26   Charles E. O'NEILL. "Geografía". En: Charles E. O'NEILL y Joaquín Mª DOMÍNGUEZ. *Diccionario histórico de la Compañía de Jesús*. Roma-Madrid, Institutum Historicum S. I.-Comillas, II (2001) 1713.

27   P. AGUADO BLEYE. "España y la didáctica geográfica de los jesuitas". En: *Estudios geográficos*, 6 (1946) 355-410. H. CAPEL. "La Geografía como ciencia matemática mixta. La aportación del círculo jesuítico madrileño en el siglo XVII". En: *Geo-crítica* (1980) n°. 30. F. VENDEL. *Mapas de América en los libros españoles (1503-1798)*. Madrid, 1955.

28   Charles E. O'NEILL. "Geografía". En: Charles E. O'NEILL y Joaquín Mª DOMÍNGUEZ. *Diccionario histórico de la Compañía de Jesús*. Roma-Madrid, 2 (2001) 1712-1714.

29   Philip CARAMAN. "Páez, Pedro". En: Charles E. O'NEILL y Joaquín Mª DOMÍNGUEZ. *Diccionario histórico de la Compañía de Jesús*. Roma-Madrid, 3 (2001) 2946.

30   Philip CARAMAN y Hubert JACOBS. "Lobo, Jerónimo". En: Charles E. O'NEILL y Joaquín Mª DOMÍNGUEZ. *Diccionario histórico de la Compañía de Jesús*. Roma-Madrid, 3 (2001) 2404.

31   Ángel SANTOS. "Mariana (Mariano). Luis". En: Charles E. O'NEILL y Joaquín Mª DOMÍNGUEZ. *Diccionario histórico de la Compañía de Jesús*. Roma-Madrid, 3 (2001) 2507.

Para algunos historiadores el más extraordinario de los exploradores jesuitas fue el H. Benito de Goes (1562-1707)[32] quien, para buscar unas comunidades siro-nestorianas, salió de Agra en 1602 y tras atravesar Afganistán y por la ruta de la seda llegó a Catay en diciembre de 1605. Y sus viajes vinieron a probar que las tierras de "Catay" y China eran lo mismo. El H. Gaspar Gómez (1552-1622)[33] fue uno de los primeros exploradores de las islas Malucas en 1592. Y Antonio Andrade (1580-1634)[34] visitó dos veces el Tibet, en 1625 y en 1626-1629 y así lo dio a conocer en su libro *Novo descobrimento do Gram Cathayo ou reinos do Tibet* (1626). Y así podríamos seguir con la brillante página de China[35].

De forma paralela la Compañía de Jesús americana se impuso un ritmo histórico tan apremiante[36] en las primeras décadas del XVII que se puede afirmar con Esteve Barba que, de facto, a cargo de los jesuitas correrá la ciencia geográfica de la época desde California hasta la Argentina o los valles de Chile[37]. Y en 1753 el P. Diego Davin, traductor de la edición española de las *Cartas edificantes y curiosas,* escribía: "Me atrevo a decir que debe la geografía su mayor perfección a los misioneros de la Compañía de Jesús. Sin ellos poco o nada se sabría de la mayor parte del Asia y quedar-

---

32 John CORREIA-AFONSO y Nancy M. GETTELMAN. "GOES (GÓIS), Bento de". En: Charles E. O'NEILL y Joaquín Mª DOMÍNGUEZ. *Diccionario histórico de la Compañía de Jesús.* Roma-Madrid, 2 (2001) 1765-1766.

33 Hubert JACOBS. "Lobo, Jerónimo". En: Charles E. O'NEILL y Joaquín Mª DOMÍNGUEZ. *Diccionario histórico de la Compañía de Jesús.* Roma-Madrid, 2 (2001) 1773.

34 Richard F. SHERBURNE. "Andrade, Antonio de". En: Charles E. O'NEILL y Joaquín Mª DOMÍNGUEZ. *Diccionario histórico de la Compañía de Jesús.* Roma-Madrid, 1 (2001) 160-161.

35 Véase: Joseph SEBES y John W. WITEK. "China". En: Charles E. O'NEILL y Joaquín Mª DOMÍNGUEZ. *Diccionario histórico de la Compañía de Jesús.* Roma-Madrid, 1 (2001) 776-787.

36 Para una visión general de todas las misiones jesuíticas en ambas Américas, véase a Ángel SANTOS HERNÁNDEZ. "Actividad misionera de los jesuitas en el continente americano". En: J. DEL REY FAJARDO (Edit.). *Misiones jesuíticas en la Orinoquia.* San Cristóbal, I (1992) 7-137.

37 Francisco ESTEVE BARBA. *Cultura virreinal.* Barcelona-Madrid, Salvat Editores (1965) 636.

ían inmensos países de la América expuestos a conjeturas de los geógrafos de profesión, como ellos mismos lo reconocen o confiesan"[38].

Con toda razón escribía Manuel Aguirre Elorriaga quien al afirmar que la "historia de los grandes ríos americanos está vinculada de modo singular, y por extraña y persistente coincidencia, a grandes misioneros, escritores y descubridores jesuitas"[39] estaba estableciendo una simetría histórica entre los caminos acuáticos de la geografía americana y la presencia de miembros de la Compañía de Jesús que supieron legar a la posteridad la biografía de las grandes arterias de los mundos descubiertos por Colón[40].

Existe un punto de partida que clarifica en parte el reto que asumió la Compañía de Jesús en la evangelización de América. Si se centró fundamentalmente en las tierras interioranas del continente es porque su llegada sucede bien doblada la primera mitad del siglo XVI cuando los dominicos, franciscanos y agustinos habían seguido el ritmo del descubrimiento y de la conquista en sus ámbitos territoriales[41].

En efecto, quien analice la geografía histórica de nuestro subcontinente durante el período hispánico observará la existencia de un cinturón de misiones jesuíticas que se iniciaba en el alto Orinoco y pasaba por Mainas, Mojos, Chiquitos y el Paraguay[42] y el cual significaba un bloqueo y una tentación para el avance portugués

---

38 Diego DAVIN. *Cartas edificantes y curiosas escritas de las misiones extranjeras y de levante por algunos misioneros de la Compañía de Jesús.* Madrid, XVI (1757), p. XXVI.

39 Manuel AGUIRRE ELORRIAGA. *La Compañía de Jesús en Venezuela.* Caracas (1941) 3.

40 Francisco MATEOS. "Antecedentes de la entrada de los jesuitas españoles en las Misiones de América". En: *Missionalia Hispanica.* Madrid (1944) 109-166.

41 Para una visión global de la acción jesuítica en América. Véase: Ángel SANTOS HERNÁNDEZ. "Acción misionera de los jesuítas en la América Meridional española". En: *Miscelánea Comillas.* Madrid, 46 (1988) 43-106.

42 Para una información sistemática, véase: Ángel SANTOS HERNÁNDEZ. "Actividad misionera de los jesuitas en el continente americano". En: José DEL REY FAJARDO (Edit.). *Misiones jesuíticas en la Orinoquia.* San Cristóbal, I (1992) 34-56; 65-83.

siempre ajeno al espíritu de Tordesillas. Esta evidente realidad le llevó a declarar en 1646 al conde de Salvatierra, virrey del Perú, que los indígenas de las reducciones jesuíticas eran los "custodios de la frontera"[43].

Sin embargo, la política territorial del virreinato del Perú, lamentablemente, le dio la espalda a esta utopía del corazón de América y el virrey Chinchón desoyó el consejo de la reunión resolutoria de Lima para que inaugurara la vía fluvial Napo-Amazonas, como vía formal de enlace con España y de esa forma evitar la ruta continental y marítima que trajinaba el océano Pacífico y atravesaba el Istmo de Panamá[44].

Por otra parte, el siglo XVIII había abierto nuevas perspectivas a la difusión de las ideas y consecuentemente una Orden Religiosa como la Compañía de Jesús que cultivaba institucionalmente la ciencia y el pensamiento a través de las Universidades y centros de investigación, era lógico que buscase vehículos de expresión nuevos, acordes con los tiempos, las personas y los lugares[45]. En este contexto se observa en la literatura histórica de los jesuitas americanos una floración de estudios que proponían meditaciones transformadoras para levantar un nuevo proyecto de la América profunda. Todas las regiones continentales se convirtieron en "protagonis-

---

43 Constantino BAYLE. "Las Misiones, defensa de las fortalezas de Mainas". En: *Missionalia Hispanica*. Madrid (1951) 417-503.

44 Rubén VARGAS UGARTE. *Historia General de Perú*. Lima, III (1971) 223 y ss. Citado por Daniel de BARANDIARÁN. "Brasil nació en Tordesillas. (Historia de los límites entre Venezuela y Brasil). Primera parte: 1494-1801". En: *Paramillo*. Universidad Católica del Táchira, 13/1994, 412-413.

45 Las *revistas* adquieren una nueva dimensión y los géneros literarios y científicos pretenden difundirse por este medio que llega cíclicamente a un público cada día más ansioso de enriquecer sus conocimientos. Así surgirán *Les Mémoires de Trévoux* en Francia, con oposición de los jesuitas alemanes (Alfred R. DESAUTELS. *Les Mémoires de Trévoux et le mouvement des idées au XVIIIe siècle*. Roma, Institutum Historicum S.I. (1956), p. VII-VIII), un remedo del *Journal des Savants* (A. R. DESAUTELS. *Ob. cit.*, IX). También los profesores jesuitas de la Universidad de Ingoldstad proyectaban una revista científica (*Eruditorum Ephemerides*) pero la guerra deshizo sus intentos (ARSI. *Germania Superior,* 12).

tas" del sueño americano: era la primera respuesta institucional al reto de la selva y de la precivilización[46].

Citaremos algunos ejemplos significativos: En el Capitolio de Washington existen dos estatuas representativas de sendos descubridores jesuitas: la del P. Jacobo Marquette (1637-1675)[47], explorador del Missisipi y la Luisiana[48] y la del P. Eusebio Kino (1645-1711), descubridor de la Península de California[49].

En Colombia sería el P. Antonio Julián (1722-1790)[50] el cantor del gran río Magdalena[51]. La bibliografía sobre el Amazonas[52] es

---

46 Indicaremos algunas obras representativas de las regiones más importantes. Miguel VENEGAS. *Noticia de la California y de su conquista temporal y espiritual hasta el tiempo presente.* Madrid, 1757. Eusebio KINO. *Las misiones de Sonora y Arizona.* México, 1913-1922. José ORTEGA. *Apostólicos afanes de la Compañía de Jesús, escritos por un Padre de la misma sagrada Religión de su provincia de México.* México, 1754. Pedro LOZANO. *Descripción Chorographica del terreno, Rios, Arboles y Animales de las dilatadíssimas Provincias del Gran Chaco, Gualamba y de los ritos y costumbres de las innumerables naciones barbaras e infieles que la habitan...* Córdoba, 1733. Martín DOBRIZHOFFER. *Historia de Abiponibus Esquestri, Bellicosaque Paraquariae Natione locupletata...* Viennae, 1784.

47 L. CAMPEAU. "Marquette, Jacques". En: Charles E. O'NEILL y Joaquín Mª DOMÍNGUEZ. *Diccionario histórico de la Compañía de Jesús.* Roma-Madrid, III (2001) 2514.

48 J. MARQUETTE. *Récit des voyages et des découvertes du R. Père Jacques Marquette de la Compagnie de Jesús en l'année 1673 et aux suivantes... et le journal autographe du P. Marquetteen 1674 et 1675, avec la carte de son voyage tracée de sa main.* Albany, 1855.

49 Ernest J. BURRUS. "Kino (Chini, Chino) Eusebio Francisco". En: Charles E. O'NEILL y Joaquín Mª DOMÍNGUEZ. *Diccionario histórico de la Compañía de Jesús.* Roma-Madrid, III (2001) 2194-2195.

50 José DEL REY FAJARDO. *Catedráticos jesuitas de la Javeriana colonial.* Bogotá, (2002) 161-167.

51 Antonio JULIÁN. *La Perla de América, Provincia de Santa Marta, reconocida, observada y expuesta en discursos históricos por Don Antonio Julián.* Madrid, 1787.

52 Cristóbal de ACUÑA. *Nuevo descubrimiento del gran río de las Amazonas el año de 1639.* Madrid, 1641. Manuel RODRÍGUEZ. *El Marañón y Amazonas.* Madrid, 1684. Samuel FRITZ. *El gran río Marañón o Amazonas con la misión de la Compañía de Jesús.* Quito, 1707. Pablo MARONI. *Noticias auténticas del famoso río Marañón, y misión apostólica de la Compañía de*

mucho mayor pues se extiende desde el P. Cristóbal de Acuña (1598-1670)[53] y Manuel Rodríguez (1628-1684)[54] pasando por el P. Samuel Fritz (1651-1725)[55] y Pablo Maroni (1695-1757)[56] hasta el P. José Chantre y Herrera (1738-1801)[57].

Y para completar el diseño del semicírculo geográfico misional del subcontinente hay que recurrir a las Misiones del Paraguay. Tanto su rica cartografía ha sido estudiada por el P. Guillermo Furlong[58] así como la exquisita bibliografía producida por los misioneros guaraníticos como por escritores europeos de todas las épocas[59].

Pero, si nos circunscribimos a nuestro tema de la Orinoquia debemos confesar que no ha sido fácil entender el proceso que ha supuesto para los estudios geográficos el tránsito del Orinoco histórico al Orinoco actual.

Jesús de la Provincia de Quito. Madrid, 1889. José CHANTRE Y HERRERA. *Historia de las Misiones de la Compañía de Jesús en el Marañón Español (1637-1767)*. Madrid, 1901.

53 Enrique FERNÁNDEZ G. "Acuña, Cristóbal de". En: Charles E. O'NEILL y Joaquín Mª DOMÍNGUEZ. *Diccionario histórico de la Compañía de Jesús*. Roma-Madrid, I (2001) 13.

54 Jorge VILLALBA. "Rodríguez Villaseñor, Manuel". En: Charles E. O'NEILL y Joaquín Mª DOMÍNGUEZ. *Diccionario histórico de la Compañía de Jesús*. Roma-Madrid, IV (2001) 3398.

55 Jorge VILLALBA y J. Mª DOMÍNGUEZ. "Fritz, Samuel". En: Charles E. O'NEILL y Joaquín Mª DOMÍNGUEZ. *Diccionario histórico de la Compañía de Jesús*. Roma-Madrid, II (2001) 2194-2195.

56 Jorge VILLALBA. "Maroni, Pablo". En: Charles E. O'NEILL y Joaquín Mª DOMÍNGUEZ. *Diccionario histórico de la Compañía de Jesús*. Roma-Madrid, III (2001) 2511.

57 Jorge Villalba. "Chantre y Herrera, José". En: Charles E. O'NEILL y Joaquín Mª DOMÍNGUEZ. *Diccionario histórico de la Compañía de Jesús*. Roma-Madrid, I (2001) 751-752.

58 FURLONG CARDIFF, Guillermo. *Cartografía jesuítica del Río de la Plata*. Buenos Aires, Talleres S. A. Casa Jacobo Peuser, 1936. Y una síntesis en: Guillermo FURLONG. *Historia social y cultural del Río de la Plata 1536-1810. El trasplante cultural: Ciencia*. Buenos Aires (1969) 120-134.

59 Véase información en: Javier BAPTISTA y Cayetano BRUNO. "Paraguay". En: Charles E. O'NEILL y Joaquín Mª DOMÍNGUEZ. *Diccionario histórico de la Compañía de Jesús*. Roma-Madrid, III (2001) 3032-3038.

Por ello juzgamos necesario ofrecer una visión panorámica de la historiografía colonial venezolana.

La visión historiográfica del "diecisiete" abarca medio siglo de extensión, con una historia agitada, aventurera y, en cierto sentido, frustrada en sus aspiraciones geográficas de expansión; de ahí que los caracteres de su literatura escrita tiendan a lo documental y a la crónica.

Cuatro escritores han conocido hasta el momento la luz pública: el francés Pedro Pelleprat (1655), el criollo Pedro Mercado (1957), el español Martínez Rubio (1940) y el bávaro Gaspar Beck (1974) con la particularidad de que a lo largo de una etapa trisecular han permanecido ignorados incluso por la crítica especializada.

Pedro de Mercado (1620-1701)[60] es el primer historiador jesuita que escribe en castellano sobre la Provincia del Nuevo Reino y Quito y sus hombres. Hay que resaltar que la redacción de la obra mercadiana llega hasta 1684, pero su manuscrito permaneció inédito hasta 1957[61].

La *Historia de la Provincia del Nuevo Reino y Quito de la Compañía de Jesús* no es una historia crítica pero sí una crónica rica en informaciones sobre la actividad externa de los jesuitas en esa demarcación geográfica. Un gran aporte lo significan la cantidad de biografías de hombres de virtud y letras que incluyó en su obra como parte de la historia. Además, es fuente obligada de consulta ya que a partir de –o de las bases documentales que la sustentan– proyectaron los historiadores que le siguieron sus respectivas realizaciones.

La incorporación a la historiografía neogranadina de Juan Martínez Rubio (c.1627-1709)[62] es de data reciente. Su *Relación*

---

60 Juan M. PACHECO. "Mercado, Pedro de (II)". En: Charles E. O'NEILL y Joaquín Mª DOMÍNGUEZ. *Diccionario histórico de la Compañía de Jesús*. Roma-Madrid, III (2001) 2632.

61 Pedro de MERCADO. *Historia de la Provincia del Nuevo Reino y Quito de la Compañía de Jesús*. Bogotá, Biblioteca de la Presidencia de Colombia, 1957, 4 vols.

62 Hermann GONZALEZ O. "Martínez Rubio, Juan". En: Charles E. O'NEILL y Joaquín Mª DOMÍNGUEZ. *Diccionario histórico de la Compañía de Jesús*. Roma-Madrid, III (2001) 25-27. José DEL REY FAJARDO.

del estado presente de las Misiones se puede considerar como una especie de continuación de la *Historia* del Libro VIII de Mercado que finaliza en 1685. Sin embargo, más que una prolongación sistemática de la obra mercadiana, Martínez Rubio hace "historia oficial" valiéndose de una serie de documentos fundamentales como son las cartas anuas, las necrológicas y el Informe que acabamos de mencionar.

Dentro de la producción histórica del siglo XVII hay que hacer relación a una relación latina, que podría atribuirse al P. Juan Martínez Rubio, *y* cuyo título reza: *Commentarii eorum quae gesta sunt a Patribus Societatis Iesu Provinciae Novi Regni Granatensis ab anno millessimo sexcentesimo octogésimo quarto ad annum millesimum sexcentesimun nonagesimum*[63].

También ha sido desconocido hasta 1974 el jesuita bávaro Gaspar Beck (1640-1684)[64]. Su escrito *Missio orinocensis in novo Regno, 1684*[65] constituye una visión antropológica y etnográfica del Orinoco medio —o mejor— de lo que podríamos denominar la "provincia sáliva" y es digna de ser estudiada como el testimonio de un misionero, no español, de fines del siglo XVII.

Beck establece un principio fundamental para el análisis y conocimiento de los pueblos orinoquenses: a todos ellos los divide la

---

Catedráticos jesuitas de la Javeriana colonial. Bogotá, CEJA (2002) 199-203.

63 ARSI, N.R. et Q. 13-I, fols. 37 y ss.

64 Anton HUONDER. *Deutsche Jesuitenmissionäre des 17 und 18 Jahrhunderts*. Ein Beitrag zur Missionsgeschichte und zur deutschen Biographie. Freiburg im Breisgau (1899) 152. Carlos SOMMERVOGEL. *Bibliothèque de la Compagnie de Jésus*. Paris, VI, 914. Herbert GERL. *Catalogus generalis Provinciae Germaniae Superioris et Bavariae Societatis Iesu 1556-1773*. Monachii [München], 1968. José DEL REY FAJARDO. *Bio-bibliografía de los Jesuitas en la Venezuela colonial*. San Cristóbal-Santafé de Bogotá (1995) 498-500.

65 Gaspar BECK. *Misión del río Orinoco en el Nuevo Reino. 1684*. El documento, en latín, se encuentra en: ARSI. N. R. et Q., 15-I, fols., 71r-78v. La traducción española la publicamos por vez primera en: *Documentos jesuíticos relativos a la historia de la Compañía de Jesús en Venezuela*. Caracas, II (1974) 168-190.

lengua y las costumbres[66], observación interesante hecha después de conocer la lengua y el mundo sáliva y haber tratado con los caribes[67] y con los guahívos[68]. En este breve estudio el lector se asoma a las trágicas perspectivas que supone la cíclica presencia caribe en esa área misional y las consecuencias que de ello se derivaban y temas conexos como es el de la antropofagia.

La literatura americanista producida por los jesuitas en la primera mitad del siglo XVIII es sencillamente monumental. Todas las regiones continentales se convirtieron en "protagonistas" del sueño americano: era la primera respuesta institucional al reto de la selva y de la precivilización[69]. Pero también otro élan vital del continente colombino como son los ríos está vinculado literaria y científicamente a la biografía de la Compañía de Jesús en las tierras descubiertas por Colón[70].

---

66 G. BECK. *Misión del río Orinoco...* En: *Documentos jesuíticos...*, II, 169.

67 G. BECK. *Misión del río Orinoco...* En: *Documentos jesuíticos...*, II, 173.

68 G. BECK. *Misión del río Orinoco...* En: *Documentos jesuíticos...*, II, 174.

69 Indicaremos algunas obras representativas de las regiones más importantes. Miguel VENEGAS. *Noticia de la California y de su conquista temporal y espiritual hasta el tiempo presente.* Madrid, 1757. Eusebio KINO. *Las misiones de Sonora y Arizona.* México, 1913-1922. José ORTEGA. *Apostólicos afanes de la Compañía de Jesús, escritos por un Padre de la misma sagrada Religión de su provincia de México.* México, 1754. Pedro LOZANO. *Descripción Chorographica del terreno, Rios, Arboles y Animales de las dilatadíssimas Provincias del Gran Chaco, Gualamba y de los ritos y costumbres de las innumerables naciones barbaras e infieles que la habitan...* Córdoba, 1733. Martín DOBRIZHOFFER. Historia de Abiponibus Esquestri, Bellicosaque Paraquariae Natione locupletata... Viennae, 1784.

70 Citaremos algunos ejemplos confirmativos:

Cristóbal de ACUÑA. *Nuevo Descubrimiento del gran río de las Amazonas, por el Padre Cristóbal de Acuña, religioso de la Compañía de Jesús y calificador de la Suprema General Inquisición, el cual se hizo por orden de S.M. el año 1639 por la provincia de Quito en los reinos de Perú.* Al excmo. Conde Duque de Olivares. Con Licencia en Madrid en la imprenta del Reino, año 1641.

J. MARQUETTE. *Découverte de quelques pays et nations del Amérique Septentrionale.* Recueil de voyages de Tavent t, 1681.

A grandes rasgos podríamos trazar el siguiente cuadro del siglo XVIII: el binomio clásico: Juan Rivero y José Cassani. Las corrientes nuevas: José Gumilla y Agustín de Vega. Los inéditos: Roque Lubián y Manuel Román. Las obras desconocidas del autor del *Orinoco Ilustrado* (Madrid, 1741). Y la literatura de los expulsos Felipe Salvador Gilij y Antonio Julián.

El siglo XVIII se abre con *El Mudo Lamento*[71] del P. Matías de Tapia (1655-1717)[72], uno de los documentos históricos misionales más antiguos y quizá el primero que conoció la luz pública de una forma autónoma sobre el ámbito misional orinoquense.

Se trata en último término de un Memorial que ofrece una buena síntesis de los problemas misionales de las reducciones jesuíti-

---

José GUMILLA. *El Orinoco Ilustrado y defendido. Historia natural, civil y geográfica de este gran río, y de sus caudalosas vertientes.* Biblioteca de la Academia Nacional de la Historia, vol. 68. Caracas, 1963.

Felipe Salvador GILIJ. *Ensayo de Historia Americana, o sea, Historia natural y sacra de los reinos y de las provincias españolas de tierra firme en la América Meridional, escrita por el abate Felipe Salvador Gilij y dedicada a la Santidad de N.S. Papa Pío VI.* Roma 1780-1784. Edic. de la Academia Nacional de la Historia, vols. 71-73. Caracas, 1965.

Manuel RODRIGUEZ. *El Marañón y Amazonas.* Historia de los descubrimientos, entradas y reducción de naciones, trabajos malogrados de algunos conquistadores y dichosos otros, así temporales como espirituales, en las dilatadas montañas y mayores ríos de América. Madrid, 1901.

José CHANTRE Y HERRERA: *Historia de las misiones de la Compañía de Jesús en el Marañón Español.* 1637-1767. Madrid, 1901.

Pablo MARONI. *Noticias auténticas del famoso río Marañón y Misión apostólica de la Compañía de Jesús de la Provincia de Quito en los dilatados bosques de dicho río.* Escribialas por los años 1758 un misionero de la misma Compañía y las publica ahora por primera vez Marcos Jiménez de la Espada. Madrid, 1889.

Antonio JULIÁN. *Historia geográfica del río Magdalena, y de todas las provincias que le tributan de una banda y otra sus ríos.* Madrid, 1787.

José QUIROGA. *Descripción del Río Paraguay, desde la boca del Xauru hasta la confluencia del Paraná,* por el P. José Quiroga de la Compañía de Jesús. Buenos Aires, Imprenta del Estado, 1836.

71   Madrid, 1715.

72   José DEL REY FAJARDO. *Bío-bibliografía de los jesuitas en la Venezuela colonial.* San Cristóbal-Santafé de Bogotá (1995) 608-610.

cas en sus más variadas dimensiones, y constituye un aporte interesante para comprender la depresión documental que va de 1695 a 1715.

Es llamativo que esta obra haya abierto en la historiografía flamenca la visión de las misiones de Casanare, pues, con el ánimo de divulgar la vida del jesuita gantés, P. Ignacio Toebast, muerto a manos de los caribes en 1684, tradujo al holandés el P. Nicolás Valckenborg (1681-1717)[73] la obra del P. Matías de Tapia en 1716 y publicó la traducción en Gante y Ruremonde en esa misma fecha.

---

73 J. Eug. de URIARTE. *Catálogo razonado de obras anónimas y seudónimas de autores de la Compañía de Jesús pertenecientes a la antigua asistencia española.* Madrid, II (1904) 215-216: "Esta carta ha sido traducida en Sevilla del español al neerlandés por el N. Nicolao Valckenborg, sacerdote de la Compañía de Jesús, de la Provincia alemana-holandesa, el cual [Padre] el año pasado de 1716 fue enviado por sus superiores a Sevilla para ir de allí a América y para trabajar en el mismo sitio y en la misma misión en que los venerables padres obtuvieron la corona gloriosa del martirio. Esta carta ha sido publicada por orden de Henrietta Christina Hertoghive van Bruswyck y Lunemborg.

I. Treurich Verhael van het menighvuldihg Heydendom wyt brect verspreyt aen den Oever van de Riviere Orinoco in Tierra Firma cen gedelte van America gestiert tot de Godvruchtighe, ende genaedighe Ooren van syne Catholycke Majesteyt Philipus V, Door den Eerw. P. Mathias de Tapia van bet Nieuw Ryck Granada in Tierra firma, naer Roomen gesonden door die Provincie. Sivilien uyt het Spacris in't Nederduyts overgeset door eenen Priester der selve Societevt, ende van daer naer dese Landen overgesonden. Tot Ruremonde Gedruckt by P. Valle n gezw. Druckker van den Edelen Hove, van Gelderlandt. En 4° de 27 págs.

II. Treurig Verhael van de Reyze en Marteldood van den Eerw. Pater Ignatius Toebast. En ecinge andere jesuiten en Missionarissen in d'Indien, als ook kort-bondige beschryvinge van verscheyde onhekende landen, woeste natien, en goddeloos lieydendom in de Indien. Voorgedragen In een brief, gestiert tot de Godvruchtige en genaedige Ooren van zyne Katholyke Majesteyt Philippus V. Door den Eerw. P. Mathías de Tapia van de Societeyt jesu, Procurator van de Provincie van het Nieuw Ryk Granada in Tierra Firma; Nae Roomen gezonden door die Provincie, Binnen Sivilien uyt het Spaensch in't Nederduyt-sch overgezet door eenen Priester der zelve Societeyt, en van daer nae deze Landen overgezonden. T Gend, By J.F. van der Schueren. En 8°, de 16 págs. La traducción del flamenco dice así: Triste relato del viaje y muerte del R.P. Ignacio Toebast y algunos otros jesuitas y misioneros

Pero el verdadero historiador de las Misiones de los ríos Meta y Casanare es el P. Juan Rivero (1681-1736)[74] quien en 1729 pudo entregar a los superiores de Bogotá su manuscrito sobre la *Historia de las Misiones*[75].

Podemos afirmar que el jesuita misionero enfrenta el reto de ofrecer una historia organizada y armónica de lo que fueron las misiones jesuíticas casanareñas desde sus orígenes hasta 1729.

En Rivero se supera el concepto de crónica conventual y evoluciona hacia una nueva meta: la historia misional. Existe una clara visión del autor que analiza y procesa con carácter crítico los datos suministrados por la documentación oficial y a la vez se abre a nuevos campos de interés tanto geográficos como antropológicos y comienza en verdad a hacer historia.

Así pues, existe a todas luces una interesante evolución historiográfica. Mercado sigue casi al pie de la letra la instrucción del P. Claudio Aquaviva[76]. En Rivero se impone una sana estructura cronológica, en donde los estudios que hace del paisaje y sus hombres prenuncia la nueva orientación a-histórica y más ántropogeográfica de sus sucesores. Ciertamente, en Rivero, se da una proporción entre historia, paisaje y hombre.

---

en las Indias y también breve descripción de diversos y desconocidos países, naciones salvajes y paganismos sin Dios en Indias. Publicado en una carta enviada a los piadosos oidos de u Majestad católica Felipe V, por el R. P. Matías de Tapia S.J., procurador de la Provincia del Nuevo Reino de Granada en Tierra Firme, enviado a Roma por la Provincia; traducido del español al holandés por un sacerdote de la misma Compañía y enviado a esos países desde aquí. Gante, 1716. (Véase: URIARTE. *Catálogo razonado...*, I, 460-461.

74 José DEL REY FAJARDO. *Bío-bibliografía de los jesuitas en la Venezuela colonial.* San Cristóbal-Santafé de Bogotá (1995) 526-529.

75 Juan RIVERO. *Historia de las Misiones de los Llanos de Casanare y los ríos Orinoco y Meta.* Bogotá, Biblioteca de la Presidencia de Colombia, 1956.

76 El esquema puede verse en: Francisco MATEOS. "Introducción" a *la Historia General de la Compañía de Jesús en la Provincia del Perú.* Tomo I: Historia General y del Colegio de Lima. Madrid, Consejo Superior de Investigaciones Científicas, I (1944) 83-84.

Pero sería el P. José Cassani (1673-1750)[77] quien con su *Historia de la Provincia del Nuevo Reino*[78] daría a conocer en el mundo culto hispano y europeo la biografía de la Compañía de Jesús en el Nuevo Reino de Granada.

En verdad fue la única fuente impresa de que han dispuesto los investigadores europeos hasta fines del siglo XIX, y casi podríamos decir que hasta nuestros días; pues aunque Rivero conoció su primera edición en Bogotá el año 1883, siguió siendo una curiosidad bibliográfica en el Viejo Mundo no español. Gracias a las publicaciones de la Biblioteca de la Presidencia de Colombia han podido los eruditos utilizar las fuentes misionales jesuíticas básicas: la segunda edición de Rivero (1956) y la primera de Mercado (1957) que había permanecido inédita por más de dos siglos y medio.

Aunque la *Historia* de Cassani ha sido objeto de las más variadas opiniones críticas debemos confesar que su obra se constituye en la primera visión histórica de los jesuitas en tierras colombianas. Además, su condición de miembro fundador de la Real Academia[79], su polifacética obra escrita[80], su posición al frente de la cátedra de matemáticas en el Colegio Imperial de Madrid y su autoridad científica y literaria[81] constituían en ese momento el mejor aval para la publicación que ofrecía el jesuita académico en 1741.

Al analizar las categorías profundas de su obra histórica llegamos a la conclusión de que en Cassani predomina la concepción literaria a lo tortuoso y a veces complicado de la realidad histórica;

---

77 José DEL REY FAJARDO. *Bío-bibliografía...*, 131-141.

78 Joseph CASSANI. *Historia de la Provincia de la Compañía de Jesús del Nuevo Reino de Granada en la América*. Madrid, 1741. Segunda edición: Caracas, 1967.

79 Constacio EGUIA RUIZ. "El P. José Cassani, cofundador de la Academia española". En: *Boletín de la Academia española*. Madrid, XXII (1935) 7-30.

80 José Eug. De URIARTE y Mariano LECINA. *Biblioteca de escritores de la Compañía de Jesús pertenecientes a la antigua Asistencia de España desde sus orígenes hasta el año de 1773*. Madrid, II (1930) 143-151.

81 Gabriel BOUSEMART. *Carta del Padre Gabriel Bousemart, Rector del Colegio Imperial de Madrid, para los Padres Superiores de la Provincia de Toledo, sobre la religiosa vida, y virtudes del Padre Joseph Cassani, difunto el día doce de noviembre de 1750.* [Madrid, 1750].

y de ahí su afán de claridad expositiva, de lógica sintética y de información armónica, que le lleva incluso a sacrificar la profundidad de la perspectiva histórica.

Con todo, conviene dejar bien sentado que se trata de una obra de innegable valor histórico (a pesar de sus errores), que cumplió con su misión a lo largo de casi siglo y medio como única fuente de acceso a la realidad histórica llevada a cabo por los jesuitas neogranadinos, ya que las demás permanecían inéditas. Hoy podríamos clasificarla como fuente documental digna de crédito pero de segundo grado, ya que su estructura se fundamenta casi exclusivamente en las historias inéditas de los PP. Pedro de Mercado y Juan Rivero.

En 1741 aparecían en Madrid dos obras fundamentales para el conocimiento histórico de la Orinoquia: la *Historia de la Provincia de la Compañía de Jesús del Nuevo Reino de Granada, en la América*[82] del cofundador de la Real Academia José Cassani (1673-1750)[83] y *El Orinoco ilustrado* del misionero del gran río venezolano, P. José Gumilla[84].

---

82 Joseph CASSANI. *Historia de la Provincia de la Compañía de Jesús del Nuevo Reino de Granada, en la* América. Madrid, 1741.

83 José [MARTINEZ DE LA] ESCALERA. "Cassani, José). En: Charles E. O'NEILL y Joaquín Mª DOMÍNGUEZ. *Diccionario histórico de la Compañía de Jesús*. Roma-Madrid, I (2001) 695.

84 Joseph GUMILLA. *El Orinoco ilustrado.* Historia Natural, Civil y Geographica, de este Gran Río, y de sus caudalosas vertientes: Govierno, usos, y costumbres de los indios sus habitantes, con nuevas y utiles noticias de Animales, Arboles, Aceytes, Resinas, Yervas, y Raíces medicinales: Y sobre todo, se hallarán conversiones muy singulares a nuestra Santa Fé, y casos de mucha edificacion. *Escrita* por el P. Joseph Gumilla, de la Compañía de Jesús, Missionero, y Superior de las Missiones del Orinoco, Meta, y Casanare, Calificador, y Consultor del Santo Tribunal de la Inquisición de Cartagena de Indias, y Examinador Synodal del mismo Obispado, Provincial que fue de su Provincia del Nuevo Reyno de Granada, y actual Procurador a entrambas Curias, por sus dichas Missiones y Provincia. Madrid, 1741, XL (sin foliar)-580 + 19 de índices.

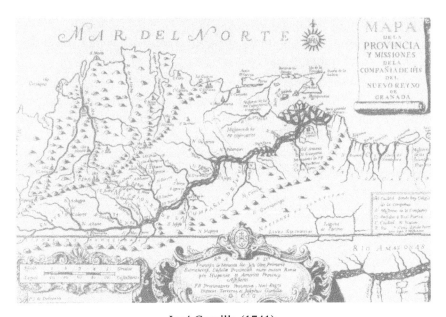

José Gumilla (1741).

Mapa de la Provincia y Missiones de la Compañia de IHS
del Nuevo Reyno de Granada.

Sin embargo, debemos distinguir tres fases en el aporte de *El Orinoco ilustrado*. La primera corresponde a la edición de 1741. La segunda se refiere a la edición de 1745, muy cercana a la de 1741, pues al partir el autor para América en 1743 no pudo disponer materialmente del tiempo requerido para conocer las profundas transformaciones que en esos precisos momentos adelantaban sus hermanos de religión en el Orinoco profundo. Y la tercera, hoy desconocida por nosotros pero real, es la de 1750 que recoge su visión definitiva gumillana tras la gran década de descubrimientos jesuíticos en la Orinoquia.

Aunque una gran parte de la producción gumillana se mueve dentro del área de lo "histórico", sin embargo, tanto su vocación como su temperamento literario le acercaron más a la geografía humana y a la antropología. Por eso no es de extrañar la coexistencia de un doble concepto de Historia dentro del pensar gumillano; lo estático y lo dinámico (pasado histórico y presente prospectivo) crean una antinomia en el misionero orinoquense que podríamos definirla como el resultado de las divergencias existentes entre su concepto de Historia y lo existencial de lo "histórico".

Al considerar al Orinoco -mejor diríamos la Orinoquia- como protagonista de su libro, significa intuir la "continentalidad" de Venezuela y un llamado a la conciencia de que la nacionalidad se fundamenta en el binomio hombre-territorio. Aquí se entronca su nueva ideología de la que hemos hablado en otra ocasión[85].

Con la aparición de *El Orinoco ilustrado* se abre la época de la ilustración de la Orinoquia. Como obra programática está implicada "en el movimiento de iniciativas del siglo XVIII, el mismo que se despliega en la ilusión y en el optimismo de la Emancipación"[86], pues, en definitiva es el heredero directo de todo el impulso de acción que se inicia en esas fechas[87].

José Juan Arrom clasifica a Gumilla en la generación de 1714 con la que "amanece para América un nuevo día" y se extiende hasta la que llega a teñirse de enciclopedismo. Para Arrom es tan profundo el cambio que se instaura con *El Orinoco ilustrado* que, por su contenido cree "se acerca más a Humboldt que a los historiadores del siglo anterior"[88]. Además, como obra representativa, la ubica en la línea de la del regidor de La Habana, José Martín Félix de Arrate, autor de la *Llave del Nuevo Mundo, antemural de las Indias Occidentales: La Habana descrita, noticias de su fundación, aumentos y estado.*

Es conveniente resaltar que desde que en 1596 publicara en Londres Walter Raleigh su libro *The Discoverie*[89] tendrían que

85 José DEL REY. "Venezuela y la ideología gumillana". En: *Sic,* Caracas (1964), 74-76.

86 Ramón EZQUERRA. "La crítica española de la situación de América en el siglo XVIII". En: *Revista de Indias*. Madrid, n° 87-88 (1962) 189.

87 D. RAMOS. *Art. cit.*, CXXIV-CXXV.

88 José Juan ARROM. "Esquema generacional de las letras hispanoamericanas". En: *Thesaurus*. Bogotá, t. XVI, n° 2 (1961) 328.

89 Walter RALEIGH. *The Discoverie of the large, rich and bewtiful empyre of Guiana, with a relation of the great and Golden Citie of Manoa (wich the Spanyards call El Dorado)...* London, 1596. A ésta habría que añadir el diario de viaje de la expedición que en 1647 dirigió el capitán Manuel de Ochagavía para descubrir el río Apure (Jacinto de CARVAJAL. *Relación*

transcurrir 145 años para que el río Orinoco y la Provincia de Guayana penetrasen en el mundo culto europeo con personalidad propia. Pero, si el libro del inglés produjo un gran impacto en la sociedad culta y política europea de comienzos del siglo XVII no lo fue
menos el originado por *El Orinoco ilustrado* del P. José Gumilla
editado en Madrid en 1741[90].

Mas, el sueño de la Orinoquia se debe interpretar también a la
luz de la obra del hermano coadjutor Agustín de Vega (1712-
1763)[91], quien escribe y analiza la problemática geomisional orinoquense en la época comprendida entre 1731 y casi 1750.

Pero, si la personalidad de este jesuita tunjano la ha desconocido la propia literatura jesuítica neogranadina lo mismo podemos
decir de su obra que hoy rehabilitamos. Su historia, *Noticia del
Principio y progresos del establecimiento de las Missiones de Gentiles en el Rio Orinoco*[92], vino a ser conocida en 1974 cuando por
vez primera hicimos del conocimiento de los estudiosos tan impor-

del descubrimiento del río Apure hasta su ingreso en el Orinoco. León,
1892).

90   José DEL REY FAJARDO. "José Gumilla, explorador científico de la Ori-
     noquia". En: Juan PLAZAOLA (Edit.). *Jesuitas exploradores, pioneros y
     geógrafos.* Bilbao, Ediciones Mensajero (2006) 199-243.

91   José DEL REY FAJARDO. "Notas sobre la vida y la obra del H. Agustín
     de Vega (1712-1763)". En: Agustín de VEGA. *Noticia del Principio y pro-
     greso del establecimiento de las Missiones de Gentiles en el Rio Orinoco,
     por la Compañia de Jesus…* Estudio introductorio: José del Rey Fajardo sj
     y Daniel de Barandiarán. Caracas, Biblioteca de la Academia Nacional de la
     Historia (2000) 118.

92   Agustín de VEGA. *Noticia del Principio y progresos del establecimiento de
     las Missiones de Gentiles en el Rio Orinoco, por la Compañia de Jesus, con
     la continuacion, y oposiciones que hicieron los Carives hasta el año de 744
     en que se les aterro, y atemorizo, con la venida de unos Cabres traydos, que
     se havecindaron en Cabruta. Lo que para mejor inteligencia iremos con-
     tando por los años, en que se establecieron dichas Missiones, y lo que en
     cada uno passó, cómo passó, la qual relacion haze un testigo de vista que
     lo ha andado todo por si mismo muchas vezes, Religioso de la Misma Com-
     pañia..* El manuscrito que hemos utilizado reposa en la Biblioteca Newberry
     de Chicago. Mss. 1180. Lo publicamos en: *Documentos jesuíticos relativos
     a la Historia de la Compañía de Jesús en Venezuela.* Caracas, II (1974) 9-
     149. La segunda edición aparece de forma autónoma en la Biblioteca de la
     Academia Nacional de la Historia el año 2000.

tante escrito sobre las gentes y tierras orinoquenses[93]. Tuvimos que apelar a los criterios de la crítica histórica para identificar a Vega como el genuino autor de un manuscrito que aparecía como anónimo[94]. Y aunque han trascurrido casi cinco lustros desde que conoció la luz pública pocos han sido los investigadores actuales que han descubierto la riqueza que encierra esta obra.

José Gumilla (1732),
Río del Orinoco nuevamente observado en bajante a fin de expresar sus Raudales, Yslas, y bajos, Ríos, y Caños que tiene.

---

93   J. DEL REY FAJARDO. *Documentos jesuíticos relativos a la Historia de la Compañía de Jesús en Venezuela.* Caracas, Biblioteca de la Academia Nacional de la Historia, II (1974) 2-149.

94   DEL REY FAJARDO. *Documentos jesuíticos...*, II, 5-7.

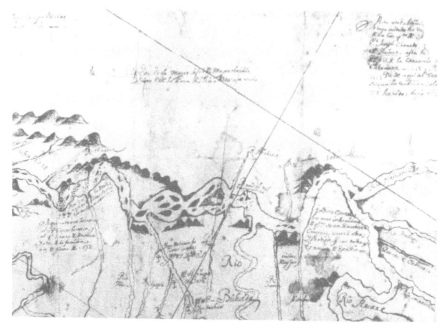

José Gumilla (1734?).

IHS. Río Orinoco nuevamente observados sus Raudales, Bajos, Angosturas,
y aguas que recibe en estas 400 leguas descubiertas. Notanse sus naciones
de indios comarcanas, conocidas asta oy= Es en todo mas lo que falta que
descubrir de este famoso Río.

Antes de llegar a 1767 debemos hacer alusión a dos piezas, al parecer, muy significativas para la historia misional orinoquense. La primera son las *Adiciones al Orinoco ilustrado y defendido* del P. José Gumilla[95] en las que según Gilij "pudo consolarse con muchas hermosas noticias que le comunicaron muchos misioneros"[96]. Al fallecer el autor en 1750[97] tan importante documento no ha sido encontrado todavía. En segundo término nos llegan noticias sobre la prolongación de la Historia de Rivero llevada a cabo, al parecer, por el Tomás Casabona, fallecido en 1756: *Historia de las conquis-*

---

95 Gilij, *Ensayo de Historia Americana*. (Edición de la Academia Nacional la Historia), I, 53.

96 Gilij, *Ob. cit.*, III, 28.

97 J. DEL REY FAJARDO. *Bio-bibliografía*, 289.

tas de españoles y descubrimiento de naciones, reducciones de infieles en el rio Orinoco a cargo de la Religión de la Compañía[98].

La expulsión de la Compañía de Jesús en España y América en 1767 quebró violentamente todos los proyectos jesuíticos desarrollados en el continente y como es lógico también en Colombia.

Existen tres áreas netamente diferenciadas en lo que se refiere a producción investigativa sobre la expulsión de la Compañía de Jesús de los dominios españoles decretada por el rey Carlos III.

La primera, que designamos como "literatura de expatriación", abarca toda la problemática de las causas que motivaron la decisión real de privar de la nacionalidad a los seguidores de Ignacio de Loyola y de expulsarlos de los territorios del imperio hispano. Como es natural su temática desborda los límites fijados para el presente trabajo[99].

La segunda, que podríamos denominar como "literatura de la expulsión", se circunscribe a los inventarios levantados in situ en el momento de poner en práctica la decisión cesárea en 1767 y a la documentación anexa. Esta literatura documental constituye hasta el momento la fuente más rica de esta trilogía temática[100]. Hay que reconocer que los autores de este acontecimiento histórico previeron calculadamente la incautación de los papeles jesuíticos que

---

98 Archivo Nacional de Chile, *Jesuitas*, 446. En un inventario de la Biblioteca de la Procura de la Provincia del Nuevo Reyno hecho a raíz de la expulsión de 1767, se lee: "Otro legajo, encuadernado en folio, manuscrito con el título de... por el Padre Juan Rivero y el Padre Thomas de Casabona".

99 Charles E. O'NEILL Y Joaquín Mª DOMÍNGUEZ. *Diccionario histórico de la Compañía de Jesús*. Roma-Madrid, Institutum Historicum S. I.- Universidad Pontificia de Comillas, II (2001) 1347-1364.

100 Sobre la expulsión de los Jesuítas de la Provincia del Nuevo Reyno: Juan M. PACHECO. "Los Jesuítas de la Provincia del Nuevo Reino de Granada expulsados en 1767". En: *Ecclesiastica Xaveriana*. Bogotá, 3 (1953) 23-78. "La expulsión de los jesuitas del Nuevo Reino de Granada". En: *Revista de Indias*. Madrid, 113-114 (1968). 351-381. Juan Manuel PACHECO. *Los jesuitas en Colombia*. Tomo III (1696-1767). Bogotá (1989) 507-537. José del REY FAJARDO. *Aportes jesuíticos a la filología colonial venezolana*. Caracas, I (1971), 77-80.

54

constituían la riqueza de sus bibliotecas[101] y archivos[102]. Los minuciosos expedientes levantados *in situ* sobre los bienes y personas de los expulsos[103] fueron al parecer exhaustivos y en cualquier hipótesis constituyen una fuente documental de incalculable valor. Una breve biografía del gran tesoro archivístico incautado en 1767 por la monarquía española ha sido estudiada, entre otros, por el americanista P. Francisco Mateos[104].

Y la tercera, que calificaremos como la "literatura del exilio", debe recoger la producción intelectual desarrollada por los miembros de la Provincia del Nuevo Reino de Granada desde su salida de tierras americanas hasta su muerte.

Pero, a la hora de la reconstrucción histórica de esta fase hay que señalar dos tiempos bien definidos.

El primero abarca el tramo temporal 1767-1773 en que los desterrados son todavía miembros activos de la Compañía de Jesús y por ende su pertenencia a la Orden traza sus cauces institucionales cuyas huellas no han sido estudiadas todavía. Es más, hay desterrados que se insertan en la Compañía de Jesús italiana, como es el caso del P. Felipe Salvador Gilij quien llegó a desempeñar el cargo de Rector de los colegios de Montesanto[105] y Orbieto[106]. Esta etapa histórica amerita un cuidado especial.

---

101 José DEL REY FAJARDO. *Las bibliotecas jesuíticas en la Venezuela colonial*. Caracas, Biblioteca de la Academia Nacional de la Historia, 1999, 2 vols.

102 Véase: José DEL REY FAJARDO. *La expulsión de los jesuitas de Venezuela (1767-1768)*. San Cristóbal, 1990. Y también: José DEL REY FAJARDO. *Documentos jesuíticos relativos a la Historia de la Compañía de Jesús en Venezuela*. Caracas, Academia Nacional de la Historia, III (1974) 51-219.

103 Archivo Nacional de Bogotá (ANB). *Conventos*, t. 29, fols. 205 y ss.

104 Francisco MATEOS. "Notas Históricas sobre el antiguamente llamado Archivo de las temporalidades de Jesuítas". En: Araceli GUGLIERI NAVARRO. *Documentos de la Compañía de Jesús en el Archivo Histórico Nacional*. Madrid (1967) VII-LXXXXII.

105 ARSI. *Romana*, 109, fol., 108v.

106 ARSI. *Romana*, 109, fol., 157.

El segundo tiempo se inicia en 1773 con el Breve de Clemente XIV *Dominus ac Redemptor* por el cual al hecho histórico del destierro impuesto por el Rey de España hay que añadir el de la extinción de la orden jesuítica por el Papa la cual obligaba a desintegrar toda la institucionalidad religiosa y dispersar a todos sus miembros. En consecuencia, la "literatura de exilio" abarca tanto la literatura del destierro como la de la extinción.

No es muy copioso, hasta el momento, el aporte intelectual neogranadino en el exilio[107] con la excepción de tres significativas figuras: el P. Antonio Julián[108], José Yarza[109] y el P. Felipe Salvador Gilij[110]. Con todo y delimitando nuestro campo a los misioneros llaneros y orinoquenses debemos hacer mención de los temas que transitaron: el lingüístico, el geográfico y el histórico.

Dentro de la historiografía jesuítica se citan dos obras, todavía inéditas, para la biografía de la Orinoquia: y la *Historia natural del Orinoco* debida a la pluma del P. Antonio Salillas[111] y la *Historia del Orinoco* escrita por el P. Roque Lubián a la que habría que añadir el *Apéndice a la Real Expedición de límites entre los dominios de España y Portugal en América.*

Llegamos al conocimiento de estos dos últimos escritos gracias a la reseña que les otorga Hervás y Panduro en su *Biblioteca jesuítico-española*[112]. Sin embargo, conviene precisar algunas de sus afirmaciones. Dice Hervás que Lubián "dejó en América los siguientes manuscritos que tenía dispuestos para la impresión"[113]. En realidad esta afirmación no creemos que se ajuste a los hechos. En los inventarios levantados en la reducción de San Miguel de Macu-

107 Juan M. PACHECO. "Los Jesuitas de la Provincia del Nuevo Reino de Granada expulsados en 1767". En: *Ecclesiastica Xaveriana*. Bogotá, 3 (1953) 23-78.

108 J. DEL REY FAJARDO. *Bío-bibliografía*, 319-324.

109 J. DEL REY FAJARDO. *Catedráticos jesuitas de la Javeriana colonial.* Bogotá, 2002.

110 J. DEL REY FAJARDO. *Bío-bibliografía*, 259-264.

111 Archivo inédito Uriarte-Lecina. Madrid. Papeletas: SALILLAS, Antonio.

112 Archivo de Loyola. HERVAS Y PANDURO. *Biblioteca Jesuítico-Española,* Tomo I, entrada: LUBIAN, Roque.

113 *Ibidem.*

co al momento del extrañamiento no aparecen tales manuscritos[114] y si existieron no son los que en el destierro de Roma redactó el misionero orinoquense.

De gran utilidad para la historiografía colombo-venezolana del siglo XVIII sería el libro *Apéndice a la Real Expedición de límites entre los dominios de España y Portugal en América*. La forma de describir Hervás su información nos lleva a la conclusión de que tampoco conoció directamente este manuscrito sino que su información es indirecta. En todo caso, la existencia del documento parece factible aunque por el momento no dispongamos de ninguna confirmación de tan interesante libro.

Pero, la figura señera que ha pasado a la posteridad en la literatura ilustrada gira en torno al misionero italiano Felipe Salvador Gilij.

Con el *Saggio di Storia Americana* (Roma, 1780-1784) se completa el ciclo historiográfico de autores jesuitas que escribieron sobre la Orinoquia durante el período hispánico. Y no deja de ser curioso que esta disciplina se inicie con el francés Pedro Pelleprat en 1655 y se concluya con el italiano Felipe Salvador Gilij en 1784.

Se podría afirmar que -en conjunto- ninguno de sus antecesores gozó de las singulares coyunturas que envolvieron su biografía para legar, no la síntesis, sino el mejor aporte jesuítico al estudio de los hombres que habitaron el gran río venezolano. El misionero italiano escribe como testigo presencial del auge que vivió el Orinoco al mediar el XVIII (1749-1767); después de haber conocido y convivido con los actores históricos de esa época ya fuera por sus tareas de Superior de la Misión (1761-1765), ya por sus conexiones con los miembros de la Expedición de Límites, ya por las interminables horas de estudio, observación y análisis que conllevó su vida solitaria en la reducción de San Luis de la Encaramada. Además, entre la redacción del *Saggio* y sus experiencias misionales se interpone aproximadamente una década, espacio importante para la sedimentación de tantos hechos históricos que le tocó vivir.

---

114 El inventario reposa en: ANB. *Conventos*, t. 34, fols., 805-808.

CAPÍTULO II:
LOS HOMBRES DE LOS RÍOS

Cuando los jesuitas neogranadinos pisaron por vez primera el suelo guayanés se encontraron no sólo con una babel étnica y lingüística sino también con la inmensidad fluvial de la Orinoquia, integrada por geografías insólitas y totalmente desconectadas las unas de las otras. Ciertamente, estaban frente a un gran misterio que había que descifrar.

Los espacios geográficos se convierten en territorios cuando son apropiados por los grupos sociales y para ello es imprescindible descubrirlos, conquistarlos y poblarlos. Cómo interpretar esas abrumadoras dimensiones de las que apenas se conocía que sus límites eran los dos grandes ríos sudamericanos: el Orinoco y el Amazonas.

Con toda razón escribía La Condamine en 1745: "Sabido es que la *variedad de nombres aplicados a idénticos lugares, y* particularmente a los mismos ríos, por los diferentes pueblos que habitan en sus riberas ha sido siempre el escollo en que tropiezan los Geógrafos"[1].

Dada la complejidad del presente capítulo lo dividiremos en dos grandes espacios temáticos: en el primero estudiaremos la realidad geográfica oficial hasta el Convenio de Misiones del año 1662. En la segunda analizaremos la conquista geográfica llevada a

---

1   Carlos María de LA CONDAMINE. Viaje a la *América Meridional*. París 1745. En su versión española de la Cuarta Edición. Madrid, "Colección Austral". (1962) 66.

cabo por los jesuitas de la gran Provincia de Guayana a partir de la fecha mencionada.

I. LA VISIÓN GEOGRÁFICA DE LA GUAYANA NEO-GRANADINA HASTA EL CONVENIO MISIONAL DE 1662.

Pero si nos ceñimos a nuestro tema debemos afirmar que la progresiva visión geográfica oficial la irían proporcionando las *Capitulaciones* que fueron originando la presencia hispana en la que podríamos denominar la Provincia de Guayana neogranadina. Seguiremos su cronología.

El 27 de marzo de 1528 se firma una Capitulación real mediante la cual su majestad Carlos I de España le otorga a sus vasallos Enrique Einguer y Gerónimo Sayller derechos de descubrimiento, conquista y población sobre un territorio en Tierra Firme en la Tierra de Gracia, que se conocerá como la Provincia de Venezuela, comprendida entre el cabo de la Vela hasta el cabo de Marcapana (Maracapana), en la cual se comprometían a cubrir todos los costos y gastos de la misma de una serie de obligaciones a cambio de ciertas preventas[2].

El 20 de marzo de 1528 se firma una Real Cédula para los oficiales de la Isla de la Española a favor de Enrique Eynguer y Jerónimo Sayler, con quienes está hecha capitulación para la conquista y pacificación de cierta tierra de la costa de Tierra Firme[3].

La Capitulación obligaba a los Welsares (Alfinger, Federmann, Spira y von Huten), llegar al Mar del Sur, área meridional definitoria de su Gobernación y Provincia. Y como afirma Daniel de Barandirán que los Welsares se distinguieron « como ningún otro gobernante de ninguna otra provincia primigenia de la Venezuela de hoy»[4].

---

2   AGI. *Indiferente,* 415. Libro 1, fols., 63-66.

3   AGI. *Indiferente*, 421, Libro 13, fol., 74v.

4   Daniel de BARANDIARÁN. *Brasil nació en Tordesillas.* (Historia de los límites entre Venezuela y Brasil). San Cristóbal, Universidad Católica del Táchira (1994) 426.

Spira entre mayo de 1535-mayo de 1538 realizó su viaje de descubrimiento del sur y atravesando los ríos Casanare, Sarare y Apure llegó hasta el río Papamene[5]. Felipe Hutten viaja en 1541 hacia el Papamene y por los ríos Putumayo, Río Negro y Napo llegó hasta los omaguas[6].

La Capitulación de Ordaz data de 1530 traza los límites de la Gobernación en el Amazonas: "… podays conquistar y poblar las dichas tierras e provincias que ay desde el río del Marañón hasta el Cabo de la Vela de la gobernación de dichos alemanes, en que puede aver dozientas leguas de costa poco más o menos, con tanto que no toqueys en cosa alguna que sea dentro de la Demarcación del Serenísimo Rey de Portugal, nuestro hermano"[7].

La *Gobernación de Nueva Andalucía* de Fernández de Serpa: 1568. Entre 1568 y 1570 la corona hispana procedió a crear 4 gobernaciones para que cerraran los espacios vacíos al oeste de la línea de Tordesillas. Su extensión alcanzaba los cuatro millones de kilómetros cuadrados.

La primera fue la Gobernación de la Nueva Andalucía, capitulación firmada el 15 de mayo de 1568. Su geografía es compleja: "… las provincias de Guayana y Caura y las demás que están en la tierra que agora intitulareís la Nueva Andalucía" hasta 300 leguas de Costa desde el Huyapari-Orinoco hasta el Marañón con "el girón de tierra entre el Orinoco y el morro de Unare", límite de la gobernación de Venezuela y con una profundidad de otras 300 le-

---

5 José OVIEDO Y BAÑOS. *Historia de la Provincia de Venezuela*. Madrid, Biblioteca de Autores Españoles. "Historiadores de Indias" (1958) 45. Para una visión completa de esta época, véase: Daniel de BARANDIARÁN. *Brasil nació en Tordesillas.* (Historia de los límites entre Venezuela y Brasil), 422-432.

6 José OVIEDO Y BAÑOS. *Historia de la Provincia de Venezuela*, 71.

7 AGI. *Patronato*, leg. 28, número 58. Daniel de BARANDIARÁN. *Brasil nació en Tordesillas*. (Historia de los límites entre Venezuela y Brasil). San Cristóbal, Universidad Católica del Táchira (1994) 433-436. [Utilizamos la separata] Sonia GARCÍA. "Ordaz, Diego de". En: FUNDACIÓN POLAR. *Diccionario de Historia de Venezuela*. Caracas, Fundación Polar, III (1997) 405-407.

guas, hacia el interior, en sentido expreso de los paralelos y los meridianos[8].

La *Gobernación de Nueva Extremadura* de Pedro Maraver de Silva: 1568[9]. La capitulación de Pedro Maraver establecía. "... Gobernación y provincias de Omaguas y el Quinaco y demás Provincias que ahora intituláis la Nueva Extremadura hasta 300 leguas de longitud y de latitud que se han de contar pasadas las dichas provincias de Guayaba y Caura que hemos dado en Gobernación al dicho capitán don Hernández de Serpa". Es decir, que donde se acabase, al sur, la Provincia de Serpa "tuviese su principio la de don Pedro de Silva"[10].

Esta aparente confusión la resuelve Jesús María López Ruiz de la siguiente manera: "... con esta capitulación se cubría la espalda de la Línea de Tordesillas, ocupándose la tierra que hoy llamamos Matto Grosso y se apoyaba desde el Norte la Gobernación del Río de la Plata, tanto por el mar, (con la Nueva Andalucía de Serpa), como por tierra (con la Nueva Extremadura de Silva)"[11].

La *Capitulación del Dorado* de Jiménez de Quesada: 1569[12]. En esta capitulación no aparece el Amazonas como Amazonas sino el Papamene y el mural más meridional el Caquetá-Putumayo. Sus

---

8 Daniel de BARANDIARÁN. *Brasil nació en Tordesillas*, 437-438. María Elena PARRA PARDI. "Fernández de Serpa, Diego". En: FUNDACIÓN POLAR. *Diccionario de Historia de Venezuela*. Caracas, Fundación Polar, II (1997) 338-339.

9 Daniel de BARANDIARÁN. *Brasil nació en Tordesillas*, 439-440. Astrid AVENDAÑO VERA. "Maraver de Silva, Pedro". En: FUNDACIÓN PO-LAR. *Diccionario de Historia de Venezuela*. Caracas, Fundación Polar, III (1997) 46-47.

10 Daniel de BARANDIARÁN. *Brasil nació en Tordesillas*, 439-440. Astrid AVENDAÑO VERA. "Maraver de Silva, Pedro". En: FUNDACIÓN PO-LAR. *Diccionario de Historia de Venezuela*. Caracas, Fundación Polar, III (1997) 46-47.

11 Jesús María LÓPEZ RUIZ. *Hernández de Serpa y su « hueste » de 1569 con destino a la Nueva Andalucía*. Caracas, Biblioteca de la Academia Nacional de la Historia, 1974.

12 Daniel de BARANDIARÁN. *Brasil nació en Tordesillas*, 441-445. Pablo OJER. *Don Antonio de Berrío, Gobernador del Dorado*. Caracas, Universidad Católica Andrés Bello, 1960.

límites occidentales eran la tercera cadena andina oriental, la línea Pauto-Meta como límite norte y al oriente el Orinoco en sus 400 leguas adosadas a la Nueva Andalucía de Serpa[13].

De esta forma se explicaba la ubicación de la mesopotamia Orinoco-Amazonas:

> ... y en cuanto toca a las 400 leguas que se me dan en Gobernación entre los ríos Papamene y Pauto, es menester advertir de una cosa y es que las 400 leguas que se me dan entre estos dos Ríos, podría ser que no se pudiesen, contar por el agua abajo de ellos, y por eso puse en mi ofrecimiento este término del paraje, que es término propio de semejantes Capitulaciones, queriendo decir que desde que comienza la Gobernación entre el un Río y el Otro (el Pauto y el Papamene), se han de ir contando las dichas leguas por aquel paraje, *porque de otra manera podría ser, como creo que es así, que estos dos Ríos se vengan a juntar ambos a los ciento o doscientas leguas de mi Gobernación* o podría ser también topar yo, entre los dichos Ríos, alguna Provincia, hacia algún lado que caiga o esté señalada en alguna Gobernación de los otros dos (de Serpa y de Maraver). Y por eso, es menester decir que si las 400 leguas no caben entre estos dos Ríos, que puedan pasar acabar de contarlas de la otra banda de ellos, como no sea en tierra ni Gobernación de los otros...[14].

Como bien establece Daniel Barandiarán "esta matriz se suponía ser la conjunción Amazonas-Orinoco, sin que todavía el Orinoco tuviera un sólo nombre, sino, al menos, cuatro o cinco según el tramo fluvial que se visualizara: *Uyapari, Pauto-Meta-Candelaria, Barraguán, Airico-Guayabero e Inírrida, en su hermandad común de nacimiento con el Papamene-Amazonas-Marañón-Caquetá e Yzá o Putumayo*"

---

13   Daniel de BARANDIARÁN. *Brasil nació en Tordesillas*, 441-442. Rubén VARGAS UGARTE. *Historia General del Perú*. Lima, Milla Batres, I (1971) 144-145.

14   Petición presentada el día 26 de julio de 1569 ante la Audiencia de Santa Fe de Bogotá. AGI. *Patronato*, 29, Ramo 21, año de 1569. En Juan FRIEDE. *El Adelantado don Gonzalo de Jiménez de Quesada*, II, 392. Véase también en Pablo Ojer. *La formación del Oriente Venezolano*. Caracas (1966) 479 y 480.

La herencia integrada de don Antonio de Berrío: 1595[15]. Al fallecer Jiménez de Quesada sin hijos dejaba como herederos a su sobrina doña María de Oruña y a su marido Antonio de Berrío y por decisión del Consejo de Indias (12 de octubre de 1595) adjudicaba a Berrío la Gobernación de Guayana[16]. De facto el Consejo de Indias expresaba: "… Antonio de Berrío, Gobernador y Capitán General de las nuevas Provincias del Dorado, Nueva Guipúzcoa, de Guayana y las demás inclusas y comprendidas entre los ríos Orinoco y Marañón, que por otros nombres son llamados Pauto y Papamene y de la Isla de Trinidad en las Indias Occidentales"[17].

Fijó su residencia en la Capital Santo Tomé de Guayana y de esta forma se inaugura la ruta (fluvial y serrana) entre el Nuevo Reino de Granada y Guayana: el camino era el Meta y sus afluentes el Casanare con su puerto de San Salvador del Puerto y el Río Negro con su puerto de Apiay.

Hay que destacar que el Orinoco histórico poco tiene que ver con el actual pues se identificaba con los ríos Meta, Guaviare, Ariari, Caquetá y Putumayo y se extendía hasta las fuentes del Papamene o el Amazonas de Quesada.

Todo ello nos lleva a la conclusión que desde el comienzo el Orinoco histórico fue totalmente distinto al Orinoco actual.

Las ciudades gobernaciones.

Más, a la hora de analizar la segunda entrada de los jesuitas en los Llanos de Casanare conviene hacer referencia a un tema poco estudiado en la historiografía de la Guayana neogranadina. Nos referimos a la proliferación de ciudades-gobernaciones que se fundaron en el balcón que se asoma a los Llanos las cuales protagonizaron un nuevo intento de colonización con sus desastrosas consecuencias para las etnias que habitaban en todos sus contornos geográficos.

---

15 Daniel de BARANDIARÁN. *Brasil nació en Tordesillas*, 446-449.

16 AGI. *Patronato*, Leg., 27, ramo 36. Juana FRIEDE. *Descubrimiento y conquista del Nuevo Reino de Granada*. Bogotá, Historia Extensa de Colombia, II (1965), documento 82.

17 José Antonio ARMAS CHITY. Guayana. *Su tierra y su historia*. Caracas, Ministerio de Obras Públicas, II (1968) 241.

Así pues, una medida de tipo político ocasionaría trastornos sociales y religiosos en la segunda mitad del siglo XVII. Por ello conviene explicar un hecho histórico que es propenso a malentendidos interpretativos. En el fondo se trata de clarificar la evolución territorial de esas conflictivas zonas.

Por una parte siempre quedó muy clara la dimensión de la Provincia de Guayana pues por decisión del Consejo de Indias del día 12 octubre de 1595[18] el Rey había entregado a Berrío todas las capitulaciones amazónicas realizadas hasta la fecha, es decir, "... todas las Provincias inclusas y comprendidas entre los Ríos Orinoco y Marañón"[19].

Por otro lado, las tres gobernaciones del piedemonte: Medina de las Torres, Santiago de las Atalayas y San Juan de los Llanos nacen enteramente ajenas a la Gobernación de El Dorado de Jiménez de Quesada y en el siglo XVII evolucionarían como "gobiernos de frontera" dentro de la Provincia del Nuevo Reino de Granada[20].

Santiago de las Atalayas fue reedificada por don Adrián Suárez de Vargas a quien se debe la fundación de otras ciudades como la de San José de Cravo en Guanaca "entre el río de Cravo y una quebrada Taquiramena"[21]. A Adrián Vargas le sucedió en el gobierno (interino) de Santiago de las Atalayas su hermano Pedro Ordoñez

---

18   AGI. *Escribanía*, 1011 A. *Pleitos*. Pieza 9ª.

19   José Antonio ARMAS CHITTY. *Guayana. Su tierra y su historia*. Caracas, 1964.

20   Pablo OJER. *La década fundamental...*, 256.

21   Véase: Magdalena CORRADINE MORA. "Conquistadores y primeras ciudades del Llano. Fundacion de la ciudad de San José de Cravo por don Adrián de Vargas". En *Repertorio Boyacense*. Tunja, Academia Boyacense de Historia, 337 (2001) 51-80. La fundación de San José de Cravo es anterior a 1649 como se desprende del texto siguiente: "Fundé en la provincia de Cravo, en un sitio llamado Guanaca... una ciudad que se intitula San José de Cravo" (ANB. *Encomiendas*, t. 2, fol., 73. *Memorial de Adrián Vargas, 1649*. También transcribe el documento el P. Marcelino GANUZA. *Monografía de las Misiones vivas de Agustino Recoletos (Candelarios) en Colombia*, I, 177; sin embargo, cita del Archivo Nacional de Bogotá la sección de *Encomiendas*, t., 24, fol., 821v-822). Para la primera fundación de Santiago de las Atalayas en septiembre de 1588, véase: "Acta de fundación de la ciudad de Santiago de las Atalayas". En: *Revista del Archivo Nacional*. Bogotá, 6 (1944) 45-47.

de Vargas el 26 de julio de 1656[22] y se le manda continuar por auto el 17 de diciembre de 1667 por auto del Presidente de la Audiencia don Diego de Villalba y Toledo[23].

También tenemos noticia de la capitulación de Juan de Zárate con don Martín de Saavedra y Guzmán, Presidente de la Audiencia, quien repobló la ciudad de Medina de las Torres con el nombre definitivo de San Martín del Puerto del Ariari, capital de la denominada Gobernación de Santa María de los Ángeles en 1641[24].

Igualmente Juan Sánchez Chamorro estuvo al frente de la Gobernación de San Martín del Puerto, ciudad que reedificó y en la que encontró la muerte a manos de dos achaguas sirvientes suyos[25]. Y también aparece como Gobernador y Capitán General de las provincias de Arauca y Tame[26].

Antes de diseñar la importancia indigenista que significaron estos experimentos hay que hacer alusión a las consecuencias posteriores que se reflejaron en las disputas limítrofes entre Colombia y Venezuela. Según Pablo Ojer las ciudades de Santiago de Pore y Santa Rosa de Chire fueron concebidas por Cesáreo Fernández Duro como partes de la Provincia de El Dorado y por ello las convertía de forma artificial "en una gran unidad político - administrativa extendida en dirección del Orinoco" que cubría la línea meridional de la jurisdicción de Barinas como si se tratara "de una go-

---

22 ANB. *Encomiendas*, t., 2, fol., 72v.

23 ANB. *Encomiendas*, t., 2, fol., 74. AGI. *Santafé*, 177. *Expediente de encomienda de García Ratto*. En: Pablo OJER. *La década fundamental en la controversia de límites entre Venezuela y Colombia, 1881-1891*. Maracaibo, Corporación de Desarrollo de la Región Zuliana (1982) 256-257. ANB. *Caciques e indios*, t., 25, fol., 738. En marzo de 1672 se le nombra a don Bartolomé de Alarcón como sucesor por causa de su muerte (ANB. *Encomiendas*, t., 8, fol., 943). Cfr. PACHECO. *Los jesuitas en Colombia*, II, 360.

24 AGI. *Santafé*, 173. *Autos de la vacante de encomiendas de Pezca y Bombaza, Chámeza y Cusiana en términos de Tunja y Santiago de la Atalaya* (1645). En: P. OJER. *La década fundamental*, 258.

25 RIVERO. *Historia de las Misiones*, 83.

26 AGI. *Santafé*, 173. *Autos e información de los servicios y méritos del Maese de Campo Juan Sánchez Chamorro*.

bernación distinta de la Provincia del Nuevo Reino de Granada" ajena por completo a la evolución territorial de la región[27].

La función de estas ciudades-gobernaciones de mediados del siglo XVII responden a un criterio gubernamental de someter a los indios belicosos de la región que se ubicaban en los terrenos de aquende y allende de la cornisa andina que habían quedado preteridos por las expediciones doradistas en espera de mejores oportunidades.

Por ello, a la hora de encontrar soluciones a tan complicado problema surgió un modelo que caracterizó los típicos gobiernos de fronteras de guerra como los designa Pablo Ojer[28].

Un antecedente de este tipo de política de pacificación de indígenas lo verificamos en el caso de Juan Pacheco Maldonado quien fue nombrado primer gobernador y capitán general de la Provincia de Mérida con la misión de someter a los Motilones que obstaculizaban el comercio y la navegación por el río Zulia[29].

Ciertamente no pasó desapercibida esta situación al historiador jesuita P. Juan Rivero quien en 1729, después de tratar de la efímera biografía de la ciudad Espinosa de las Palmas, escribía: "Fundáronse por este tiempo medio, que fue por los años de 50 [1650] dos ciudades muy cortas pero muy útiles, para tener a raya y refrenar a los indios: una fue la ciudad de San José de Cravo, que fundó y fomentó D. Adrián Suárez de Vargas; otra fue la ciudad de Punapuna, entre Casanare y Tame, que constaba de 16 ó 17 vecinos o ciudadanos, y vino sobre ella una epidemia de que murieron siete, con que acabada la mitad de la populosa Punapuna, desampararon el sitio los que quedaron vivos y se acabó del todo a los tres años de su fundación. Fundóse otra ciudad llamada Chire, como a medio día de distancia del río de Pauto, que subsiste hasta el día de hoy"[30].

---

27 Pablo OJER. *La década fundamental...*, 257-258.

28 Pablo OJER. *La década fundamental en la controversia de límites entre Venezuela y Colombia 1881-1891*. Caracas (1982) 256-258.

29 Véase: Edda SAMUDIO. *El colegio San Francisco Javier en el contexto de la Mérida colonial*. Mérida, Universidad de Los Andes, I (2003) 13-15.

30 Juan RIVERO. *Historia de las Misiones de los Llanos de Casanare y los ríos Orinoco y Meta*. Bogotá, Biblioteca de la Presidencia de la República (1956) 85.

Antes de concluir este apartado queremos insistir de forma muy concreta en la precaución que debe tener el investigador hodierno cuando afronta el tema del Orinoco. Por ello aducimos la historia nominal de nuestro gran Río de acuerdo con sus distintas denominaciones:

Orinoco era (hoy lo sabemos) la denominación exclusiva de los indios "tiwi.tiwi" o guaraúnos (Warao para los antropólogos) del Delta. Para los guaraúnos de esa segunda mitad del siglo XVI era *la única denominación de todo el río "Orinoku"* ("allí donde se navega").

"Río Paria" era la *denominación de todo el río Orinoco* para las tribus caribes marítimas del hoy también Golfo de Paria.

"Río Huyapari o Aruacay" era la doble *denominación de todo el Orinoco* para los indios del conglomerado pacífico caribe-araguaco del poblado de Aruacay en el hoy Barrancas del Bajo Orinoco.

"Río Barraguán" *era todo el Orinoco* para las tribus de los otomacos y los sálibas que convivían hermanados junto al Cerro Barraguán, obelisco mítico otomaco, y donde los Jesuitas fundarán la misión de San Regis, una de sus primeras Misiones orinoquenses, en la orilla derecha del Orinoco, aguas abajo del hoy poblado de La Urbana. Un simple error, el Barraguán, da el nombre a todo un río gigantesco para los indios otomacos y sálibas. Pero ningún indio sensato podría confundir el cerro Barraguán con el río Barraguán, hoy Orinoco por imposición de la onomástica india guaraúna.

"Río Pauto" *era todo el río Orinoco* para los primeros poblado-res hispanos de Nueva Granada que, sin ninguna conexión con todo el resto de lo que es hoy el Orinoco, bajaban al pie del monte de su Andes. Esa denominación era conformada en razón misma, no tan-to del nombre del propio río Pauto, sino más bien de la nucleiza-ción y consolidación poblacionales del inicio de expansión en esa cuenca del río Pauto. Los que bajaban de Bogotá al hoy río Meta no sabían ni podían saber cómo era el hoy Orinoco, y por ello su río Pauto tomó la primacía onomástica sobre todo el río Orinoco de hoy. Sería ridículo concluir que Jiménez de Quesada, Berrío y su gente pretendían hacer doble juego, confundiendo expresamente al exiguo río Pauto con el Orinoco intuido en el hoy río Meta. Es el mismo simil que el cerro Barraguán[31].

A mediados del siglo XVIII el viajero La Condamine sintetizaba la visión de esos grandes espacios comprendidos entre los dos grandes ríos:

> "De todas estas noticias, combinadas y esclarecidas unas por otras, resulta que el *pueblecito indio de Caquetá*, en la provincia de Mocoa (al oriente de la de Pasto, a un grado de latitud Norte), da su nombre a un río en cuyas orillas está situado. *Más abajo este Río se divide en tres brazos, de los que uno corre hacia el Nordeste y es el famoso Orinoco, que desemboca enfrente de la isla de la Trinidad*; otro sigue su curso hacia el Este, desviándose algo hacia el Sur, y más abajo le llaman los Portugueses río Negro; y el otro, mucho más desviado hacia el Sur, es el Yupurá, del cual se ha hablado ya tantas veces y que, según se ha dicho en lugar oportuno, se subdivide en otros muchos. *Falta saber si se separa del tronco principal más arriba que los otros dos antedichos o si es una rama del segundo brazo, al que llaman río Negro...*"[32].

Los primeros escarceos guayanases de los jesuitas.

Si retomamos la fuerza inspiradora de la geografía como imaginario histórico de los fundadores de la Provincia del Nuevo Reino y Quito en 1604 debemos señalar los ensayos preliminares que descubren la atracción que significó desde sus inicios todas esas tierras incógnitas.

En el diseño de la Provincia del Nuevo Reino y Quito de la Compañía de Jesús los fundadores previeron la importancia estratégica de la denominada Tierra Firme, es decir, las inmensidades que se extendían desde los Andes al Atlántico. Y en 1607 –tres años después de haber pisado territorio neogranadino– el primer Superior, Martín de Funes[33], delineaba los trazos del primer mapa

---

31 Véase: Daniel de BARANDIARÁN. *Los hombres de los ríos.* (Los jesuitas y el Orinoco Amazónico) [Manuscrito cedido gentilmente por el autor]. 19-22.

32 Carlos María de LA CONDAMINE. *Viaje a la América Meridional.* Madrid, Colección Austral. Espasa-Calpe (1992) 65-66.

33 Alberto GUTIÉRREZ. "Gloria y tragedia del primer rector de Santa Fe". En: *Theologica Xaveriana.* Bogotá, n° 152 (204) 629-649.

geográfico-conceptual que debía orientar el desarrollo de la naciente entidad jesuítica. Y en el caso específico de Tierra Firme su visión futurista se extendía hasta el Amazonas a la vez que previó la importancia del Mediterráneo caribeño e incluso fijaba un enclave en las Islas Canarias[34].

Dos experiencias conocemos hasta el momento que pudieran significar el deseo de los jesuitas santafereños por insertarse en esa dinámica amazónico-orinoquense.

La primera se llevaría a cabo en la ceja del piedemonte chitense (1625-1628). Se ubicaba en la verdadera frontera entre el altiplano y los Llanos, entre la presencia del aparato estatal hispano y la ausencia casi absoluta de la administración de la corona. Se trataba de replantear la asimilación de los indígenas que habían descubierto las rutas doradistas y a la vez la necesidad de integrar esos grandes espacios a la legalidad que exigía la corona castellana.

Sin embargo, la actitud intolerante del arzobispo bogotano significo la muerte del proyecto pues el 25 de enero de 1631 resolvió el Consejo de Indias aprobar los nombramientos realizados por el arzobispo Cortázar pero le ordenó dejar en paz a los jesuitas en las demás doctrinas[35]. De esta suerte concluía la estancia jesuítica en esta parte del balcón andino del Nuevo Reino había durado del 26 de enero de 1625 al 20 de noviembre de 1628.

Pensamos que fue don Martín de Mendoza de la Hoz Berrío[36], gobernador de Guayana, el que colaboró a formular a los jesuitas el Proyecto guayanés, quizá a través de una de las figuras más vinculadas a la primera historia misional llanera; nos referimos a Doña Serafina Orozco, esposa de Don Martín de Mendoza, encomendera de Chita y persona cercana, al parecer, a los miembros de la Com-

---

34 José Luis SÁEZ. "Los jesuitas en el Caribe insular de habla castellana (1575-1767)". En: *Paramillo*. San Cristóbal, 16 (1997) 5-156.

35 AGI. *Santafé*, 245. Decreto del 25 de enero de 1631.

36 María Elena PARRA PARDI [M.E.P.P.]. "Mendoza y Berrío, Martín de". En: Charles E. O'NEILL y Joaquín Mª DOMÍNGUEZ. *Diccionario histórico de la Compañía de Jesús*. Roma-Madrid, III (2001) 127.

pañía de Jesús que misionaron el balcón andino en el trienio 1625-1628[37].

En verdad la familia Berrío se había instalado en Chita desde 1583 y allí fijaría el cuartel general para todas sus expediciones Don Antonio[38]. Su hijo don Martín solicitaba en 1626 las encomiendas vacas de su tío Fernando, el título de Adelantado y la Gobernación de Guayana[39]. El 28 de mayo de 1638 se encontraba don Martín en San José de Oruña próximo a partir para España[40]. El 30 de agosto de 1642 llegó don Martín a Guayana como Gobernador: reedificó la ciudad destruida a orillas del río Usupamo, fundó el Castillo de San Francisco para defenderla y la dotó de artillería. Durante su administración se abrió la comunicación con el Río Apure. Murió en 1655[41].

De esta forma se explica la segunda presencia jesuítica en Santo Tomé de Guayana, ciudad cercana al delta del Orinoco y la puerta obligada para el mar Atlántico (1646-1648). Si los jesuitas integrantes de la parte quiteña habían en 1638 alcanzado la realización de su sueño del Marañón[42], es lógico que sus hermanos santafereños se vieran impulsados a intentar lo mismo con el Orinoco, especie de espina dorsal de la gran Provincia de Guayana, dependiente de las autoridades de Bogotá. Además, deseaban implantar el ar-

37   Juan RIVERO. *Historia de las Misiones de los Llanos de Casanare y los ríos Orinoco y Meta.* Bogotá (1956) 84.

38   AGI. *Patronato*, 254, Ramo 1, fol., 3. *Carta al Presidente y Oidores de Santa Fe.* Riveras del Casanare, 1 de abril 1587.

39   AGI. *Santafé*, 2. *Lo que parece en las pretensiones de Don Martín de Mendoza y Berrío.*

40   ANB. *Encomiendas*, T. XIII. *Doña Antonia María de la Hoz y Berrío*, fol., 649v.

41   Miguel Ángel PERERA. *La provincia fantasma. Guayana siglo XVII.* Ecología cultural y antropología histórica de una rapiña, 1598-1704. Caracas, Universidad Central de Venezuela (2003) 137. Sin embargo DUARTE LEVEL. *Historia Patria.* Caracas (1911) 105 afirma que falleció en 1656.

42   José JOUANÉN. *Historia de la Compañía de Jesús en la antigua Provincia de Quito 1570-1774.* Quito, Editorial Ecuatoriana, I (1941) 153-155.

quetipo misional experimentado por los ignacianos en el Paraguay[43].

Si analizamos la *Instrucción* dada a los exploradores encargados del proyecto[44] y la política misional de la joven Provincia jesuítica del Nuevo Reino y Quito[45] delatan una concepción geomisionera del corazón de Sudamérica.

En el ámbito geográfico deberán poner toda diligencia en averiguar si hay comunicación fluvial entre el Orinoco y el Amazonas y si los indígenas de ambas cuencas tienen trato entre sí[46] pues en el fondo si Quito y Bogotá estaban unidas en lo jesuítico jurídicamente también en lo profundo del corazón de Sudamérica debería darse ese encuentro.

La muerte prematura del P. Andrés Ignacio obligó en 1648 a retornar a Santafé a su compañero el P. Alonso Fernández[47].

La gran intuición de los superiores jesuitas del Nuevo Reino y Quito al llegar a las áreas fluviales del Orinoco (1646) y Amazonas (1639) fue el soñar con el mayor número de enlaces posibles flu-

---

43 APQu., Leg., 3. *Instrucción y órdenes dadas por el Padre Provincial Rodrigo Barnuevo para los Padres Andrés Ignacio y Alonso Fernández para la misión de la Guaiana donde son enviados por la santa obediencia* en *4 de junio de 1646.* N° 9.

44 APQu., Leg., 3. *Instrucción y órdenes dadas por el Padre Provincial Rodrigo Barnuevo para los Padres Andrés Ignacio y Alonso Fernández para la misión de la Guaiana donde son enviados por la santa obediencia en 4 de junio de 1646.* El documento ha sido publicado por José DEL REY FAJARDO. *Documentos jesuíticos relativos a la Historia de la Compañía de Jesús en Venezuela.* Caracas, II (1974) 153-156.

45 No conocemos hasta el momento ningún estudio específico sobre el tema; sin embargo, la acción llevada a cabo con el mundo negro a través de Alonso de Sandoval y Pedro Claver en Cartagena; el ensayo desarrollado en los Llanos entre 1625 y 1628; y los intentos con los Paeces y en las costas del Pacífico por los jesuitas neogranadinos obligan a formular tales teorías. No incluimos aquí los esfuerzos de la parte de Quito encauzados a la misión del Marañón.

46 APQu. Leg., 3. *Instrucción y órdenes...,* n. 22.

47 Toda la experiencia la recoge la Carta Annua del P. Melgar en los folios 196-197v.: ARSI. N. R. et Q., 12-I. *Carta annua desde los años 1642 hasta el de 1652 de la Prouincia del Nueuo Reyno, y Quito a a. m. r. p. General de la Compañía de Jesus* [Goswino Nickel]

viales que pudieran surgir entre los dos Ríos-Padres, sin tener necesidad de remontar y bajar en cada viaje los escalofriantes páramos andinos entre Santa Fe y Quito.

II. LOS JESUITAS EN LA CONQUISTA GEOGRÁFICA DE LA GRAN ORINOQUIA.

El punto inicial de toda esta acción centenaria tiene su fundamento en el Convenio Misional de Santa Fe de Bogotá suscrito el año 1662.

El documento ofrece primera visón oficial geográfica de la Orinoquia jesuítica debida al Presidente neogranadino don Diego Egües de Beaumont (1662-1664)[48] quien trataría de planificar y diseñar una estrategia misional que diera respuesta a las inquietudes de penetración que intentaban dejar atrás la cordillera oriental y cristianizar al enorme gentilismo esparcido desde la Guayana a las nuevas ciudades-gobernaciones y desde el Arauca al Amazonas.

Para ello propuso Presidente Egües al Rey, en carta del 15 de junio de 1662, la creación de una Junta de Misiones que debía presidirla el Arzobispo e integrarla el Presidente de la Audiencia, el Oidor más antiguo, el Provisor y los Provinciales de las diversas Ordenes Religiosas. Debían reunirse semanalmente e informar a la Monarquía cada año. La proposición fue aprobada por Real Cédula del 27 de septiembre de 1663[49].

En la Junta del 12 de julio de 1662 el cuerpo decidió repartir los territorios llaneros entre las diversas entidades religiosas que configuraban la iglesia neogranadina para que cada una se responsabilizara del área a ella asignada.

Al clero diocesano se le señaló el territorio de la gobernación de los Llanos de San Juan, desde la misión de los franciscanos hasta el río Caguán "y desotra parte entrando en el Airico, que es una cordillera que atraviesa, en donde está todo el mayor gentío".

---

48 Sergio Elías ORTIZ. *Nuevo Reino de Granada. Real Audiencia y Presidentes*. Tomo 4. Presidentes de capa y espada (1654-1719). Bogotá, Academia Colombiana de la Historia, Historia Extensa de Colombia, vol., III (1966) 101-127.

49 AGI. *Santafé*, 36. *Autos del traslado de San Bartolomé de la Cabuya a Sabana Alta. Real Cédula*. Madrid, 27 de septiembre de 1663.

A los agustinos ermitaños se les asignó los Llanos de San Martín entrando por su doctrina de Fómeque y a los recoletos el terreno comprendido entre los ríos Upía y Cusiana y en el ínterin sustituían al cura de Santiago de las Atalayas.

A los franciscanos se les encomendó "la parte de donde sacó indios infieles el P. fray Bernardo de Lira en el gobierno de San Juan de los Llanos y línea recta imaginaria entrando en el Airico".

A los dominicos se les trazó el área de los chíos y mámbitas, antesala de las regiones llaneras.

A los jesuitas se les adjudicó el territorio "junto al río de Pauto y de allí para abajo hacia la villa de San Cristóbal y ciudad de Barinas, y todos los Llanos de Caracas, y corriendo línea imaginaria desde el río de Pauto hasta el Airico comprendiéndole"[50].

Y para completar la acción de los misioneros en este proyecto se consiguió una real Provisión, de 18 de julio de 1662, que prohibía expresamente a los gobernadores hacer y permitir entradas "a conquistar y reducir indios con soldados"[51].

Antes de seguir adelante conviene aclarar el significado de lo anteriormente dicho. Según Barandiarán: «Todo está circunscrito en torno y a lo largo del Pauto-Orinoco-Airico, como única red fluvial concebida y visualizada, sin la minimización del actual escuálido afluente Pauto del río Meta, afluente izquierdo, en cuya cabecera se hallaba uno de los primeros campamentos fijos de los que bajaban la vertiente oriental de los Andes Orientales hacia los Llanos: *Pore* o el pueblo de los cinco ranchos, tipo campamento, que aparece en uno de los primeros Informes jesuíticos en 1625".

Nota previa.

Aunque pensamos que desborda nuestro estudio el tema de los caminos coloniales, sin embargo juzgamos conveniente hacer algunas observaciones a fin de poder ubicar el aporte jesuítico en esta importante "política" porque en definitiva los caminos fueron "la

---

50 ANB. *Conventos*, t. 68, fol., 437v-438.

51 ANB. *Conventos*, t. 7, fol., 526.

infraestructura de la nacionalidad [y] el eje de expansión de la colonización"[52].

Para el lector poco informado en este complejo mundo de la vialidad en sus diferentes facetas y modalidades lo remitimos al interesante trabajo de Víctor Manuel Patiño[53].

En Colombia han sido bastante investigados tanto los "caminos reales" generales[54] como los relacionados con el piedemonte oriental[55] y los que constituyen su horizonte natural como son los de los Llanos casanareños[56].

La principal vía de conexión entre los Llanos de Casanare con Bogotá se hizo a través del camino de San Juan de los Llanos y San Martín pero siempre fue considerada como una vía secundaria pues la región llanera era calibrada como territorio de periferia y por tanto, en apariencia, como una economía marginal de frontera[57]. Según Rueda se convirtió en la ruta de los oficiales reales, los funcionarios que subían y bajaban a Guayana y los misioneros[58].

---

52 Roberto VELANDIA. *Descubrimientos y caminos de los Llanos orientales*. Bogotá, Colcultura (1996) 72-73.

53 Víctor Manuel PATIÑO. *Historia de la cultura material en la América equinoccial*. Tomo III. *Vías, transportes, comunicaciones*. Bogotá, Instituto Caro y Cuervo, 1991.

54 Pilar MORENO DE ÁNGEL y Jorge Orlando MELO GONZÁLEZ. *Caminos reales de Colombia*. Bogotá, Fondo FEN Colombia, I, 1995. Para el camino real a Caracas, véase (pp., 234 y ss.).

55 Roberto VELANDIA. *Descubrimientos y caminos de los Llanos orientales*. Bogotá, Colcultura, 1996. Carl Henrik LANGEBAEK et alii. *Por los caminos del piedemonte. Una historia de las comunicaciones entre los Andes Orientales y los Llanos. Siglos XVI a XIX*. Santafé de Bogotá, Universidad de Los Andes, 2000.

56 Miguel GARCÍA BUSTAMANTE. "A los Llanos de San Juan y San Martín. El camino real a San Juan de los Llanos". En: Pilar MORENO DE ÁNGEL y Jorge Orlando MELO GONZÁLEZ. *Caminos reales de Colombia*. Bogotá, Fondo FEN Colombia, I (1995) 250 y ss.

57 Miguel GARCÍA BUSTAMANTE. "A los Llanos de San Juan y San Martín. El camino real a San Juan de los Llanos", 250.

58 José RUEDA. "El desarrollo geopolítico de la Compañía de Jesús en los Llanos Orientales de Colombia". En: *Los Llanos, una historia sin fronteras*. Bogotá (1988) 185.

Es curioso anotar el recuerdo de Hipólito Jerez, conocedor de las tierras boyacenses, quien en 1952 escribía: "Hay que bajar hoy por él [el camino del Cravo sur] para oír cómo todavía le llama la gente llanera, con heredada devoción, el *Camino de Dios*. Y acaso podamos añadir que el camino de la Patria; por ahí subió Bolívar en su ascensión andina y a su propia gloria..."[59]. Al parecer lo más arduo de la ruta se concentraba en la última jornada antes de llegar al pueblo de Cravo. Y Gumilla lo describe así: "el paraje se llama el *Bolador de Crabo*, precipicio tal, que el jinete que se descuida, dexa de rodar, y vuela hacia lo pronfundo, con tal ruina, que es en vano buscar a los que se despeñan (que no han sido pocos)"[60].

También los jesuitas establecieron sus cadenas comerciales ganaderas entre Caribabare, Tocaría y Cravo se prolongaba hasta Lengupá donde descansaban hombres y ganados para seguir después a Firavitoba, hacienda del colegio de Tunja. De allí se distribuía el ganado en Sogamoso, Tunja o Bogotá[61]. También la hacienda de Apiay, entre los ríos Ocoa y Guayuriba en el Meta, servía para recibir tanto el ganado que se compraba en San Martín y San Juan de los Llanos así como también al que llegaba de Casanare. Y el recorrido de Apiay a Santafé solía durar 8 días[62]. Y el engorde de esta vía se verificaba en la hacienda La Chamicera en la propia sabana bogotana[63].

La cadena fluvial a través del Orinoco también tuvo una gran actividad con todas las haciendas pero muy especialmente con la de

59 Hipólito JEREZ. *Los jesuitas en Casanare*. Bogotá, Prensas del Ministerio de Educación Nacional (1952) 221: "Para eso hicieron los jesuitas el camino que conduce a Támara, bajando por la ribera izquierda del río Cravo Sur, para pasar de allí a Paya y Morcote, y seguir a Pauto, Tame y Macaguane, atravesando por las estribaciones de la Cordillera Oriental".

60 GUMILLA. *Escritos varios*, 35.

61 Héctor Publio PEREZ ÁNGEL. *La hacienda de Caribabare*, 66.

62 José Eduardo RUEDA ENCISO. "El complejo económico-administrativo de las Antiguas Haciendas Jesuitas del Casanare". En: *Boletín Cultural y Bibliográfico*. Bogotá, n° 20 (1989) 12-13.

63 Germán COLMENARES. *Las haciendas de los jesuitas en el Nuevo Reino de Granada*. Bogotá, Universidad Nacional de Colombia (1969) 105.

Caribabare. Al reconstruir el comercio con Guayana[64] es ilustrativo el proceso seguido al P. Bernardo Rotella por "contrabando"[65] aunque según Gumilla[66] y los Superiores neogranadinos fuera inocente.

Con todo, debemos confesar que no existe todavía un estudio formal sobre las "rutas misioneras" como tampoco se ha escrito algo digno sobre las "rutas de la esclavitud", rutas que, conforme fue intensificándose la presencia del Estado español fueron ideando nuevos caminos para evitar los controles y seguir con sus objetivos esclavistas[67].

En conclusión, el aporte principal jesuítico consistió en lo que podríamos denominar la "red provincial" de comunicaciones llaneras, tanto fluviales como terrestres, que interconectaron el complejo mosaico levantado por los jesuitas a lo largo y ancho de la Orinoquia. Y ésta es una tarea que deberá clarificarse en el futuro.

---

64 Fabricio VIVAS RAMÍREZ. "Comunicaciones fluviales y lacustres". En: FUNDACIÓN POLAR. *Diccionario de Historia de Venezuela*. Caracas, 1 (1997) 943-945. Adelina RODRIGUEZ MIRABAL. "Comunicaciones y transporte". En: FUNDACIÓN POLAR. *Diccionario de Historia de Venezuela*. Caracas, 1 (1997) 948-953. José Raúl ALEGRET RUIZ. "Caminos y carreteras". En: FUNDACIÓN POLAR. *Diccionario de Historia de Venezuela*. Caracas, 1 (1997) 602-605.

65 La documentación se encuentra en: AGI. *Santo Domingo,* 590. El expediente también reposa en ANB. *Reales Cédulas*, t. 9, fols., 380 y ss.

66 José GUMILLA. *El Orinoco ilustrado y defendido.* Caracas (1963) 331: "En este gravísimo aprieto salió el Padre Bernardo Rotella lejos del Orinoco a comprar provisiones y grano hacia ciertos parajes, sin reparar en costos ni en trabajos, a fin de que el hambre fuese menor y no ahuyentase los indios catecúmenos; llegó el Padre, después de penoso camino y peor navegación, tan fatigado como se puede inferir, sin más comida que el pescado que Dios le deparaba; y el recibimiento que le hizo cierto sujeto, a quien por sus circunstancias no debo nombrar, fue levantar el grito contra él tan alto, que se oyó en Caracas, en Santa Fe de Bogotá y mucho más adelante, achacándole que iba con muy diferentes intentos. De modo que se vio su crédito oscurecido y gravemente denigrado, hasta que ejecutoriada jurídicamente en Santa Fe de Bogotá con declaraciones de testigos oculares la inocencia de dicho Padre, se le dio competente satisfacción para restaurar su crédito y estimación debida".

67 Al hablar de los caribes las hemos señalado sobre todo después que se fundó el fuerte de Marimarota y se instalaron los jesuitas en Cabruta.

Los jesuitas y la conquista geográfica de la Orinoquia

No dejan de ser llamativos los conceptos que emite uno de los historiadores más cualificados de Guayana: "Los Jesuitas no solo descubrieron el Orinoco, sino toda la Orinoquia con todas sus redes de afluentes fluviales, algo que no realizó ninguna otra instancia gubernativa o religiosa. Tal es la idea clave por la que se debe a los Jesuitas el honor de haber descubierto toda la geografía de la Orinoquia de hoy, considerada entonces como una faceta bipolar de un Orinoco Amazónico, tal como el mundo entero lo estimaba durante por lo menos dos largos siglos: desde 1580 hasta 1780"[68].

A fin de poder demostrar tan sugestiva afirmación trataremos de ir reconstruyendo en seis etapas los pasos dados por los jesuitas entre 1662 y 1767 para el conocimiento geográfico de la Orinoquia.

El criterio de selección practicado por los ignacianos en ese tremendo reto que constituía definir la geografía guayanesa fue el verificar que los ríos constituían las arterias vitales para el desarrollo económico y social[69] en la contraposición a la serranía intrincada e inasequible. Por otra parte, las rutas misionales había que supeditarlas a la localización de naciones numerosas, o a la toma de posiciones geográficas que aseguraran la supervivencia y el desarrollo de las reducciones. Estos "condicionamientos" fueron motivando rápidamente una tendencia expansiva hacia el Orinoco y un estacionamiento o frenazo en la zona montañosa.

La primera etapa se centró fundamentalmente en la etnia achagua y tuvo su nacimiento el año 1662.

Se desarrolló a lo largo del río Casanare y del Meta para desembocar en el Orinoco. Fue siempre la ruta de comunicación entre Santafé de Bogotá y Santo Tomé de Guayana, capital de la ingente provincia de Guayana.

El cronista Juan Rivero describe la nación achagua de la siguiente manera: "Desde el Puerto de San Salvador de Casanare iba una gran manga de estas gentes, con poblaciones hasta el Ariporo y

---

68 Daniel de BARANDIARÁN. *Los hombres de los ríos.* (Los jesuitas y el Orinoco Amazónico). 37-38. [Mss. Gentilmente cedido por el autor].

69 GILIJ. *Ensayo de Historia americana,* II, 45-46.

hasta las orillas del Meta. Más de veinte naciones o provincias contaban los Achaguas bajo un mismo idioma, si bien había y aún hay ahora, algunas diferencias, como las que existen en Castilla entre portugueses y gallegos, asturianos y otros"[70].

Su centro de operaciones fue la ciudad de San Salvador del Puerto y desde allí se extendió por Aritagua y por el Meta y Onocutare, «y en infinitas partes»[71].

La penetración del P. Alonso de Neira al habitat achagua se realiza a través de las fundaciones de San Joaquín de Onocutare[72] y Santa Cruz de Atanarí[73].

Para demostrar cómo tuvieron que moverse en sus funciones de doctrineros nos hablan del P. Alonso de Neira quien "pasando las bocas de los ríos de Aritagua, de Cuello, de Tame, de Cravo, de Ele, y de otros muchos de menos nombre"[74] desembarcó en el río Amaturí donde encontraron muchas lanchas de los guagivos "que habrían pasado hacia Apure a matar ganado cimarrón, para sacar el cuero para sus rodelas"[75].

Un segundo grupo étnico habitó estas inmensas regiones llaneras. Nos referimos a los Guahivos y Chiricoas. Durante la época colonial se convirtieron en una constante amenaza y en un temido azote tanto para los demás aborígenes llaneros como para los viajeros que transitaban los inmensos Llanos. Según Mercado es probable que fueran dos etnias diferentes "pero tan nativamente unidas y hermanadas que parecen una sola nación"[76].

Su hábitat se extendía "desde los rincones más retirados del grande Orinoco, del río de Meta y del Ayrico, hasta casi los últimos

70 RIVERO. *Historia de las Misiones...*, 21-22.

71 RIVERO. *Historia de las Misiones...*, 205.

72 RIVERO. *Historia de las Misiones...*, 202, 213.

73 RIVERO. *Historia de las Misiones...*, 213. 215-219.

74 MERCADO. *Historia de la Provincia...*, II, 293.

75 RIVERO. *Historia de las Misiones...*, 195-196.

76 MERCADO. *Historia de la Provincia...*, II, 285.

términos de San Juan de los Llanos"[77]. Pero habría que extender su territorio también entre el Guaviare y el Sinaruco[78].

Era gente "guerrera y de mediano valor" y deambulaba errática y vagabunda por los espacios ilimitados llaneros "a la manera de los gitanos de España". Como nómadas "no tienen poblaciones, ni benefician tierras, ni hacen labranzas" por cuya causa "son insignes y continuos ladrones". Su presencia era temida por todos pues "no tienen más rancho ni vivienda que donde les coge la noche; allí cuelgan sus chinchorros o hamacas de los árboles y debajo hacen sus hogarillos o candelas (…) y así andan siempre de color prieto y ahumado"[79]. Dentro de su comportamiento subraya el cronista que no son bebedores aunque se desquitan cuando tienen la oportunidad. Y añade: "La embriaguez de los polvos de la yopa nunca les falta… Úsanla con más desafuero y temeridad que las otras naciones y les sirve para sus adivinanzas y supersticiones"[80].

Gracias a la actividad del P. Dionisio Mesland los guahivos y chiricoas se poblaron en San Ignacio de Guahivos con sus versiones de Ariporo y Curama[81]. Pero su duración reduccional fue efímera.

Concluye esta primera etapa la nación tuneba de la que escribe Felipe Salvador Gilij que "Son ciertos indios que son esquivados por los otros por su lepra; tenían misionero aparte en un lugar de la cordillera llamado Patute"[82].

De su hábitat podemos señalar que, según Mercado, "estaban derramados por los ríos de Tame, por el de Gravo, por el de Ele y por el de Arauca y por otro paraje llamado Aguas Blancas y mu-

---

77 MERCADO. *Historia de la Provincia…*, II, 285.

78 GILIJ. *Ensayo de Historia americana*, I, 64 y 67.

79 MERCADO. *Historia de la Provincia…*, II, 285.

80 MERCADO. *Historia de la Provincia…*, II, 286.

81 J. DEL REY FAJARDO. "Introducción a la Topohistoria misional jesuítica llanera y orinoquense". En: *Paramillo*. San Cristóbal, n°. 11-12 (1992-1993) 196-200.

82 Felipe S. GILIJ. *Ensayo de Historia Americana.* Bogotá, IV (1954) 393.

chos de ellos estaban entre las montañas de las cordilleras que miran a la ciudad de Pamplona"[83].

De esta suerte se completaba la acción misional llevada a cabo en el cuadrilátero territorial comprendido entre Pauto, San Salvador del Puerto, y por otra parte Tame y Patute; y de esta suerte se había entablado el contacto con las tres grandes naciones llaneras: los achaguas, los tunebos y los giraras.

La segunda etapa se refiere al Orinoco medio: desde el Cinaruco hasta el Guaviare (1669-1695).

La experiencia del P. Antonio Monteverde se inicia en 1669 en las regiones del Cinaruco. Alonso de Neira y otros compañeros ensayarán en torno a 1675 en las inmediaciones de Tabaje. Y de Atures hacia arriba se llevarían a cabo: una exploración: 1679-1680 y además tres intentonas: 1681-1684, 1691-1693 y 1694-1695[84].

La primera fase se inicia el 4 de agosto de 1669 con la llegada de Monteverde a la aldea sáliva de Yanaqui[85] con el convencimiento de que se acercaba a un polo geográfico clave, no sólo para entablar relaciones con la nación sáliva sino también con los achaguas, caquetíos, adoles y yaruros[86]. Allí fundó la reducción de Nuestra Señora de los Sálivas[87].

En su segunda fase la "misión del Cinaruco" se abre a nuevos espacios geográficos: por el sur se llegaría a extender hasta Adoles[88] y Tabaje[89]; por el este a zonas no limitadas de la banda dere-

---

83 MERCADO. *Historia de la Provincia del Nuevo Reino y Quito*, II, 278.

84 Un resumen puede verse en: José DEL REY FAJARDO. *Misiones jesuíticas en la Orinoquia*. Tomo I. Aspectos fundacionales. Caracas (1977) 108-114.

85 RIVERO. *Historia de las Misiones*, 243, "Yanaqui... está a dos días de navegación distante de la boca del río Meta en el río Orinoco y cinco días de navegación hasta llegar a los Adoles".

86 RIVERO. *Historia de las Misiones*, 243.

87 RIVERO. *Historia de las Misiones*, 240-241.

88 RIVERO. *Historia de las Misiones*, 248. AGI. *Santafé*, 249. *Testimonio de los autos...*, fol., 73: "Dijo que ha oído decir que el *primer pueblo de Tabaje* en el Orinoco lo pobló y redujo el Padre Alonso de Neyra a quien conoció en dicho pueblo por cura doctrinero ahora catorce años. Y que también

cha del Orinoco[90]; y por el norte, sospechamos que debió llegar hasta el propio río Cinaruco[91].

La tercera fase parece que se circunscribe a la zona de Tabaje y áreas vecinas[92] y gira en torno de los PP. Pedro de Ortega y Francisco de Ubierna y la ubicamos entre 1678-1679[93].

---

pobló dicho Padre el Pueblo de los Adules, que fueron los dos primeros reducidos a pueblo". Declaración del capitán Tiburcio Medina a la pregunta: "Repreguntado quántos y quáles Padres y de quántos en quántos años han bajado al Orinoco" (fol., 72v).

89 AGI. *Santafé*, 249. *Testimonio de los autos...*, fol. 73.

90 FERNÁNDEZ PEDROCHE. *Memorial*. En: DEL REY FAJARDO. *Documentos jesuíticos*, II, 191: "...y dichas naciones temiendo algún castigo de los blancos, juzgando que las muertes de los Padres Misioneros se les atribuirían a maleficio suyo, como es costumbre en ellos, *se retiraron a la otra banda del gran río Orinoco*, que sabido por los Padres Misioneros de la Provincia de Casanare bajó el Padre Alonso de Neyra a dichas Naciones, sacándolas de entre sus peñas y malezas, las pobló en compañía de los Padres Martín de Bolea y Bernabé González..." (El subrayado es nuestro).

91 RIVERO. *Historia de las Misiones,* 248: "Llegaron al sitio de Sinareuco y circunvecinos sitios, en donde fundaron con facilidad tres pueblos". Sobre este texto conviene indicar lo siguiente! La fuente de que se ha servido Rivero para el capítulo IX del Libro III de su *Historia* parece ser un escrito del propio P. Monteverde (RIVERO. *Historia de las Misiones,* 244-245) dada la exactitud de las fechas, lo concreto de las anécdotas, la precisión en narrar los hechos fundacionales y el estilo directo del documento; incluso podría pensarse de la carta al Provincial, P. Gaspar Vivas, a que se hace referencia en la página 246. Sin embargo, el capítulo X del libro III obedece a una narración posterior pues relata hechos que se extienden hasta 1675 (y Monteverde había fallecido en diciembre de 1669) y pertenece a los propios misioneros de entonces, pues el propio Rivero (RIVERO. *Historia de las Misiones,* 248) dice: "... se volvieron a los Llanos el año de 1675, después de haber adquirido algunas noticias del gentío del Orinoco, el cual es tan grande, *según relación que hicieron...*". En ese mismo párrafo expresa la Relación que llegaron al sitio de Sinareuco y circunvecinos sitios. Luego lo dicho abre la posibilidad de la frontera norte. Es más, en un documento conjunto de los misioneros, firmado en Tame el 20 de marzo de 1676, hablan de: "el Padre Felipe Gómez, doctrinero del pueblo de San Francisco de Borja de Arauca" (ANB. *Poblaciones Boyacá*, t. 2, fol., 75). En verdad, es la única referencia que conocemos de dicha población misional y desconocemos su ubicación. Dejamos abierta la posibilidad de que esta reducción pudiera haber sido la más norteña de la "Misión del Cinaruco".

Sólo 7 meses duraría la estancia del P. Francisco Ubierna en la misión del Orinoco[94] pues su muerte acaeció en julio de 1679[95], al parecer en Tabaje[96]. Y con él se cerraba el ciclo temporal de la "Misión del Cinaruco".

Inmediatamente fracasa la "Misión del Cinaruco" los superiores neogranadinos excogitaron otro ensayo aguas arriba del Raudal de Atures en 1681. No se intenta prolongar la acción de los Llanos hacia Guayana, sino que por el contrario se busca la dirección del Vichada y del Guaviare. Se juzgó que la posición era interesante ya que las naciones buscadas confinaban con el gran Airico y casi todas hablaban el mismo idioma[97].

---

92   FERNÁNDEZ PEDROCHE. *Memorial*. En: DEL REY FAJARDO. *Documentos jesuíticos*, II, 191: "... enfermaron gravemente [Neira y González] por cuya causa bajó el P. Pedro de Ortega por orden de su superior al socorro de aquellos cristianos nuevamente convertidos, hallándolos en grave aflicción por una grave enfermedad que les sobrevino; *derrotándose por varias partes* los recogió y pobló a instancias de sus caciques en el río de Tabaje, puerto de Orinoco".

93   ARSI. N. R. et Q., 15-II, fol.

94   MERCADO. *Historia de la Provincia,* II, 389.

95   PACHECO. *Los jesuitas en Colombia*, II, 394 afirma que fue su deceso en julio de 1679. El P. Alberto Moreno. *Necrologio de la Compañía de Jesús en Colombia*. Medellín (1957) afirma que la muerte acaeció en junio de 1679.

96   En las declaraciones del capitán Tiburcio Medina (AGI. *Santafé*, 249. *Testimonio de los autos...*) dadas el 8 de marzo de 1690 (fol., 67) dice del P. Ubierna: "que murió en Orinoco a quien no conoció y vio sacar sus huesos en el Pueblo de Tabaje" (fol., 73). En la misma declaración dice más adelante: "Y que al Padre Francisco de Ubierna no le conoció pero oyó decir este testigo al Padre Pedro de Ortega en el Presidio de Carichana en una de las ocasiones que estuvo este testigo en dicho paraje, como tenía allí los huesos del dicho Padre Ubierna que había muerto en Carichana de achaque de calenturas" (fol., 75).

97   RIVERO. *Historia de las Misiones,* 259 AGI. *Santafé*, 249. Declaración del capitán Tiburcio de Medina. Fol. 7v: "Dijo que en los siete pueblos de la misión de Orinoco los Yndios de todos ellos quando se juntan, se hablan y entienden por la lengua saliva, cuia lengua era común y corriente en los quatro pueblos Tabaje, Peruva, Duma, Dauma (?) y los otros tres pueblos Catarubenes, Cusia y Adoles en cada pueblo tienen diferentes lenguas los Yndios lo cual experimento este testigo".

Sus integrantes fueron: Ignacio Fiol, Cristóbal Riedel, Gaspar Bek, Agustín de Campos y Julián de Vergara[98]. Fundaron siete pueblos: Tabaje, Adoles, Peroa, Cusia, Maciba, Duma y Catarubén "tomando cada pueblo el nombre de la nación reducida"[99]. A ellos se unió a los dos años el P. Ignacio Teobast[100]. El 7 de octubre de 1684 los caribes acometieron con bárbara crueldad a los misioneros y les quitaron la vida a: Ignacio Fiol, Ignacio Teobast y Gaspar Bek[101].

Interesantes son los aportes del P. Fiol a la crónica menor. Buen conocedor de la lengua sáliva[102] nos revela en 1683 la composición etnográfica del área geográfica encomendada a su misión evangelizadora. Así nos hablará de las siguientes naciones: yayhuros [yaruros], otomacos, euayhivas [guahivas], caribes, sálivas, adules, catarubenes, piaruas [piaroas] quirrubas, caberes, avanes, etc. "todas naciones diferentes, hablan diferentes lenguas; unas naciones hacen guerra a otras; se cautivan; se venden; y no pocas veces se comen unos a otros"[103]. También reconoce que en la zona misional orinoquense encomendada a los jesuitas era la *lengua sáliva* la más común[104].

El P. Cristóbal Rield el 7 de julio de 1682[105] era "sorbido de los raudales de Suena"[106]. En pocos meses de actividad apostólica

---

98 RIVERO. *Historia de las Misiones*, 261.

99 RIVERO. *Historia de las Misiones*, 262.

100 RIVERO. *Historia de las Misiones*, 263.

101 RIVERO. *Historia de las Misiones*, 264-265.

102 ARSI. N. R. et Q., 15-I. Carta del P. Ignacio Fiol al P. Carlos Noyelle. Orinoco, noviembre 1 de 1683. Fol., 89: "Yo he aprendido la lengua sáliva...".

103 ARSI. N. R. et Q., 15-I, fol., 89.

104 ARSI. N. R. et Q., 15-I, fol., 89.

105 BECK. *Misión del Río Orinoco*. En: DEL REY FAJARDO. *Documentos jesuíticos...*, II, 178. El P. Herbert GERL. *Catalogus Generalis Provinciae Germaniae Superioris et Bavariae Societatis Jesu 1556-1773*. München, 1968?] 347 dice que murió en Orinoco en 1684.

106 MERCADO. *Historia de la Provincia,* II, 326. Es importante precisar el lugar de la muerte del P. Riedl. Mercado, como hemos dicho, afirma que fue en los raudales del río Suena. En las declaraciones del capitán Tiburcio Medina en 1690 testificaba: "... y el otro murió ahogado, que fue Antonio (sic) Riedel " (AGI. *Santafé*, 249. *Testimonio de los Autos* ... fol., 73v). El

se había destacado el misionero alemán tanto en el trabajo como en la dedicación a la conversión de las almas[107] y sobresalió "como pocos en el don de lenguas y ya dominaba siete"[108].

Llama a reflexión el lugar de la muerte de este jesuita ya que nos patentiza la movilidad en que se desarrollaba la vida misional, pues de Peruba a los Adoles había al menos 6 días de navegación[109]. El radio de acción de cada misionero debía ser tan extenso como extendida era la familia sáliva. También el P. Beck narra, como normal, que no sólo atendía a 5 pueblos sino que además realizaba excursiones a poblados más lejanos como las tierras del otro lado del río Cuboho, distante por lo menos 3 días del camino de Cusia[110].

Amén de las descripciones riveranas[111] el jesuita alemán Gaspar Beck nos legará su visón del hábitat Raudal de Atures-Guaviare y explicitará, como ningún otro, los núcleos poblacionales por él conocidos pero sin asignarles ubicación geográfica exacta[112] y así-

---

mapa sobre el río Orinoco, atribuible al P. Gumilla, dibuja el río Suena un poco más abajo del Raudal de los Adoles y destaca con una cruz el lugar de la muerte del P. Riedl (Museo Naval. Madrid, XIII-9). Hay que notar asimismo con respecto a la ortografía del mencionado río que el texto latino del P. Beck lo llama "in fluvio Schuvena" (ARSI. N. R. et Q., 15-I, fol., 74v). Gumilla, en su mapa, escribe: Río Chuena. El mismo P. Beck describe más adelante (BECK. *Misión del Río Orinoco*, 178) el lugar: "La mitad del camino es interrumpida por un llamado Torrente (el mismo en que yo también estuve en peligro a la subida) y que tiene que ser atravesado en una canoa de corteza de árbol, la cual se inclinó, se llenó de agua y se volteó ...".

107 BECK. *Misión del Río Orinoco*, En: DEL REY FAJARDO. *Documentos jesuíticos...*, II, 178.

108 BECK. *Misión del Río Orinoco*, 179.

109 AGI. *Santafé*, 249. *Testimonio de los Autos*, fol., 67v-68.

110 BECK. *Misión del Río Orinoco*. En: DEL REY FAJARDO. *Documentos jesuíticos...*, II, 177.

111 Juan RIVERO. *Historia de las Misiones de los Llanos de Casanare y los ríos Orinoco y Meta*. Bogotá, Biblioteca de la Presidencia de Colombia (1956) 283-316.

112 ARSI. N. R. et Q., 15-I, fol., 73v. Gaspar BECK. *Misión del río Orinoco en el Nuevo Reino*. 1684. En: DEL REY FAJARDO. *Documentos jesuíticos...*, II, 175: "Faguarapo, Tabaje, Mapara, Ufasana, Peruba, Meschina, Kathambeno, Duma, Mariguapi, Eweari, Gucia, Nunquico, Deschoba, Nerischa, Maravapu, Eucubena, Gavirischi, Quaicanari, Cutiaveribana, Zucunai,

mismo trazará no sólo el entorno racial en que se desarrollaban en 1684 las reducciones orinoquenses, sino además recogerá los nombres de las principales etnias conocidas y llega a citar 35 grupos[113].

Mas el 7 de octubre de 1684 los caribes asaltaron las misiones. "El sábado por la mañana, dice el P. Vergara, mataron cruelmente los sacrílegos caribes con sus macanas, alfanjes y escopetas a los tres e inocentes padres (...). Después de muertos, los arrastraron, robaron cuanto tenían, quemaron sus casas y cortaron sus brazos y piernas de los PP. Bek y Toebast y se las llevaron consigo"[114]. Y el día 10 lograba escapar con vida el cronista e iniciar una huida por tierra hacia las misiones casanareñas, caminata que duró 105 días. Llegado a Pauto escribió el P. Vergara la relación tanto de la muerte de los misioneros como la de su peregrinación el día 3 de febrero de 1685[115], escrito que transcriben los cronistas misionales en sus respectivas historias.

Este penoso caminar de Vergara por sabanas llaneras[116] obligó a los jesuitas a pensar en una vía terrestre de seguridad entre el Orinoco medio y el área del Casanare. Según Barandiarán "ello representaría uno de los primeros sistemas viales llaneros entre esas dos áreas orinoquenses. Los miembros de la Expedición de Límites en 1756 y 1758 confirmarían ese cordón umbilical terrestre-fluvial

---

Onoma, Mamoapi, Bariabeni, Airi, etc. Nunca acabara si me pusiera a escribir todos los nombres bárbaros de pueblos...".

113 Gaspar BECK. *Misión del río Orinoco en el Nuevo Reino*. 1684. En: J. DEL REY FAJARDO. *Documentos jesuíticos relativos a la historia de la Compañía de Jesús en Venezuela*. Caracas, II (1974) II, 177: "Pariagotas; Guaraúnos; Guayanos; Guaiqueríes; Karives; Lavas (?); Cacatios; Sipopas; Otomacos; Yaruros; Guahívos; Sálivas; Kiruvas (Quirrupas); Adules (Adoles); Ubasanas; Pianagoras (?); Mapoianos (Mapoyes); Maypures; Tunebos; Macos; Katharubanas; Achaguas; Avanes; Caviras (Caberres); Oinomanas (Yanomamos?); Gallinayeos; Ahavaranayanas; Kirassibenyanas (Quirasibenis); Mussanas; Amarisanas; Emataquerianas; Kamataquerianas; Karirionas; Servitanas (?); Amazonas, no muy lejos del nacimiento del Orinoco".

114 MERCADO. *Historia de la Provincia*, II, 395. Más documentación en: AGI. *Santafé*, 249.

115 MERCADO. *Historia de la Provincia*, II, 394-396. RIVERO. *Historia de las Misiones*, 263-269.

116 Juan RIVERO. *Historia de las Misiones...*, 265-268.

directo entre Casanare y el Orinoco medio"[117]. Suponemos se refiere al camino terrestre que pretendía abrir Monteverde en 1669 como paso firme entre el Orinoco bajo y los Llanos de Casanare.

Tercer intento: 1691. En 1691 se abría la tercera oportunidad para establecer de nuevo las "Misiones de Orinoco". En 1684 habían tenido que retirarse los jesuitas del gran río venezolano y replegarse a Casanare; mas en Bogotá continuaron realizando todas las diligencias posibles para continuar la empresa misional orinoquense[118].

Epílogo. La breve reincidencia de 1694.

Dos meses escasos duró este último intento llevado a cabo por los PP. Manuel Pérez y José Cavarte quienes el 25 de noviembre de 1694, realizaron su entrada "por el camino ordinario de las pesquerías de Aritagua hasta las bocas de este río poco distantes de donde entre en el de Meta el otro Casanare"[119] a lo que se aunaba el intento de explorar el río Bichada, aguas arriba "que según su curso se acerca en sus cabeceras a la ciudad de San Martín"[120]. Llegaron al Orinoco, acompañados por el capitán Félix de Castro y 12 soldados, el 25 de noviembre de 1694[121]. En vista de la actividad pasiva y temerosa del nuevo capitán ante los caribes optaron los misioneros por regresar a los Llanos en enero 1695[122].

---

117 BARANDIARÁN. "El Orinoco amazónico…", 175.

118 Todas las diligencias practicadas en Santafé de Bogotá por la Compañía de Jesús en orden a restablecer las misiones de Orinoco están recogidas en el documento largamente citado en este estudio: AGI. *Santafé*, 249. *Testimonio de los autos…*, fols., 1-23v.

119 APT. Leg., 26. *Letras annuas 1694-1698*, fol., 231v.

120 *Idem*, fol., 233v.

121 RIVERO. *Historia de las Misiones,* 315-316.

122 RIVERO. *Historia de las Misiones,* 316. Cfr. APT. Leg. 26. *Letras annuas de la Provincia del Nuevo Reino de Granada de la Compañía de Jesús, desde el año de 1694 hasta fines de 98.* Cap. 11, n. 5.

En las cinco entradas llevadas a cabo entre 1669 y 1694 por los miembros de la Compañía de Jesús neogranadina[123] dejará despejada para la geografía el complejo fluvial sito, fundamentalmente, encima del Raudal de Atures, es decir, los ríos Tomo, Tuparro y Vichada.

La tercera etapa se denominó Misión del Airico (Año, 1695-1702).

Agotadas las posibilidades de comunicación fluvial por el dominio de los caribes de la arteria del Orinoco los jesuitas optaron por la vía terrestre de los Llanos de San Juan.

La realidad geográfica del Ariari abría grandes posibilidades pues el nuevo espacio llanero se abría como refugio de los pueblos abandonados en el Orinoco "y si esto se llega a conseguir es cierto que se entablará una misión muy lucida y queda la puerta abierta de la montaña del Airico"[124].

Para llevar adelante la "Misión del Airico" programada por la Compañía de Jesús fueron elegidos los PP. José de Silva y José Cavarte "diestros ambos en el trato de los indios de Orinoco"[125]. Dieron cometido a su empresa hacia febrero o marzo de 1695[126]. Hicieron el camino por tierra hasta el Meta, pero dado lo abultado y la persistencia de sus aguas decidieron que el P. Silva permaneciera

---

123 José DEL REY FAJARDO. "Introducción al estudio de la Historia de las misiones jesuíticas en la Orinoquia". En: José DEL REY FAJARDO (Edit.). *Misiones jesuíticas en la Orinoquia.* San Cristóbal, I (1992) 415-419.

124 ANB. *Miscelánea*, t. 86, fols., 134 y ss. El indio Agustín, caberre de nación y maco del P. Alonso de Neira, se quedó en el Orinoco tras la retirada de los misioneros y viéndose solo pasó a su tierra donde conoció que el caribe Camana navegaba río arriba del Guaviare, 12 días, en busca de las naciones que lo pueblan (*Ibidem*).

125 APT. Leg., 26. *Letras annuas 1694-1698*, fol., 234v. RIVERO. *Historia de las Misiones…*, 317.

126 AGI. *Santafé*, 36. *Autos del traslado de San Bartolomé de la Cabuya a Sabana Alta.* Petición del P. Juan A. Barillas S. J. [Sin fecha. Es anterior al 2 de mayo de 1695]. En las preguntas que se deben hacer a los testigos solicita: "Primera. Si saben que el Padre Joseph de Cavarte, misionero de dicha mi Religión, se halla al presente en la misión del Airico *y que para entrar a ella atravesó por tierra desde la Misión de Pauto* sin tocar por manera alguna en tierras de la jurisdicción de San Juan de los Llanos".

al lado izquierdo del río con el matalotaje "que pareció necesario para entablar con fundamento la Misión"[127]. Por su parte, el P. Cavarte atravesó el río con dos soldados y algunos indígenas. Y marchando siempre hacia el sur tardaron 40 días en dar con la primera población del Airico llamada Quirasibeni[128]. Ya para el mes de mayo de 1695 estaba instalado en su nueva población[129].

Sin embargo, gracias a los informes de un joven guahiva pudo conocer Cavarte la existencia de 17 pueblos achaguas que se extendían por aquella parte del Airico[130]. Una vez que el misionero pudo confirmar la veracidad de la información, escribió a los Llanos avisando que "según demarcación que tenía hecha de la tierra e informes de los indios, juzgaba que por la jurisdicción de San Juan se podía hacer con más brevedad la entrada al Airico"[131].

No pasó desapercibida a los misioneros la posición estratégica de esta población de Etare a la que cíclicamente subían los caribes de Guayana[132] e incluso del sur habían venido para comerciar con ellos los enaguas[133]. También se daban cita los chanapes y sus perseguidores los camunibas[134] así como otras parcialidades circunvecinas[135].

Etari distaba cuatro jornadas de unos raudales del río Ariari, y a poca distancia de donde "asisten los Padres los ríos Dubarro y Vichada" por los que se puede bajar al Orinoco. En las bocas del

---

127 APT. Leg., 26. *Letras annuas 1694-1698*, fol., 235. RIVERO. *Historia de las Misiones…*, 318.

128 *Ibídem*. RIVERO. *Historia de las Misiones…*, 318.

129 AGI. *Santafé*, 36. *Autos del traslado de San Bartolomé de la Cabuya a Sabana Alta*. Petición del Fiscal del 17 de mayo de 1695: "Dice que en conformidad de lo que el susodicho representa y a que el Padre Prefecto de Señor San Agustín confiesa haber intervenido en la Mision de estos indios los Padres de la Compañia y que estan en la jurisdiccion de San Juan de los Llanos…".

130 *Idem*, fol., 236. RIVERO. *Historia de las Misiones…*, 320-321.

131 *Idem*, fol., 236v. RIVERO. *Historia de las Misiones…*, 321.

132 APT. Leg., 26. *Letras annuas 1694-1698*, fol., 244-244v.

133 *Idem*, fol., 244v.

134 *Idem*, fol., 244

135 *Idem*, fol., 245.

Ariari, que desemboca en el Orinoco, estaban poblados los caribes camunibas quienes servían de puente a los caribes para sus cacerías humanas[136]. Sobre su ubicación no podemos precisar mucho: distaba dos jornadas de Quirasiveni[137] y aproximadamente 7 días después de la desembocadura del Ariari en el Guaviare[138] y a 4 jornadas de unos raudales muy peligrosos del Guaviare[139]. También anotará Rivero que de la fusión del Ariari y del Guayabero nace el Guaviare[140]. Y para evitar los raudales de este último río se podía bajar desde las reducciones jesuíticas al Orinoco por los ríos Dubarro y Vichada[141].

Una segunda etapa se inicia con los PP. Mateo Mimbela y José Cavarte el 25 de septiembre de 1696[142]. Para conocer mejor la geografía ensayaron dos rutas distintas desde Sabana Alta: El P. Mimbela hizo el camino totalmente por tierra y gastó 27 días "sin encontrar un solo indio". Cavarte, por el contrario, lo realizó por el Ariari y fue más breve. Una vez en Etare traía el Superior la misión de estudiar cuatro puntos. Primero, la demografía del Airico. Segundo, facilidades y dificultades que tenía la promulgación del evangelio. Tercero, la posibilidad de comunicación y comercio entre el Airico y los sálivas del Orinoco. Cuarto, la calidad de las tierras, distancias de San Juan de los Llanos y dificultades de los caminos[143].

---

136 APT. Leg., 26. *Letras annuas 1694-1698*, fol., 148v-149.

137 RIVERO. *Historia de las Misiones...*, 328.

138 RIVERO. *Historia de las Misiones...*, 324-327. CASSANI. *Historia de la Provincia de la Compañía de Jesús del Nuevo Reyno de Granada en la América*. Caracas (1967) 289: "... y lo peor fue, *al segundo día* de camino, ya por el río Guayavero, donde entra el Ariari (...); pero al fin al *quinto día* en un montecillo descubrieron huellas de gente: (...) *al día siguiente* tomaron el viaje en busca de la población; *en menos de un día* dieron en ella..." (Los subrayados son nuestros).

139 RIVERO. *Historia de las Misiones...*, 334.

140 RIVERO. *Historia de las Misiones...*, 335.

141 RIVERO. *Historia de las Misiones...*, 334.

142 APT. Leg., 26. *Letras annuas 1694-1698*, fol., 245v-246. RIVERO. *Historia de las Misiones...*, 330.

143 *Idem*, fol., 246. RIVERO. *Historia de las Misiones...*, 332.

En el informe del P. Mimbela se habla del Airico con 17 pueblos achaguas con 1800[144] almas con distancias no superiores a dos jornadas de camino entre uno y otro. También se conocían los *pami* "indios de mejor color y facciones que los demás"; los *enaguas*, que ocupan las márgenes del río Yguiza, poco distante del Ariari, y amigos de los achaguas a quienes "se parecen mucho en sus naturales y costumbres"; los *chanapes* o *chachapes*, habitantes de las cabeceras del río Ynírricha, quienes cultivan el cabello largo y en sus tierras abunda el alabastro; los *curiarivensis* que tienen "alguna menos falta de policía que los demás"; y los *caberres* que exceden en número y valor a las restantes naciones. Habitan las bocas del Inírricha [Niriche] y han ofrecido resistencia al caribe[145].

Sobre el tercer punto señala los modos para comunicarse con los sálivas y con el río Orinoco. Uno pacífico es el utilizar los ríos Dubarro y Bichada, arterias no conocidas por el caribe. El segundo es seguir el Ariari hasta su desembocadura en el Orinoco pero tiene unos raudales peligrosos cuatro jornadas más abajo de Etare y es la ruta caribe[146].

Los caminos decididos después de las experiencias de un año contemplaban 22 ó 23 días de Santafé a Etare de los cuales 8 se gastaban de Bogotá a Sabana Alta. De esta población se servían de dos rutas: la primera era por agua y en Chunaipe, lugar a 3 ó 4 jornadas de Sabana Alta, se embarcaban en el Ariari hasta su confluencia con el Guayavero y el resto lo navegaban en el Guaviare. La segunda, era toda por terrenos desiertos hasta el Airico[147].

En este punto tenemos que resaltar que el P. José Cavarte podrá explorar el Airico gracias a un indígena llamado Chepe Cavarte. Era hijo de un cacique sáliva pero el hecho de haber sido cautivado por los chiricoas y vendido después a un español de la ciudad de Guayana lo convertía en un viajero cualificado. "Hízose muy célebre este indio entre las demás naciones, que no le sabían

---

144 RIVERO. *Historia de las Misiones…*, 332 señala 1700 almas.
145 *Idem*, fol., 246-247. RIVERO. *Historia de las Misiones…*, 37.
146 *Idem*, fol., 248v-249. RIVERO. *Historia de las Misiones…*, 334.
147 *Idem*, fol., 250. RIVERO. *Historia de las Misiones…*, 335-336.

otro nombre que el de Chepe Cavarte; así lo llamaban todos y su nombre era conocido entre los gentiles del Meta, Orinoco y Airico"[148].

De esta exploración queda fijado el Guaviare como el último tramo amazónico del Orinoco y detecta varias comunicaciones más que afianzan la trama mesopotámica de toda esa área aislada hasta entonces.

Sin embargo, dadas las circunstancias antes descritas llevaron al Provincial Pedro Calderón a reunir la Consulta de Provincia en Bogotá el 5 de febrero de 1702 y con los informes dados por los PP. Cujía y Varela se resolvió llamar al P. Neira a Santafé y se ordenó al P. Cavarte que se reintegrara a la misión de los Llanos[149]. El misionero de Etare cumplió de inmediato con el mandato del Provincial[150] sin embargo el P. Cavarte permaneció en su puesto y en 1704 el P. General de la Compañía de Jesús urgía al Provincial del Nuevo Reino que lo retirase de las Misiones del Arico[151].

Según Barandiarán de esta suerte se procedió a inaugurar lo que podíamos llamar el gran intento Jesuita de reducir y poblar toda esta vasta zona en las mismas fuentes del gran Guaviare, como programa de afianzamiento y de yugulación con las Misiones Jesuíticas del propio Alto Amazonas, ya en los predios de Quito[152].

Con todo, la denominada Misión del Arico tuvo un epílogo. Los amarizanes de Etare al ver el peligro que corrían frente a los caribes resolvieron poner tierra de por medio y subieron a Camoa, distante cuatro días de camino de Sabana Alta, en la margen derecha del río Meta casi en sus cabeceras y como a un tiro de fusil[153]. Obtuvo licencia Neira para regresar en busca de sus achaguas y así abandonó en 1703 Bogotá para intentar de nuevo su cultivo espiritual. Pero todo fue inútil.

---

148 RIVERO. *Historia de las misiones…* 35-36.

149 RIVERO. *Historia de las Misiones…*, 339.

150 *Ibidem.*

151 APT. Leg., 132, fol., 168. *Carta del P. Miguel Angel Tamburini al P. Pedro Calderón.* Roma, 12 de febrero de 1704.

152 Daniel BARANDIARÁN. *Los hombres de los ríos.* 54-55.

153 RIVERO. *Historia de las Misiones…*, 340.

Como balance final citamos a Barandiarán: Ese contacto del Ayrico Grande y del Ariari y alto Guaviare conllevaría casi de inmediato una triple acción Jesuítica en esa área conocida como Alto Orinoco Amazónico:

- Primera: El establecimiento de varias Reducciones Jesuíticas en el área fluvial del complejo Tomo-Tuparro y Vichada.

- Segunda: El establecimiento de la Misión del Ayrico Grande y Ariari-Alto Guaviare por los veteranos Padres Neira y Cavarte.

- Tercera: Una exploración exhaustiva del Guaviare-Inírida y del Ayrico Grande por el prominente líder indígena Sáliva don Chepe-Cavarte, fiel compañero desde la primera hora del Padre José Cavarte[154].

Naciones de Barragua: Achaguas. Amarizanes. Atarruberraneais. Bamínguos. Barrias. Betoyes del Airico. Camanivos. Camoniguas. Cfr. Camanivos. Chanapes. Charaberrenais. Chavinavos. Cfr. Camanivos. Chevades. Chiricoas. Chubacanamis. Chubuave. Cuchicavas. Curicurivenis. Curruau. Duberretaquerris. Enagua, Guachurriberrenais. Guadevenis. Guajivos. Guisanivas. Juadevenis. Majurrubitas. Manuberrenais. Marraiberrenais. Mazata. Mugirris. Murriberrenais. Nerichen. Omaguas. Cfr. Enagua. Pamis. Pamivas. Cfr. Pamis. Pizarva. Quirasiveni. Quirichanies. Quirrupas. Sálivas. Virraliberranais. Yurredas.

La cuarta etapa se desarrolló en el Airico de Macaguane.

Se conoce con el nombre de Aírico de Macaguane el complejo de naciones que integra la gran familia betoye[155]. Al norte confinaba con el río Apure[156] y se extendía a lo largo de la región montañosa limítrofe con los Llanos[157] sin que podamos precisar exacta-

154 Daniel BARANDIARÁN. *Los hombres de los ríos*, 46-47.
155 RIVERO. *Historia de las Misiones*, 346.
156 RIVERO. *Historia de las Misiones*, 347-348.
157 RIVERO. *Historia de las Misiones*, 349.

mente sus confines meridionales; con todo, nos inclinamos a creer que podrían ubicarse en torno a Macaguane[158].

El primer contacto fue de forma puramente casual[159]. A finales del 1701 el cacique girara Calaimi[160] regresó a Tame después de un pintoresco viaje en compañía de 16 indios de cinco diversas naciones[161]. Había salido de la ciudad de Pedraza rumbo al intrincado sistema montañoso habitado por los betoyes. En camino trabó amistad con los guaneros, agualos y guaracapones[162], y después de atravesar el Apure y convivir unos días los situjas llegó al primer pueblo de betoyes, llamado Isabaco[163] donde recogió información suficiente acerca de todas estas naciones. De aquí se dirigió directamente a Tame[164].

En 1703 volvió Calaimi, por orden del P. Ovino, a las vegas del Sarare con el fin de convencer a los betoyes, lolacas y atabacas de la conveniencia de reducirse en los pueblos ya entablados[165]. Aunque se trasladó un buen número a Tame, sin embargo las enfermedades, las continuas dificultades y las huidas hicieron que Calaimi se retirase con los suyos a Casiabo, cerca del río Cravo, en espera de un misionero que se encargase de encauzar el nuevo movimiento misional que se iniciaba con los betoyes[166].

A finales de 1715 debió llegar Gumilla a las misiones[167]. Llegó a Casaibo y trasladó a los betoyes a las orillas del río Tame dando

---

158 RIVERO. *Historia de las Misiones*, 140.

159 La fuente fundamental para este capítulo es la relación del P. Mimbela, que se encuentra en AGI. *Santafé*, 298. *El Presidente de la Audiencia don Antonio Manso, remite a S.M. relación de las misiones que tiene la Compañía de Jesús en los Llanos y río Orinoco*. Rivero la sigue casi al pie de la letra.

160 RIVERO. *Historia de las Misiones...*, 346 y ss.

161 RIVERO. *Historia de las Misiones...*, 349.

162 RIVERO. *Historia de las Misiones...*, 347. Junto al Sarare.

163 RIVERO. *Historia de las Misiones...*, 347-348.

164 RIVERO. *Historia de las Misiones...*, 348.

165 RIVERO. *Historia de las Misiones...*, 350.

166 RIVERO. *Historia de las Misiones...*, 350 y 351.

167 Si el 6 de septiembre concluía su Tercera Probación en Tunja y "si el mes de enero de 1716 le pareció al Padre José Gumilla que era tiempo de hacer su primera entrada" (RIVERO. *Historia de las misiones*, 359), en ese lapso

lugar a la fundación de San Ignacio de Betoyes hacia marzo o abril de 1716[168].

La pertenencia a una familia lingüística común[169] explica dos resultantes que de otra forma resultarían incomprensibles: la rapidez con que se desarrolló la captación misionera y la capacidad del misionero para polarizar, a pesar de las rencillas tribales, los diversos componentes indígenas bajo la única tutela de la reducción de betoyes.

Hacia dos polos geográficos y étnicos dirigió su estrategia Gumilla desde San Ignacio de Betoyes: la región de los lolacas y las tierras de los anabalis.

A los lolacas, distantes 16 jornadas de San Ignacio[170], se llevaron a cabo dos entradas: la primera en 1716[171]; la segunda, en 1717 bajo la dirección del propio Gumilla[172], finalizó con la incorporación de los habitantes de los Pantanos[173] y de las Lagunas a la fundación de Betoyes[174].

Más desafortunada fue la entrada en 1718 a los quilifayes y mafilitos, moradores del territorio lolaca[175]. Los sucesos trágicos que tuvo que afrontar la inexperiencia del P. Miguel de Ardanaz obligaron a que esta empresa se pospusiese hasta 1722[176].

La prudente renuncia a las naciones antes mencionadas facilitó la búsqueda de nuevas etnias. De esta suerte se inicia en 1719 la

---

intermedio de tiempo hay que ubicar la llegada de Gumilla a las misiones. Mimbela (*Relación*, 208) dice que partió a las misiones directamente del colegio de Tunja; así es que creemos que no ofrece dudas la llegada de Gumilla a las misiones a fines de 1715.

168 MIMBELA. *Relación*, 208-210. RIVERO. *Historia de las Misiones...*, 356-357.

169 GUMILLA. *El Orinoco ilustrado*, 298.

170 RIVERO. *Historia de las Misiones...*, 365.

171 RIVERO. *Historia de las Misiones...*, 359.

172 RIVERO. *Historia de las Misiones...*, 361.

173 RIVERO. *Historia de las Misiones...*, 362.

174 RIVERO. *Historia de las Misiones...*, 363.

175 RIVERO. *Historia de las Misiones...*, 368.

176 RIVERO. *Historia de las Misiones...*, 370.

misionalización de los anabalis[177] al otro lado del Sarare[178]. Los contactos con esta nación resultaron esperanzadores pues de esta forma pudo Gumilla entablar amistad con Seisere, cacique de los situjas[179], al que obedecían otros muchos pueblos del área. Las perspectivas que abrió Seisere debieron sustentar tales esperanzas que la Congregación Provincial del Nuevo Reino proponía en 1720 al P. General de la Compañía de Jesús la fundación de una misión estable en el Sarare[180].

En 1722 consiguió el autor de *El Orinoco ilustrado* reunir a los situjas y anabalis y la promesa de los guaneros y mafilitos[181]. Con dos entradas más en 1723 y 1724 se puso fin a la reducción de la nación betoye[182].

Con toda razón podía escribir en 1741 Gumilla: "... de éste [el Apure] mejor que de ningún otro río puedo hablar por haber gastado nueve años continuos en sus vegas, visto sus cabeceras, navegado sus medianías y bocas repetidas veces"[183].

De esta forma San Ignacio de Betoyes se convirtió en la capital del mundo betoy y así perduró hasta la expulsión de los jesuitas en 1767.

Naciones indígenas. Achaguas. Agualos. Airicos. Anabalis. Atabacas. Betoyes. Cabaría. Chiricoas. Giraras. Guajivos. Guaneros. Guaracapones. Lolacas. Lucalías. Mafilitos. Mesoy. Quilifayes. Situjas[184].

---

177 RIVERO. *Historia de las Misiones...*, 371.

178 RIVERO. *Historia de las Misiones...*, 381.

179 RIVERO. *Historia de las Misiones...*, 378.

180 ARSI. *Congregationes Provinciales*, t. 88, fols., 322 y ss.

181 RIVERO. *Historia de las Misiones...*, 383.

182 RIVERO. *Historia de las Misiones...*, 387-388.

183 GUMILLA. *El Orinoco ilustrado*, 63.

184 José DEL REY FAJARDO. *Los jesuitas en Venezuela*. Tomo III: *Topohistoria*. 41-42.

La quinta etapa se desarrolla el Orinoco bajo y medio (1731-1746).

Trascendental debió ser el paso dado por el Provincial Francisco Antonio González cuando decidió en 1731 dar comienzo a las misiones del Orinoco.

La planificación gumillana parece estuviera inspirada en el plan Monteverde, quien en 1665 concebía la Orinoquia como un organismo unitario y desplazaba el centro de poder misionero del piedemonte andino neogradino a Santo Tomé de Guayana como puerta para el desarrollo económico y misional y de esta suerte la capital guayanesa se convertiría en lugar de encuentro y de diálogo de la Orinoquia con el Caribe y con Europa y como pivote de la nueva estrategia la Isla de Trinidad[185].

Una doble intencionalidad creemos descubrir en la acción gumillana en la capital guayanesa: dejar sentada una base sólida de apoyo en Santo Tomé tanto para estructurar las misiones desde un poblado español así como para establecer una alianza con la nación aruaca que había sido consecuente desde tiempos inmemoriales con la corona hispana.

Dada la complejidad histórica que reviste esta difícil etapa nos centraremos en definir los hitos que se presentan con la iluminación geográfica de cada una de las etapas.

El hito 1: Convenio de Guayana 1732. Su objetivo inicial fue la ciudad de Guayana en donde debían encontrarse con el nuevo gobernador Don Carlos de Sucre a fin de fijar las estrategias misioneras para la aculturación y cristianización del Orinoco[186]. También decidió dialogar con los Capuchinos de Guayana de quienes obtuvo anuencia para emprender la reducción de los aruacas sitos "a la

185 J. DEL REY FAJARDO. "Jesuitas defensores de Guayana". En *SIC*. Caracas (1958) 174-176. Y también: "Antoine Boislevert (1618-1669), Fundador [de las Misiones] de los Llanos de Casanare". En: *Boletín de la Academia Nacional de la Historia*. Caracas, t. LXXVII, n°. 308 (1994) 81-104.

186 VEGA. *Noticia del Principio y progresos,* 10. CASSANI. *Historia de la Compañía de Jesús del Nuevo Reyno de Granada,* 379-380.

espalda del cerro de la Hacha a la orilla del río Caroní"[187] y tradicionalmente amigos de los españoles[188].

El 29 de diciembre de 1731 expedía el Gobernador Arredondo un decreto por el que otorgaba licencia a los Jesuitas para doctrinar a los aruacas "desde el río Caroní arriba sin perjuicio de los egidos y tierras de Guayana, de las misiones de los Padres Capuchinos y de los pueblos ya formados y de sus terrenos". Permitía, además, formar su escolta dependiente del teniente de Guayana y prometía escribir "una carta de término" a Araguacare, jefe principal de la organización caribe, para presentarle a Gumilla y sus intenciones[189].

Habiendo regresado Gumilla de la Isla de Trinidad hacia el 21 de enero de 1732[190], procedía a firmar, un mes más tarde, con Fray Tomás de Santa Eugenia, Prefecto de las misiones del Caroní, el Convenio de Guayana entre capuchinos catalanes y jesuitas neogranadinos. Mas, el Superior capuchino dejaba sentada su posición de anuencia sobre el pueblo de los aruacas pero no sobre los linderos que podían perjudicar el futuro desarrollo de sus misiones[191]. En tal sentido parece ratificar la interpretación del acuerdo don Francisco Javier de Robles y Lorenzana, Teniente justicia mayor y capitán a guerra de Santo Tomé el 22 de febrero de 1732[192].

El hito 2: Inserción en la Caribaria. El Convenio de Guayana (febrero de 1732) desvaneció súbitamente el diseño primigenio de las misiones jesuíticas del Orinoco que traían en su mente Gumilla y sus dos compañeros. En consecuencia, abandonan la ciudad de

---

187 AGI. *Santo Domingo*, 678. *Da quenta a Vuestra Majestad con certificación del escribano de Cámara de lo que ha executado sobre el deslinde y demarcacion de las misiones de los religiosos capuchinos y de la Compañia de Jesus en la Provincia de la Trinidad y Guayana en conformidad del Real Orden de Vuestra Majestad.* (Citaremos por GUMILLA. *Escritos varios*, 93).

188 GUMILLA. *El Orinoco ilustrado*, 137: "Yo quise hacer el último esfuerzo el año de 1731".

189 AGI. *Santo Domingo*, 678. *Doc. cit.* (GUMILLA. *Escritos varios*, 94-97).

190 GUMILLA. *Escritos varios*, 98.

191 GUMILLA. *Escritos varios*, 99-100.

192 GUMILLA. *Escritos varios*, 100.

los Berrío e inician sin dilación la primera fase de un nuevo proyecto: pactar con los caribes e insertarse en la Caribaria.

Muy breve fue esta etapa, la cual constituía el segundo fracaso para el grupo jesuítico que había meditado por mucho tiempo un nuevo rediseño de la geopolítica misional. Así pues, verificada la imposibilidad de establecer diálogo con esta nación fundamental para la paz del Orinoco[193], deciden los tres jesuitas abandonar sus ilusiones y retornar a la experiencia histórica de sus antecesores del siglo XVII.

El hito 3: La Concordia de Guayana (1734). El 20 de marzo de 1734 se firmaba en Guayana, en presencia del Gobernador don Carlos de Sucre, la Concordia de Guayana que la suscribían los capuchinos de Guayana, los franciscanos de Píritu y los jesuitas del Orinoco. Amén de las demarcaciones territoriales el pacto fijaba una política misional para las áreas de conflicto. Ciertamente significaba un intento de respuesta comunitaria al reto que suponían los hombres y el dominio del gran río venezolano.

De esta suerte se fijaban los escenarios territoriales entre las órdenes religiosas signatarias y se abrían espacios, al parecer más controlables, de la inmensa Orinoquia. Así se dividía el territorio guayanés en las siguientes áreas: los Capuchinos de Guayana se encargarían desde la Angostura hasta la boca grande del Orinoco; los Observantes de Píritu debían tomar a su cargo los espacios comprendidos entre la Angostura y el Cuchivero desde las márgenes del gran río venezolano hasta el Amazonas; y a los Jesuitas se les asignaba desde el Cuchivero "lo restante del Orinoco, tirando siempre para arriba" hasta el Marañón[194].

En 1734 la correspondencia rotellana plantea de forma tajante su tesis fundamental: "es moralmente imposible hacer misión per-

---

193 VEGA. *Noticia del Principio y progresos,* 11-12.

194 AGI. *Santo Domingo,* 678. Mas la concordia no parece que satisfizo a los subalternos del P. Gumilla. El H. Vega dice: "El compromiso fue mal recibido de los compañeros del Padre Joseph por estas razones que aquí diré, que se las oía yo mismo y a mi me dio gana de oponerme y viendo que no habían de hacer caso de mi, lo tragué" (VEGA. *Noticia del Principio y progresos,* 47).

manente mientras haya caribes en Orinoco"[195]. Para un asalto a las tierras de Caura son necesarios al menos 60 escopeteros y otros tantos indios[196]; para una acción de conquista se requiere un mínimo de 500 hombres de fusil y 500 de flecha[197] "porque es mucha la tierra que ocupan y poder perecer muchos soldados en emboscadas si no va fuerza de gente envistiendo al mismo tiempo por todos lados como es por río arriba, por tierra adentro, por la medianía de la tierra de los caribes, por Purey, por Curumutopo y por Tinamuto a cogerles las cabezeras de Caura en donde actualmente tenemos noticia está su retirada de Guarichambre y casa fuerte"[198].

Pero Rotella amplía la acción hasta Aquire y Barima y después poblar de españoles el Orinoco, sobre todo Puruey y Caura[199].

En 1735 la invasión caribe había comenzado por las misiones franciscanas y el P. Gumilla regresó de Guayana "desahuciado de socorro" pues el gobernador vino a manifestar que todo quedaba a expensas de la Compañía de Jesús[200]. Tal era la tensión que se vivía en aquel momento en el Orinoco jesuítico que Gumilla se mostró decidido a abandonar las misiones del Orinoco y replegarse a Casanare, mas el P. Manuel Román fue partidario de mantenerse en el campo de batalla y concentrarse en Pararuma sirviéndose del monte de Marimarota y allí fortificar el castillo de San Javier para que actuara como de alcabala a fin de solicitar salvaconducto de tránsito por el Orinoco a los usuarios del río[201].

Hito 4: Marimarota (1736). El desarrollo violento de los acontecimientos exigió a los miembros de la Compañía de Jesús tomar

---

195 Biblioteca Universitaria de Valladolid. Mss.342. *Carta del P. Bernardo Rotella al Gobernador y Capitán General.* San Ignacio y noviembre 5 de 1734.

196 *Ibídem.*

197 Biblioteca Universitaria de Valladolid. Mss. 342. *Carta del P. Bernardo Rotella al Gobernador y Capitán General.* San Ignacio y noviembre 30 de 1734.

198 *Ibídem.*

199 *Ibídem.*

200 VEGA. *Noticia del principio y progresos,* 74.

201 VEGA. *Noticia del principio y progresos,* 75-77.

medidas cuasi militares como la fundación del fuerte de San Javier (1736) en Marimarota[202].

Este primitivo puesto militar consiguió impedir el flujo de las armadas caribes aguas arriba; sin embargo, los caribes buscaron caminos de tierra que desembocaban más al norte de las misiones jesuíticas. Gracias a ello no interrumpieron sus acciones de contrabando humano ni sus actos guerreros pues lograron descubrir que aguas abajo se podía burlar la vigilancia del fortín en las noches oscuras y en las grandes crecientes del Orinoco[203].

Hacemos nuestras las consideraciones de Daniel Barandiarán: "Su vocación estratégica no significa en absoluto 'una estrategia clérigo-militar en el proceso de colonización del Orinoco Medio durante el siglo XVIII': tal fue la reflexión de un equipo de sociólogos que trabajó en la arqueología de Marimarota en 1995. Se trata, reiteramos, de una abnegada y valiente resolución por parte del equipo jesuítico del Orinoco, resolución tomada tangencialmente a la responsabilidad dormida gubernativo-militar de Ciudad Guayana, con la única y exclusiva finalidad de acabar con las 'razzias' esclavistas de franceses y de holandeses por intermedio de una etnia caribe convertida en basura social, humana y cultural, por la sencillísima razón de que, a falta del número pautado de esclavos, tenían que entregar a sus propias mujeres e hijos"[204].

Hito 5: Convenio de Caracas (1736). Al observar el Superior de las misiones del Orinoco que el fenómeno de los indígenas fugitivos no constituía un hecho aislado sino por el contrario una actitud cada vez más generalizada, preocupado por esta situación, decidió en octubre de 1736 dirigirse a Caracas con el fin de conversar con las autoridades de los Capuchinos[205].

---

202 GUMILLA. *El Orinoco ilustrado*, 202. Graciela HERNÁNDEZ. "El Fortín de San Francisco Javier: una estrategia clérigo-militar en el proceso de colonización del Orinoco Medio durante el siglo XVIII". En *Montalbán*. Caracas, 29 (1996) 29-53.

203 AGI. *Quito*, 198. *Segunda Vía. Respuesta al pliego ... 1742.* (GUMILLA. *Escritos varios*, 307).

204 Daniel de BARANDIARÁN. *Los hombres de los ríos*. (Los jesuitas y el Orinoco Amazónico). Mss. cedido gentilmente por el autor. pp., 24-25.

205 AGI. *Santo Domingo*, 634. *Memorial al Consejo*, fol., 2.

El 28 de noviembre de 1736 se firmó en la capital venezolana el Convenio de Caracas y fue suscrito por los PP. José Gumilla y Salvador de Cádiz[206].

Fue una etapa difícil que en parte se arreglaría con la fundación de Cabruta.

Hito 6: Cabruta (1740). En 1740 funda el P. Bernardo Rotella la discutida población de Cabruta en territorio caraqueño con el propósito de atajar desde allí la penetración caribe y gerenciar el control del tortugueo. Pero en diciembre de 1741 los caribes dominaban el Orinoco bajo e impedían que los de Guayana subieran hasta Cabruta en busca de manatí, tortugas y sus mantecas. Rotella insiste en que se pueble el Orinoco con familias pobres provenientes de Caracas ya que su presencia y su interrelación comercial con la Guayana conllevaría que los caribes "se retirarían o se darían a sujeción". Todavía más, si lo anterior no prospera, propone que se funde una población de blancos en tierras de caribes[207].

El corrimiento de la frontera jesuítica a Cabruta y su ubicación en un punto geográfico vital como antemural para contener las fuerzas caribes[208] abre un nuevo ciclo en la intercomunicación con la Provincia de Caracas y en la toma de conciencia de los jesuitas orinoquenses de buscar en la ciudad del Ávila su nueva capital. Pero, además, se erigía como un privilegiado lugar de encuentro de muchos pueblos orinoquenses en busca de subsistencia y mercadeo y sobre todo por el valor del mercado de la tortuga[209].

---

206 AGI. *Santo Domingo*, 634. *Concordia de 28 de noviembre entre el Padre Gumilla y Fray Salvador de Cadiz*. El texto puede verse en: GUMILLA. *Escritos varios*, 109-116.

207 AGI. *Santo Domingo*, 634. *Carta del P. Bernardo Rotella al Gobernador de Cumaná*. Cabruta, diciembre de 1741 (del Rey, II, 358-363).

208 GILIJ. *Ensayo de Historia Americana*, I, 71: "Esta aldea que está en la frontera de los caribes, fue fundada por Rotella en 1740 con el designio de fortificarla lo más que pudiese contra los insultos de estos enemigos que entonces dominaban, y pensó en hacer de ella como un antemural fortísimo para defender también a las otras reducciones".

209 Demetrio RAMOS. *El tratado de límites de 1750 y la expedición de Iturriaga al Orinoco*. Madrid (1946) 154.

La polémica fundación de Cabruta obligó a los caribes a reformular de nuevo sus rutas esclavistas y a refinar sus técnicas de dominio y terror entre los conglomerados indígenas acogidos a la vida misional. Por una parte mataban o secuestraban a los indios reducidos cuando los encontraban desguarnecidos en los contornos de los poblados o en despoblado; y por otra les hacían llegar su criterio de que si no emigraban a las tierras caribes regresarían para matarlos y destruir los enclaves misionales. Tal fue su modo de actuar a lo largo de los años 1740 y 1741[210].

En 1744 la red de espionaje caribe había extendido de tal forma sus tentáculos que prácticamente conocía de antemano los movimientos que se pensaban llevar a cabo en su contra. El atrincheramiento en Puruey y Caura y su fortificación en el río Barima, a juicio de los misioneros, iba tomando cuerpo cada día y allí se habían instalado hasta doce naciones. También en el Barima había surgido un enclave comercial en el que traficaban "colonias de Esequivo, Surinam, Berbis, Curazao, Martinica &". Y de parte de las misiones jesuíticas migraban fundamentalmente los maipures y los quirrupas. Y en cuanto a su modo de actuar reiteraba lo ya conocido: "... procurando con continuos asaltos ya de día formando armadas de piraguas de más de treinta en número, todas pertrechadas en guerra con armas de fuego y flechas, siendo por lo común capitaneados de alguna nación extranjera. Ya de noche, entrando a los pueblos como espías perdidas y tomar lengua de algunos confidentes suyos especialmente sálivas; procurando saber los soldados que hay de escolta, las municiones que tienen y especialmente si el Padre está enfermo o no. Ya vistiéndose con las apariencias de amistad para tratar de paz y asegurar mejor su golpe en la traición"[211].

Hito 7: La expulsión de los caribes de la zona orinoquense (c.1746). Pero, serían los cabres y sobre todos los guaypunabis quienes acabarían de raíz la hegemonía caribe en el Orinoco medio. Gilij, que llegó al Orinoco en 1749, debía recordar muy vivamente las historias misioneras como ya superadas, pues escribiría en su *Ensayo de Historia Americana* que Puruey "ahora es a modo de

---

210 AGI. *Quito*, 198. *Doc. cit.* (GUMILLA. *Escritos varios*, 306).

211 APT. *Fondo Astráin*, 28. *Informe sobre la misión del Orinoco, 1744.* (DEL REY FAJARDO. *Documentos jesuíticos*, II, 320-321).

quemada Troya humeante memoria de sus triunfos sobre las naciones orinoquenses, si dejando a los valerosos se hubieran contentado con subyugar a los más débiles"[212].

La sexta etapa: La desmitificación del Orinoco amazónico (1744-1767).

En 1744 se comenzaba a romper el mito del Orinoco amazónico para dar paso al Orinoco totalmente guayanés. El descubrimiento por parte del P. Manuel Román del fenómeno del río Casiquiare[213] derrumbaba la cosmovisión consagrada durante más de dos siglos según la cual los dos ríos gigantes de Sudamérica nacían hermanos en los Andes y con captaciones mutuas a lo largo de sus respectivos cursos hasta verter sus aguas al Atlántico[214].

Como es natural el equipo jesuítico tuvo que preguntarse cómo el Orinoco huía de sus gigantes afluentes de la mano izquierda y se escondía detrás de sus misiones.

Tres son los pasos que definen esta revolución geográfica. El primero lo constituye el *Diario* y el *Mapa* elaborados por el P. Manuel Román[215], ambos desconocidos por nosotros hasta el momento, pero que sirvieron de guía tanto de los hombres de la Expedición de Límites como a los personeros de la corte española como el Ministro Carvajal y Lancaster. Barandiarán calcula que el trayecto fluvial orinoquense-casiquiare-rionegrino, desde el río Atabapo

---

212 Felipe Salvador GILIJ. *Ensayo de Historia Americana.* Caracas, I, 62.

213 AIUL. Papeletas: Manuel, ROMÁN, "Descubrimiento de la comunicación del Orinoco con el Marañón y Relación que hace el P. Manuel Román de su viaje de Carichana al Río Negro: desde el 4 de febrero hasta el 15 de octubre de 1744. ANB. *Reales Cédulas,* t. 14, fols., 580 y ss. *Informe del P. Manuel Román sobre la misión del Orinoco. 1749.* (GUMILLA. *Escritos varios,* 317-318).

214 Daniel de BARANDIARÁN. "La Crónica del Hermano Vega 1730-1750". En: Agustín de VEGA. *Noticia del principio y progresos del establecimiento de las Missiones de gentiles en la río Orinoco por la Compañía de Jesús.* Estudio introductorio: José del Rey Fajardo sj y Daniel de Barandiarán. Caracas (2000) 377-378. (Sobre el viaje del P. Manuel Román, véanse las páginas 368-415).

215 AIUL. Papeletas: ROMAN, Manuel: "Se conservaba en el colegio Imperial al tiempo del extrañamiento". AGS. *Estado,* 7397, fols., 8-9.

hasta la misión de Mariwá era de unos mil doscientos kilómetros, es decir, 2400 kilómetros si consideramos también la vuelta[216].

El segundo –en 1747– es el Mapa del Orinoco del P. Bernardo Rotella que recogía el nacimiento de nuestro gran río en el Lago de la Parima y ratificaba la visión cartográfica de Román[217].

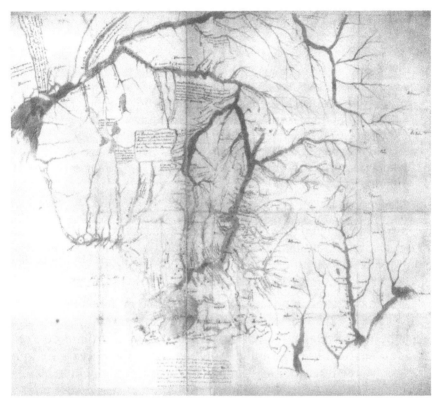

Bernardo Rotella (1747)

Mapa del P. Rotella.

216 Daniel de BARANDIARÁN. "La Crónica del Hermano Vega 1730-1750", 400-401.

217 Museo Naval de Madrid. Manuscrito, 320. Allí reposan tanto el "Mapa de Guayana" como las "Noticias sobre la geografía de la Guayana". Caicara, abril primero, año de 1747.

Y el tercero, habían transcurrido ya 10 años del viaje de Manuel Román a Mariwá y 7 desde que Rotella había hecho público su mapa y estos documentos serían el punto inicial de partida de los hombres de la Expedición de Límites.

Ciertamente Román formó un *Diario* de su viaje que debió servir de ayuda a los miembros de la Comisión de Límites. Así lo confirma la carta de don Mateo Gual, Gobernador de Cumaná, a la Corte:

> ... y como debe ser de mucho útil al viaje de esta Expedición *el Diario que formó el P. Manuel Román,* Superior de las misiones de Cabruta (sic), del que hizo él mismo cuando salió y fue hasta encontrarse con los portugueses del Marañón, le he escrito ahora, además del exhortatorio que le tengo anticipado, *suplicando le quiera dar un traslado puntual de dicho Diario* con las más noticias que hubiere adquirido al referido Jefe de Escuadra, al que podía servir de muchísima luz *junto con la copia del Mapa de aquellos Países que compuso entonces dicho Padre,* con la que me hallo yo también[218].

También tenemos noticia de este manuscrito o de otro similar por el testimonio de los bibliógrafos jesuitas, los PP. Uriarte y Lecina, quienes asientan en sus papeletas: "Se conservaba en el colegio Imperial al tiempo del extrañamiento"[219].

Así lo confirma don Benito Paltor, auxiliar de Loefling en carta a su jefe el 24 de agosto de 1755 desde San Antonio del Carona: "... tengo ya el Mapa que comunica el río Paragua con el de Parima, con sus nombres y rumbos, que son muchos más de los que Vuestra Merced tiene en su Mapa" y de este texto concluye Baran-

---

218 AGS. *Estado*, 7397, fol., 9. (Citado por Demetrio RAMOS PEREZ. *El tratado de límites de 1750 y la expedición de Iturriaga al Orinoco.* Madrid (1947) 427). (El subrayado es nuestro).

219 AIUL. Papeletas: Manuel, ROMÁN, El título asentado es el siguiente: "Descubrimiento de la comunicación del Orinoco con el Marañón y Relación que hace el P. Manuel Román de su viaje de Carichana al Río Negro: desde el 4 de febrero hasta el 15 de octubre de 1744".

diarán: "que disponían o bien del Mapa hoy desaparecido de Manuel Román o del otro Mapa-Corolario de Rotella"[220].

Y quizá ni los mismos jesuitas percibieron la trascendencia de estas novedades geográficas. En una década en la que diseñaban nuevas fronteras sureñas no tuvieron tiempo para reflexionar sobre las consecuencias geográficas, históricas y jurídicas que estos descubrimientos conllevaban.

Lo que sí era evidente para los miembros de la Compañía de Jesús neogranadina es que todo el complejo mesopotámico que hoy conforman las cuencas colombo-venezolanas del Orinoco y del Amazonas, se había convertido en el territorio secular de la gran Provincia de Guayana y su última razón de ser consistía en la vertebración de los inmensos espacios vacíos frente al Brasil portugués[221].

La visión de las riberas del Orinoco son importantes para identificar su desarrollo. La ribera izquierda del Orinoco, al ser baja y expuesta a inundaciones, quedaba sumergida en el agua por mucho tiempo y a lo largo de muchas millas. Los Jesuitas fundaron en general en la orilla derecha. A pesar de ello, tres fueron las poblaciones fundadas y atendidas por los Jesuitas en la orilla izquierda: Cabruta que dio origen a tantos roces entre Jesuitas y Capuchinos, el Raudal de Atures y la ciudad de San Fernando.

En la ribera derecha, los límites los trazan los ríos Cuchivero y Ventuari, de esta suerte se pueden distinguir las principales aldeas Jesuíticas: La Encaramada, La Urbana, Carichana, Pararuma, el Castillo de Marimarota y Mapara o Raudal de Atures[222].

En 1780 escribía el P. Gilij: "Baste a los lectores saber que hasta el año 1767 que dejé el Orinoco, por mi y por otros ya se habían descubierto al mediodía un gran trecho. Hasta dos y tres jornadas era conocida la extensión de tierra que hay entre mi antigua reduc-

---

220 Archivo del Real Jardín Botánico. Madrid. *Manuscritos*, Siglas II, 4-1-34. Citado por Daniel de BARANDIARÁN. "La Crónica del Hermano Vega 1730-1750", 478-479.

221 BARANDIARÁN. "El Orinoco Amazónico de las Misiones Jesuíticas"..., 141-142.

222 Véase: BARANDIARÁN. *Los hombres de los ríos*, 73-74.

ción y Uruana. Parte yo y parte Forneri habíamos en diversas ocasiones, por agua y por tierra, descubierto los países de los parecas. Las tierras de los piaroas, que están enfrente de Carichana y Anaveni, fueron varias veces y con inmenso esfuerzo visitadas por el P. Francisco del Olmo para sacar de allí a los indígenas hacia los poblados cristianos. Este mismo misionero, Forneri, Aranda y otros, unas veces por agua y otras por tierra, han examinado todos los ríos que hay desde la cascada [raudal] Mapara hasta el Ventuari"[223].

En relación al nacimiento del Orinoco confirma la tradición iniciada por Rotella de que es un río guayanés y con prudencia añade: "... no parece dudoso en nuestros días que no esté o en la laguna Parime, o, al menos, en su vecindad"[224]. Pero le niega al lago el carácter de gran centro distribuidor de aguas de la región guayanesa[225].

Se puede afirmar que sobre la intercomunicación de las dos grandes cuencas su relato es el que más luces arroja y el que recoge el testimonio directo de los descubridores del Casiquiare[226].

La penetración de la zona oriental tuvo como lugar de referencia el río Orinoco, desde Carichana hasta las tierras de los guaipunabis y así visitaron los grandes afluentes que caen al gran río por la derecha como el Suapure, el Parguaza, el Sipapo y el Ventuari[227].

223 GILIJ. *Ensayo de Historia americana*, I, 128.

224 GILIJ. *Ensayo de Historia americana*, I, 46. Su tesis la asienta sobre el testimonio dado por un compañero de Apolinar Díez de la Fuente quien llegó a las proximidades del lago la Parima. (Véase. *Ob. cit.*, I, 287-288).

225 GILIJ. *Ensayo de Historia americana*, I, 290.

226 GILIJ. *Ensayo de Historia americana*, I, 49-57.

227 Al hablar de los viajes del P. José María Forneri escribirá el jesuita italiano: "Dejando, pues, los que hizo al fortín de Cuseri [Cusero] en el río Atabapo, a la nación de los maipures en el Tuapu [Suapu] y los muchos y fatigosos que hizo también a los yaruros, esbozaré sólo aquel que hizo por tierra en busca de los piaroas, que habitan en las cercanías del Venituari [Ventuari]" (GILIJ. *Ensayo de Historia americana*, III, 104-105).

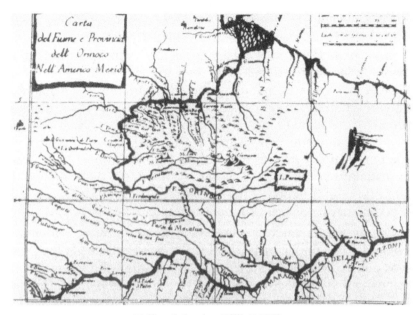

Felipe Salvador Gilij (1780).
Carta del Fiume e Provincia dell' Orinoco Nell'America Merid.

La ruta occidental intentaba resucitar la zona del Río Negro, difícil empresa –comentará Gilij– "visitar naciones que, excepto los primeros conquistadores, que allá llegaron fugazmente en busca del famoso El Dorado en el siglo XVI, vieron después sólo raros españoles"[228]. Como con toda precisión precisa Daniel Barandiarán se trataba de desentrañar el misterio fluvial del Guaviare-Inírida "como sistemas paralelos o equivalentes a lo que se había considerado hasta entonces el Orinoco amazónico" ya que todo el mundo consideraba al Río Negro "hermano gemelo del propio Orinoco amazónico, allá en las fuentes amazónicas del alto Caquetá-Yapurá"[229]. Esta amplia franja espacial se superpone con la vastísima zona in-

228 GILIJ. *Ensayo de Historia americana*, III, 98.
229 Daniel BARANDIARÁN. "El Orinoco amazónico de las Misiones jesuíticas". En: DEL REY FAJARDO. *Misiones jesuíticas en la Orinoquia*. San Cristóbal, II (1992) 205.

terfluvial llanera colombiana del Vichada-Guaviare-Inírida- Guainía-Ariari- Caquetá. Su autor fue el P. Roque Lubián[230].

Gran parte de la vida misionera del P. Francisco del Olmo la absorbe la incesante búsqueda de los yaruros a lo largo del Sinaruco, Meta y "otros ríos que desaguan en el Orinoco"[231]. También el Ventuari catalizó varios de sus viajes con el afán de reducir los maipures[232], y todavía más allá entabló amistad con los guaipunaves y especialmente con su cacique Cuseru, quien prestaría más tarde tan buenos servicios a la Expedición de Límites[233]. Con mucha justicia escribía Gilij al narrar su muerte: "... con mucho disgusto mío murieron con él las muchas rarísimas noticias que habrían podido darme de sus viajes a los gentiles"[234].

De esta época anterior a la Expedición de Límites son también el viaje del P. Lubián en 1751 a los Betoyes del Sur y a los Chavinavos con el fin de descubrir las naciones que habitan los ríos que desaguan en el Orinoco y en el río Negro por la parte del poniente[235]. Casi con idéntica misión pero por derroteros distintos visitó algunos años más tarde a los pamivas el P. del Olmo[236].

Si excluimos los "muchos y fatigosos" que hizo el P. Forneri a los yaruros, los demás de esta época se orientaron a los maipures del Tuapu, a los piaroas del Ventuari[237], a los parecas en 1751[238], a los guaipunavis del río Inirida[239] y al fortín de Cuseru en el Atabapo[240].

---

230 GILIJ. *Ensayo de Historia americana*, III, 97-104.

231 GILIJ. *Ensayo de Historia americana*, III, 90. Otros detalles interesantes de la págs. 91 a 97. La jornada de camino estaba calculada en 30 millas (III, 105).

232 GILIJ. *Ensayo de Historia americana*, III, 90-91.

233 GILIJ. *Ensayo de Historia americana*, III, 104.

234 GILIJ. *Ensayo de Historia americana*, I, 129; III, 104.

235 GILIJ. *Ensayo de Historia americana*, III, 104. Además era excelente amigo del P. del Olmo. (GILIJ. *Ob. cit.*, I, 72).

236 GILIJ. *Ensayo de Historia americana*, III, 104.

237 GILIJ. *Ensayo de Historia americana*, I, 70.

238 GILIJ. *Ensayo de Historia americana*, III, 104.

239 GILIJ. *Ensayo de Historia americana*, III, 104-105.

240 GILIJ. *Ensayo de Historia americana*, III, 109.

Otro ejemplo nos lo ofrece el propio jesuita italiano Gilij a la hora de narrar sus experiencias geográficas. Lo incluimos aquí aunque su faceta exploratoria es posterior a 1757. No hemos podido precisar la fecha de la expedición al Río Túriba en busca de los areverianos[241]. En 1756 subió hasta el raudal de Cuituna (Maipures) y a otro que los indígenas llaman Saridá[242]. En 1757, al ir en busca de indios maipures, recorrió el río Tipapu (Sipapu) y después el de su afluente el Auvana, ya que esas regiones fueron patria de los maipures, avanes, quirrupas y algunos piaroas[243].

Con el balance desarrollado en 6 años (de 1750 a 1756) en pro de la geografía venezolana podemos concluir con Daniel de Barandiarán: "Los jesuitas no solo descubrieron el Orinoco, sino toda la Orinoquia con todas sus redes de afluentes fluviales, algo que no realizó ninguna otra instancia gubernativa o religiosa. Tal es la idea clave por la que se debe a los jesuitas el honor de haber descubierto toda la geografía de la Orinoquia de hoy, considerada entonces como una faceta bipolar de un Orinoco Amazónico, tal como el mundo entero lo estimaba durante por lo menos dos largos siglos: desde 1580 hasta 1780"[244].

Para la correcta intelección del gran desarrollo misional de esta etapa es necesario recurrir a dos figuras capitales: los misioneros-volantes y los indígenas expertos en geografía.

Existe una anotación que es fundamental en la historia de la geografía misional. Con el tiempo se recurrió a la figura de los "misioneros volantes", hombres de salud férrea, dotados de gran conocimiento de las lenguas y del país, y experimentados conocedores de la psicología indígena, quienes debían recorrer sistemáticamente toda la geografía lejana misional a fin de entablar los pri-

---

241 GILIJ. *Ob. cit.*, II, 55.

242 GILIJ. *Ob. cit.*, I, 42-43.

243 GILIJ. *Ob. cit.*, I, 58-59.

244 Daniel de BARANDIARÁN. "los hombres de los ríos". [Mss. cedido gentilmente por el autor y que aparecerá en el libro *El legado de los jesuitas a Venezuela*.

meros contactos con los gentiles y reclutar posteriormente neófitos para las reducciones[245].

A los ya estudiados de los Altos Guaviare y Ayrico debemos añadir también los "misioneros volantes" que se distinguieron en las áreas del Orinoco medio-alto (desde Atures hasta Atabapo y Guaviare incluídos), junto con todos los afluentes de su margen derecha como el Ventuari, el Sipapo (con sus filiales el Guayabo y el Autana), el Sanariapo, el Cataniapo, el Parguaza y el Suapure. Entre ellos sobresalieron Francisco del Olmo, Francisco González, Roque Lubián y otros muchos más[246].

Mas, todo este continuo trajinar de los misioneros por la Orinoquia no hubiera tenido resultados favorables en sus jornadas si no hubieran contado con el auxilio sincero de excelentes indígenas que poseían el conocimiento total de sus tierras y servían de guía a los misioneros para indicarles los mejores caminos, los pasos adecuados para el cruce de los ríos o la ubicación de otros miembros de su etnia[247].

Uno de los personajes anónimos más destacados en la historia de las misiones del Orinoco fue Sarrio[248] a quien conocemos únicamente por la Crónica del H. Agustín de Vega.

---

245 GILIJ. *Ensayo de Historia americana*, III, 90-97. (La jornada de camino estaba calculada en 30 millas. *Ibídem*).

246 BARANDIARÁN. *Los hombres de los ríos*, 64.

247 GILIJ. *Ensayo de Historia americana*, II, 143. Aquí explica Gilij la riqueza de información que supone el conocimiento geográfico de los indígenas. "Pero yo no terminaría sino muy tarde contando las muchas cosas curiosas que se oyen en los viajes de los orinoquenses. Quiero decir de todas maneras que así como ponen cuidado en observar de una parte a otra un país, saben después referir, aunque sea después de muchos años, sin confusión cada cosa… Dando vueltas por el mundo, nadie mejor que los indios sabrían dar razón de él. Notan cuidadosamente los grandes montes, y a falta de éstos, los grandes árboles, y subiendo a éstos observan con jo curioso y atento todos los países que por cualquier lado ven".

248 Agustín de VEGA. *Noticia del principio y progresos del establecimiento de las Missiones de gentiles en la río Orinoco por la Compañía de Jesús.* Estudio introductorio: José del Rey Fajardo sj y Daniel de Barandiarán. Caracas, 2000. Los caribes lo llamaban el Hermano Manuel (p. 708), los españoles: Sarrio (p. 711); Miaminare los guaypunabis (730).

El gran aporte jesuítico a la paz en el alto Orinoco fue el haber podido confraternizar con las dos terribles etnias sureñas –los caberres y los guaypunabis– gracias al talento y gestiones del P. Manuel Román. Sin embargo, nada hubiera podido hacer este organizador de la nueva Orinoquia si no hubiera tenido, entre otros, la callada pero definitiva acción de su protegido "Sarrio", ni de la indígena guaypunabe María de la Concepción, familiar de uno de los máximos capitanes de la etnia y esposa del portugués Agustifos[249].

También podemos aducir el testimonio de Gilij que se sirvió de un autóctono cualificado para la expedición al río Ventuari. Con las luces que le dio Vaniamari "describí el país intermedio bajo sus ojos lo mejor que pude, notando ríos y naciones y montañas, e incluido un relato por extenso en el que expliqué todo minuciosamente, [y] lo trasmití enseguida al señor Iturriaga"[250].

Es verdad que el mito bicentenario de un Orinoco amazónico había servido de guía para una visualización territorial, desde 1596, para la fusión de las Provincias de el Dorado amazónico y de la Guayana y en consecuencia se había configurado esa "realidad" administrativo-territorial-gubernativa que con toda claridad habían delineado don Gonzalo Jiménez de Quesada y su sobrino don Antonio de Berrío.

La integridad territorial sólo fue perturbada en 1648 cuando España admite las inserciones extremo orientales de Holanda y Francia y en un segundo tiempo el avance portugués por el bajo Amazonas hasta el Río Negro y las bocas del Yapurá por los Tratados de Límites de 1750 y 1777[251].

Para los jesuitas guayaneses la progresiva erosión de los conceptos que representan el "significante" (Orinoco) y el "significado" (Provincia de Guayana) debió ser una tradición permanente pues conforme iban trajinando la geografía de la Provincia de Berrío y asimilando las nuevas toponimias entendían que lo importante era el "significado".

---

249 A. VEGA. *Noticia del Principio y progresos,* 117 (2ª edición).

250 GILIJ. *Ensayo…*, I, 129.

251 Daniel de BARANDIARÁN. "La Crónica del Hermano Vega 1730-1750", 492-493.

Sin embargo, la desmitificación del Orinoco amazónico llevaría, después de la expulsión de los jesuitas en 1767, a desvirtuar la realidad jurídico-territorial y a la mutilación de la mejor herencia territorial que podía legar la historia a una Provincia americana.

Los límites de Guayana siempre habían sido en la orilla izquierda del Amazonas desde el Río Negro de Portugal hasta el Putumayo-Napo de Mainas. Cuando se quiso establecer una nueva lógica geográfica a partir del Orinoco guayanés "se cometió el crimen histórico de quebrar el flanco (a todo lo largo de ese curso medio-superior del río Amazonas) limítrofe de la Provincia de Guayana, con la mutilación de la parte más notable de toda su herencia originaria extremo-occidental, lo que significó una pérdida territorial de un millón de kilómetros cuadrados"[252].

En conclusión, el aporte principal jesuítico consistió en lo que podríamos denominar la "red provincial" de comunicaciones llaneras, tanto fluviales como terrestres, que interconectaron el complejo mosaico levantado por los jesuitas a lo largo y ancho de la Orinoquia

Para entonces los jesuitas habían sido no sólo expulsados de los dominios españoles sino extinguidos por el Papa Clemente XIV. Pero a través de sus escritos se conservaría la imagen de la gran Provincia de Guayana.

La séptima etapa: Anexo: El Tratado de Límites de 1750.

No ha sido el tema de la Expedición de Límites de 1750 muy afortunado en la literatura histórica venezolana. Si exceptuamos a los contados autores patrios que han laborado sobre la historia de la territorialidad, debemos reseñar que como tema monográfico ha sido más cultivado por la historiografía hispana[253]. En verdad existe una corriente histórica española sobre esta temática que se inicia

---

252 Daniel de BARANDIARÁN. "La Crónica del Hermano Vega 1730-1750", 495.

253 Dentro del campo venezolano hay que citar, entre otros, a Pablo Ojer, Daniel Barandiarán, Herman González, Donís Ríos. Una síntesis del problema y la correspondiente bibliografía, en: Manuel LUCENA GIRALDO. "Expedición de Límites de 1754-1761". En: FUNDACION POLAR. *Diccionario de Historia de Venezuela*. Caracas, II (1997) 292-294.

con la tesis doctoral del infatigable profesor vallisoletano, D. Demetrio Ramos[254] y se completa con la obra del joven investigador Manuel Lucena Giraldo[255]. A ellos hay que agradecer su invalorable aporte a esta zona histórica bastante olvidada en el haber de la conciencia nacional.

Expresamente dejamos de lado la compleja historia escrita por la actuación de la Compañía de Jesús en la aplicación del Tratado de Límites de 1750 tanto en tierras paraguayas[256] así como también en la zona guayanesa[257]. Para toda esa compleja historia nos remitimos al capítulo que dedicamos al tema en nuestro libro *Las misiones germen de la nacionalidad*[258].

---

254 Demetrio RAMOS. *El Tratado de Límites de 1750 y la expedición de Iturriaga al Orinoco*. Madrid, 1946. Demetrio Ramos ha sido un excelente colaborador en la reconstrucción de la historia colonial venezolana y su obra es amplísima.

255 Manuel LUCENA GIRALDO. *Laboratorio tropical*. La Expedición de Límites al Orinoco, 1750-1767. Caracas, Monte Avila Editores-consejo superior de Investigaciones Científicas, 1991. A Lucena Giraldo se le puede considerar como el renovador de la literatura ilustrada de la frontera. Tiene diversas obras de las que solamente citamos: "Defensa del territorio y explotación forestal en Guayana, 1758-1793". En: M. LUCENA GIRALDO (Edit.). *El bosque ilustrado. Estudios sobre la política forestal española en América*. Madrid, 1991. --- "Ciencia para la frontera: las Expediciones de Límites españolas (1754-1804)". En: *Cuadernos Hispanoamericanos*. Los Complementarios/2. Madrid, 1988.

256 Guillermo KRATZ. *El tratado hispano-portugués de límites de 1750 y sus consecuencias*. Roma, Institutum Historicum S. I., 1954. Es interesante la síntesis: Philip CARAMAN y Javier BAPTISTA. "XI. Tratado de Límites, 1750". En: Charles E. O'NEILL y Joaquín Mª DOMÍNGUEZ. *Diccionario histórico de la Compañía de Jesús*. Roma-Madrid, I (2001) 139-144.

257 Daniel de BARANDIARÁN. "Brasil nació en Tordesillas. (Historia de los límites entre Venezuela y Brasil). Primera Parte: 1494-1801. En: *Paramillo*. San Cristóbal, 13 (1994) 329-774. Del lado colombiano son imprescindibles: Francisco ANDRADE S. *Demarcación de las fronteras de Colombia*. Bogotá, Historia Extensa de Colombia, Academia Colombiana de Historia, 1965. Mariano USECHE LOSADA. *El proceso colonial en el alto Orinoco-Río Negro (siglos XVI a XVIII)*. Bogotá, Banco de la República, 1987.

258 José DEL REY FAJARDO. *Los jesuitas en Venezuela*. Tomo V: *Las Misiones germen de la nacionalidad*. Caracas-Bogotá, Universidad Católica Andrés Bello-Pontificia Universidad Javeriana, (2007) 259-292.

Uno de los problemas críticos de la mayoría de los integrantes de la Expedición de Límites así como de sus historiadores es que no llegaron a la confrontación entre lo que dijeron que hicieron y lo que permaneció, pues en realidad mucha de su obra material se vino abajo y no dejó huellas sino en los escritos enviados a España.

Cuando en 1756 hacen acto de presencia las avanzadas de la Expedición en la Misiones jesuíticas ya el P. Manuel Román había descubierto en 1744 la comunicación Orinoco-Amazonas a través del caño Casiquiare; Bernardo Rotella había revelado en 1747 las verdaderas fuentes del gran Orinoco en el macizo guayanés; se habían trajinado los grandes afluentes de la mano derecha del Orinoco como el Suapure, Parguza, Sipapo y Ventuari-Manapiare en el intento de acabar con las incursiones esclavistas caribes; en la región ríonegrina ya en 1751 el P. Roque Lubián intentó llegar a las fuentes del Río Negro en la zona amazónica del Caquetá, Guayavero y Guaviare y 4 años más tarde completaría esta expedición el P. José Mª. Forneri. Y en las relaciones interétnicas los jesuitas habían logrado la convivencia con los cabres y guaypunabis[259].

Por su parte Lucena Giraldo define el Estado ilustrado, en el caso colombo-venezolano, como el *Reformismo de frontera* que rompe la "inercia de siglos" con la tradicional dejación por parte de la corona en manos de los misioneros de la ocupación y defensa de los espacios fronterizos americanos[260].

Sin embargo, dentro de la historiografía revisionista venezolana ha habido una toma de posición crítica que encabeza el antropólogo e historiador Daniel de Barandiarán quien ha sometido a la luz de la historia y la geografía guayanesas todo el inmenso acervo producido por la Expedición de Límites de 1750 y a su obra remitimos nuestras observaciones[261].

---

259 Véase: Daniel de BARANDIARÁN. "Brasil nació en Tordesillas. (Historia de los límites entre Venezuela y Brasil). Primera Parte: 1494-1801. En: *Paramillo*. San Cristóbal, 13 (1994) 496-497.

260 M. LUCENA GIRALDO. *Art. cit.*, 245.

261 Daniel de BARANDIARÁN. "Brasil nación en Tordesillas. (Historia de los límites entre Venezuela y Brasil). Primera Parte: 1494-1801. En: *Paramillo*. San Cristóbal, 13 (1994) 331-774.

En el caso específico de las Misiones orinoquenses la literatura española considera el Tratado de Límites de 1750 como un "conjunto de tareas encaminadas a la reforma política, social y económica de la frontera tropical"[262].

El autor del *Laboratorio tropical* afirma que la Expedición constituye un éxito regional de mucha trascendencia. Y afirma: "Entre la paz con los grandes jefes indígenas del Alto Orinoco – marzo de 1759- y la retirada de la Expedición de Límites de Venezuela –julio de 1761- transcurre el período con mayores transformaciones que vivió la Guayana española a lo largo del siglo XVIII. El gran ciclo de exploraciones y la eclosión fundacional en la frontera con el Amazonas, la derrota de los caribes y su repliegue hacia el interior del continente o el intento de consolidación de una ruta más o menos estable con el Virrreinato de Nueva Granada fueron hechos que por si solos constituyeron cambios de consecuencias insospechadas. La conjunción de todos ellos en tan breve período permite hablar, con más razón todavía, de una verdadera mutación regional como consecuencia de los trabajos de organización territorial de la Expedición de Límites"[263].

Por su parte, Barandiarán establece una serie de "cautelas obvias" ante estas afirmaciones inspiradas casi en su totalidad en la amplia documentación redactada por los comisarios regios y desconocida hasta hace pocos años. Pero las "cautelas" las sitúa el venezolano en la verificación de las teorías hispanas y la realidad de los hechos a la luz de la geografía histórica guayanesa.

Aquí deseamos circunscribirnos al tema más importante cual es el de las fronteras para resaltar un ejemplo de lo que formula la

---

262 Manuel LUCENA GIRALDO. "Los jesuitas y la expedición de límites al Orinoco, 1750-1767". En: *Paramillo*. San Cristóbal, 11-12(1992-1993) 245.

263 M. LUCENA GIRALDO. *Laboratorio tropical*, 203. Prácticamente reitera los mismos conceptos en: M. LUCENA GIRALDO y Antonio E. DE PEDRO. *La frontera caríbica: Expedición de Límites al Orinoco, 1754-1761*. Caracas, Cuadernos lagovén (1992) 64. Y en la página 81 añade: "La cantidad de información cartográfica, botánica, goegráfica, lingística e histórica adquirida con métodos modernos permitiría construir la política gubernamental española sobre la realidad de la frontera tropical y no sobre lejanas o interesadas noticias, cuando no sobre puras ficciones e incluso proyecciones literarias".

historiografía ilustrada y la revisión crítica a la luz de la geografía y la documentación preterida.

El Tratado hispano-portugués de límites de 1750 planteaba en el fondo la sustitución del Tratado de Tordesillas por otras fronteras más reales que aseguraran a los españoles el dominio exclusivo de la cuenca del río de la Plata y a los portugueses el de la cuenca del Amazonas.

Todavía más, el Marqués de Pombal asoma en 1758 a la corte española que, en el conflicto jesuítico, la expulsión de los miembros de la Compañía de Jesús de las reducciones guaraníticas podría extenderse a todas las misiones de América[264]. Y en 1759, decretada la expulsión de los jesuitas de Portugal, Gomes Freire proponía al Comisario General español que "si su Católica Majestad tomara una medida semejante, ello significaría un alivio para toda América"[265].

Es evidente que con estas premisas la corte española tratara de alejar a los jesuitas de sus fronteras con Brasil. En efecto, la preocupación del primer comisario, José de Yturriaga, por distanciar a la Compañía de Jesús del área norte del conflicto limítrofe vino a cristalizar en una Real Orden de 2 de noviembre de 1762 por la que se comisionaba a los capuchinos andaluces de Venezuela "para los nuevos pueblos del Alto Orinoco y Río Negro, señalándoles S. M. por terreno desde el Raudal de Maipures inclusive arriba"[266].

Una vez que los Capuchinos tomaron posesión de sus nuevas demarcaciones misionales fueron enfrentando la dura realidad de aquellas inhóspitas regiones. Cuando el P. Jerez de los Caballeros arribaba a San Carlos el 1º de abril de 1765 pudo verificar que las

---

264 Guillermo KRATZ. *El Tratado hispano-portugués de límites de 1750 y sus consecuencias.* Roma, Institutum Historicum S. I. (1954) 224-225.

265 AGS. *Estado, 7393,* fol., 82. *Carta de Gomes Freire a Valdelirios.* 22 de febrero de 1759. Citado por KRATZ. *El tratado hispano-portugués...,* 237.

266 AGI. *Caracas, 205. Carta del P. Fernando Ardales al Rey.* Misión de Caracas, 30 de mayo de 1764. El P. Ardales había recibido dos comunicaciones sobre este asunto: la primera fechada el 12 de noviembre de 1762 y la segunda el 28 de febrero de 1763.

poblaciones que había dejado la Comisión de Límites se habían reducido a un recuerdo[267].

Sin embargo, Fray Jerez que había participado con los miembros de la Expedición de Límites en la exploración del Cuchivero-Caura, "tendrá una actuación fulgurante y de gran efecto, pero, como el cohete en el aire, se quemará casi de inmediato"[268]. En sus famosas "Jornadas" fundará 8 pueblos entre 1765 y 1770, pero las intrigas antimisioneras del gobernador guayanés Centurión, las enfermedades y muertes de los misioneros y el desamparo del área obligaron a los capuchinos a retirarse a los Llanos de Caracas a fines de 1771[269]. La historia se había repetido una vez más con los capuchinos.

Y concluye el escritor guayanés: "Se perdió la noción misma integrada del área Meta-Guaviare-Inírida-Vichada-Tuparro-Orinoco-Atabapo-Río Negro que los misioneros jesuitas detentaban, dentro de la misma originalidad de la Provincia Gobernación de Guayana y con los resabios-sucursales de autoridad gubernativa supletoria de Santa Fe de Bogotá en el área de Meta-Casanare"[270].

Con la expulsión de los jesuitas en 1767 se perdía la visión del Orinoco histórico, visualizado como Orinoco amazónico y columna vertebral de la inmensa Provincia de Guayana y conceptuado como la muralla frente al Brasil portugués. Sobre esta visión se había construido la territorialidad gubernativa, política y misional de aquellas inmensas áreas mesopotámicas del Amazonas-Orinoco. El no haber entendido esta dicotomía que divorcia el Orinoco históri-

---

267 AGI. *Caracas*, 440. *Informe de 8 de febrero de 1766 del Presidente de las nuevas poblaciones del alto Orinoco y Río Negro a la Capitanía General de Venezuela.* José A. Jerez de los Caballeros. [El documento lo trascribe Baltasar de LODARES. *Los franciscanos capuchinos en Venezuela.* Caracas, I (1929) 317-319]. En este escrito nos dejará constancia de San Fernando "ya destruida"; del Raudal de Santa Bárbara "en cuya situación encontré aun los resquicios de la fundación que V. S. allí emprendió con el capitán Imo y sus gentes"; de la Garita de la Buena Guardia, a la entrada del Casiquiare "en cuyo distrito no hallamos más población de indios que la del Capitán Daviaje".

268 Daniel BARANDIARÁN. "Brasil nació en Tordesillas", 559.

269 BARANDIARÁN. "Brasil nació en Tordesillas", 559.

270 BARANDIARÁN. "Brasil nació en Tordesillas", 560.

co del Orinoco geográfico le llevó a España a perder grandes extensiones de terreno en sus delimitaciones con el Brasil.

Cómo conciliar los aportes de la "historiografía ilustrada" con las acciones de los miembros de la Compañía de Jesús defensores a ultranza del profundo significado geográfico-histórico del mito fluvial Orinoco-Amazonas? Es una respuesta que tendrá que esperar a nuevas investigaciones.

Naciones del Orinoco[271]: *Bajo Orinoco:* Aruacas. Caribes. Cumanagotos. Guaiquires. Guaraunos. Guayanos. Guires. Pariacotos. Quiriquiripas.

Orinoco Medio: Aquerecotos. Arcverianos. Atures. Avanes. Avaricotos. Cabres o Caveres. Chiricoas. Guajivos. Guamos. Hermana del Oso (Uaracá-pachilí). Hijos del muriche (Uara-mucuru). Maipures. Mapoyes. Meepures. Nación de mujeres (Aikeámbenanó). Otomacos. Oyes. Parecas. Payuros. Piaroas. Potuaras. Quaquaros. Quaquas. Quirrupas. Sálivas. Tamanacos. Taparitas. Voqueares. Yaruros. Yaravanas.

Alto Orinoco: Amuizanas. Guipunaves. Maquiritares. Marepizanas. Masarinaves. Parenes. Puivanes.

271 GILIJ. *Ensayo de historia americana*, I, 26-28.

CAPÍTULO 3:
LA INSPIRACIÓN FLUVIAL EN LA TOPOGRAFÍA MISIONAL

A la hora de ubicar todos los establecimientos que fundaron los jesuitas en la Orinoquia es necesario recurrir a la descripción que realizaron, con la mayor precisión que podían, y toda ella se ubicaba en los ríos que ellos transitaban. Por ello pensamos que esas informaciones pueden ser muy valiosas a la hora de reconstruir a cartografía de tantas poblaciones hoy olvidadas pero que existieron en la Venezuela colonial.

De esta suerte hemos ordenado el elenco de fundaciones por orden alfabético para que su consulta pueda ser más rápida y efectiva.

Abanes   (También: *Avanes; Avani*)

—*Hábitat*: Ciertamente entran a la historia jesuítica en el siglo XVIII gracias a la constante tarea estudiosa del P. Gilij. Por ello no es extrañar que tanto Rivero, quien escribe en 1729 y nunca había pisado el Orinoco, los ubique "a una y otra banda de la Cordillera de Chubune Nuirre (más allá de las montañas del Aírico)"[1]. También Gumilla habla, al parecer por noticias de segunda mano, y los sitúa en la boca del río Meta y siguiendo el Orinoco, agua arriba[2]. Sería Gilij quien precisaría que habían habitado en el río Auvana[3], y también en el Ventuari, vecinos de los maipures y los quirrupas[4].

---

1   RIVERO. *Historia de las Misiones*, 47.
2   GUMILLA. *El Orinoco Ilustrado,* 203.
3   GILIJ. *Ensayo de historia americana*, I, 59.
4   GILIJ. *Ensayo de historia americana*, I, 132.

Residieron en el Raudal de Atures junto con los maipures[5] y también se establecieron en la Encaramada, junto con los chiripas y algunos piaroas[6].

Achaguas   (También: Ajaguas)

—*Hábitat*: Ha sido Juan Rivero quien ha dibujado el mejor mapa geográfico de esta etnia. Se extendía "desde muy cerca de Barinas hasta San Juan de los Llanos, y desde allí hasta Popayán sin que se les haya descubierto términos hasta ahora". También describe una "gran manga" de esta nación que partía de San Salvador del Puerto de Casanare "hasta el Ariporo y hasta las orillas del Meta". Además, esta etnia contaba con más de 20 naciones o provincias que hablaban un mismo idioma, "si bien había, y aún hay ahora algunas diferencias, como las que existen en Castilla entre portugueses y gallegos..."[7].

Adoles   **(Geografía)** *Adules*

Atures

Santa María de Adoles

Yanaqui= Nuestra Señora de los Sálivas.

El concepto de *Adoles* es impreciso dentro de la literatura histórica del siglo XVII jesuítico. Sin embargo conviene señalar cuatro connotaciones distintas:

a.   La Isla de Adoles como accidente geográfico.

b.   El Raudal de Atures.

c.   El grupo étnico "Adoles" que fundamentalmente habitaba la isla, aunque al parecer también se extendía (al menos con ese nombre) en algunas regiones del Orinoco cercanas al Raudal.

d.   Las reducciones jesuíticas que se adjudicaron, de algún modo, el calificativo de ADOLES tanto en el XVII como en el XVIII.

---

5   GILIJ. *Ensayo de historia americana*, I, 75.
6   GILIJ. *Ensayo de historia americana*, I, 59.
7   RIVERO. *Historia de las Misiones*, 21-22.

Adoles   (Isla)

—*Geografía.* A un poco más de un día, río arriba de la confluencia del Meta en el Orinoco[8]. Es una de las islas más conocidas y celebradas del gran río venezolano. Dirá Rivero: la isla "de los Adoles y sus raudales son muy nombrados (...). Habitan en esta isla muchos indios llamados Adoles de los cuales se podría formar un pueblo como Morcote o Tame"[9]. Tapia le adjudicaba 1000 pasos de longitud y 500 de latitud y unos 500 habitantes[10].

Hay que tomar como sumo cuidado las alusiones a la isla que hacen los escritores jesuitas de la segunda mitad del siglo XVII. Según el P. Rueld (carta del 8 de septiembre de 1681) el P. Fiol había fundado en 1680 "una misión en una isla del mencionado río. Esta isla tiene una población de 5.000 almas..."[11]. Sin embargo, según un mapa gumillano anterior al 1740 la isla está dibujada en el Raudal de Adoles, donde ubica la muerte del P. Loberzo en 1692. Distaba bastante del río Dubarro (casi paralelo al Vichada) que desemboca aproximadamente en la mitad geográfica comprendida entre el Raudal de Atures y el Raudal del Mosquitero[12] y la del P. Fiol en el río Dubarro.

—*Historia:* Los Adoles eran pescadores y controlaban el área más rica y estratégica de la pesca orinoquense. Su isla constituye un lugar de encuentro, sobre todo en el verano, de las más variadas naciones indígenas que venían a comerciar de los más diversos puntos de la Orinoquia. Durante el invierno suministraban pescado ahumado a sus vecinos ya fueran nómadas o agricultores[13].

En el siglo XVII conocieron los jesuitas a los caribes como comerciantes de esclavos y además que utilizaban la Isla como

---

8   TAPIA. *Mudo lamento*, 204.

9   RIVERO. *Historia de las Misiones*, 46.

10   TAPIA. *Mudo lamento*, 204.

11   DEL REY FAJARDO, *Documentos jesuíticos*, III, 284.

12   Archivo del Museo Naval. Madrid. Carpeta, XIII-9.

13   GUMILLA. *El Orinoco ilustrado*, 228. TAPIA, *Mudo lamento*, 204-205.

base de operaciones para sus entradas y contactos con los pueblos del Orinoco medio y alto[14].

En el siglo XVIII, sobre todo en 1735 con la creación de Marimarota, los caribes iniciaron la vía terrestre para llegar a Atures. El principal de los atures solicitó ayuda del P. Gumilla contra Mayarucare. Enviado el capitán Sanabria con seis soldados dieron muerte al jefe caribe[15]. Al parecer habían tenido contacto con los jesuitas en tiempos anteriores[16].

Adoles   (**Misión**) *Adules*

Nuestra Señora de los Sálivas

—*Geografía*: No precisa Rivero la ubicación exacta de esta misión. Nos inclinamos a creer, por el contexto, que se trata de la zona que el autor de la *Historia de las Misiones* denomina la zona del Sinaruco[17] cercano a Nuestra Señora de los Sálivas.

Adoles   (**Indígenas**) (*Atures, Adules, Aduris*)

—*Hábitat:* La Isla de los Adoles, que se encuentra a poco más de un día de la confluencia del Meta con el Orinoco. Es un peñón o arrecife que divide al río en dos partes iguales y la isla tiene "mil pasos de longitud y quinientos de latitud"[18]. Rivero escribe que es "una de las islas más conocidas y celebradas en este río [Orinoco] y sus raudales son muy nombrados porque se oponen como una muralla al paso de las embarcaciones, por sus precipitadas corrientes,

---

14 MERCADO. *Historia de la Provincia*, II, 70. TAPIA. *Mudo lamento*, 175; 206.

15 DEL REY FAJARDO, *Documentos jesuíticos*, III 78-81

16 *Noticia del principio y progresos,* 79: "Ya sabeis Padres que nosotros antiguamente fuimos gente de Alfonso y todavía nos acordamos de lo que nos enseñó, y siempre hemos sido buenos...".

17 RIVERO. *Historia de las Misiones*, 248: "Llegaron al sitio de Sinaruco y circunvecinos sitios, en donde fundaron tres pueblos".

18 Matías de TAPIA. *Mudo lamento de la vastísima, y numerosa gentilidad, que habita las dilatadas márgenes del caudaloso Orinoco, su origen, y sus vertientes, a los piadosos oídos de la Magestad Cathólica de las Españas, nuestro Señor Don Phelipe Quinto (que Dios guarde)*. Madrid, 1715. [Reproducido en: José DEL REY. *Documentos jesuíticos relativos a la Historia de la Compañía de Jesús en Venezuela*. Caracas, Academia Nacional de la Historia (1966) 204.

sus oleajes encrespados y sus horrorosos remolinos"[19]. Gilij completará la información aludiendo a la toponimia original pues se le designaba *Mapara* y después recibió el nombre de Raudal de Atures[20].

Aikeam-Benano

—*Hábitat*: Nación vecina de los Voqueares; a sus habitantes se les llama Amazonas del Cuchivero[21]. Habitaron en el Alto Cuchivero[22].

Airicos   (También: Ayricos)

—*Hábitat*: A la entrada de los jesuitas en 1661 se redujeron en San Javier de Macaguane, a 6 leguas de Tame[23], población situada a orillas del río Macaguane "que está en medio de los ríos de Cravo y Ele"[24], en el Airico de Macaguane[25].

Amarizanes

—*Habitat*: Habitaban en el gran Aírico, a dos días de Quirasiveni[26] y a orillas del río Etari[27].

Anabalis   (También: Anibalis, Aibalis)

—*Hábitat*: Una de las naciones integrantes del "Aírico de Macaguane"[28] y racialmente una rama de la nación betoye[29].

---

19   RIVERO. *Historia de las Misiones*, 46.

20   GILIJ. *Ensayo de historia americana*, I, 29.

21   GILIJ. *Ensayo de historia americana*, I, 132.

22   GILIJ. *Ensayo de historia americana*, I, 148.

23   RIVERO. *Historia de las Misiones*, 142.

24   MERCADO. *Historia de la Provincia*, II, 280.

25   RIVERO. *Historia de las Misiones*, 140.

26   RIVERO. *Historia de las Misiones*, 328.

27   RIVERO. *Historia de las Misiones*, 330.

28   RIVERO. *Historia de las Misiones*, 352.

29   Joseph CASSANI. *Historia de la Provincia de la Compañía de Jesús del Nuevo Reyno de Granada en la América*. Estudio preliminar y anotaciones al texto por José del Rey, s. J. Caracas, Biblioteca de la Academia Nacional de la Historia, 1967) 318-327.

Anaveni

—*Geografía*: A tres horas del río Anaveni, hacia el interior, hubo una aldea de piaroas[30].

Anaveni   *Burari*

San Borja

Yurepe

—*Geografía*: Podemos afirmar que se trata de una población portátil. En 1749 escribía el P. Manuel Román que los Yaruros se habían fundado en Burari en 1739; en 1742 ellos mismos solicitaron trasladarse a Yurepe, ambas localidades cercanas al río Meta. Después pidieron mudarse a Anaveni, cercano al Orinoco donde "enfermaron todos, murieron muchos y de los pocos que quedaron se huyeron los más"[31].

La ubicación de las poblaciones fue la siguiente. Burari, en las riveras del río Meta a día y medio de distancia del Orinoco[32]. Yurepe, más arriba de las bocas del Meta[33], a sus orillas, por la banda del sur y distante de Carichana, aguas arriba, 2 días[34]. Anaveni, en el río Anaveni, a una jornada del Raudal de Atures, agua abajo[35]. Su ubicación en 1756 era la ribera occidental del Orinoco, pasada la boca del río Meta a 200 toesas del río, con un puerto de pésima entrada. Distaba un día de Carichana y dos días escasos, Orinoco arriba, hasta el Raudal de Atures[36].

---

30 GILIJ. *Ensayo de Historia Americana*, I, 59.

31 AGI. *Santafé*, 269. *Informe del P. Manuel Roman sobre la misión del Orinoco, 1749*. (GUMILLA. *Escritos varios*, 314-315).

32 APT. *Fondo Astráin*, 28. *Informe sobre la misión del Orinoco*: En: DEL REY FAJARDO, *Documentos jesuíticos*, II, 322.

33 GILIJ. *Ensayo de Historia Americana*, I, 70.

34 APT. *Fondo Astráin*, 28. *Informe sobre la misión del Orinoco* (DEL REY FAJARDO, *Documentos jesuíticos*, II, 326-327).

35 GILIJ. *Ensayo de Historia Americana*, I, 59.

36 E. ALVARADO. "Informe reservado sobre el manejo y conducta que tuvieron los Padres Jesuitas con la expedición de la Línea Divisoria entre España y Portugal en la Península Austral y orillas del Orinoco". En: José DEL REY. *Documentos jesuíticos relativos a la Historia de la Compañía de Jesús en Venezuela*. Caracas, Biblioteca de la Academia Nacional de la His-

Anibalis   *Nación de Seijere*

—*Geografía*: En el Aírico de Macaguane.

Apiari

Hato fundado por el P. Alonso de Neira[37]. Había sido dejado al cargo de una persona, en 1675, cuando tuvieron que retirarse los misioneros[38]. Al reentablarse las misiones en 1681 pasó a la administración del P. Julián Vergara[39].

Aquerecotos

—*Hábitat*: Habitan ambos lados del río Cuchivero, junto a la nación de los Quaquas[40] y a la izquierda del río Ventuari[41].

Araparabas

—*Habitat*: Nación situada a la otra banda del Meta, entre el Meta y el Orinoco[42].

Areverianos

—*Hábitat*: Se encontraron en las márgenes del Suapure[43] a la izquierda del Ventuari unos más alejados que otros de la orilla[44]. El año 1767 estaban próximos a fundar una reducción a la derecha del Orinoco, a una jornada de la Uruana[45].

Aritagua   *San José de Aritagua*

—*Geografía*: No hemos podido localizar el río Aritagua. Debía ser un afluente del Casanare pues Rivero dice que "navegando,

---

toria, vol., 79 (1966) 319. (DEL REY FAJARDO, *Documentos jesuíticos*, I, 319). [En adelante citaremos: *Informe reservado*].

37 RIVERO. *Historia de las Misiones*, 262.

38 RIVERO. *Historia de las Misiones*, 248.

39 RIVERO. *Historia de las Misiones*, 262.

40 GILIJ. *Ensayo de historia americana*, I, 131.

41 GILIJ. *Ensayo de historia americana*, I, 132.

42 RIVERO. *Historia de las Misiones*, 19 y 20. RIVERO. *Ob. cit.,* 19: "hay además otras naciones (...) de todas las cuales diré alguna cosa, por no sepultar del todo, su noticia".

43 GILIJ. *Ensayo de historia americana*, I, 60.

44 GILIJ. *Ensayo de historia americana*, I, 132.

45 GILIJ. *Ensayo de historia americana*, I, 75.

Casanare abajo, cinco o seis días se llega a las bocas del río Arita-gua"[46].

Tampoco podemos precisar con exactitud la ubicación exacta de la población; había que realizar algunas jornadas a pie pues "los caminos para llegar a Aritagua [eran] tan intransitables y perversos, que aun en el rigor del verano no se podían trajinar por causa de los muchos pantanos"[47].

En una carta a la Audiencia de Santafé, el P. Antonio de Monteverde (22-I-1665) señalaba la importancia geográfica dentro del mundo achagua pues intercomunicaba San Salvador del Puerto con "los del Meta y Onocutare y infinitas partes"[48].

Atabacas

—*Hábitat*: Habitan en el "Aírico de Macaguane" y más exactamente en las cercanías y vegas del río Sarare[49] juntamente con los betoyes y lolacas.

Avaricotos (*Abaricotos*)

—*Hábitat*: Nación del Orinoco medio[50] y estuvieron reducidos en la población de San Regis juntamente con los otomacos[51].

Baminguos

—*Hábitat*: En los confines del Aírico penetrando la otra banda del Guaviare[52], vecinos a los caberres.

Barrías

—*Hábitat*: A pocas leguas de distancia de los Catarubenes[53] entre el Orinoco y el Airico[54].

---

46   RIVERO. *Historia de las Misiones*, 161.
47   RIVERO. *Historia de las Misiones*, 164.
48   RIVERO. *Historia de las Misiones*, 205.
49   RIVERO. *Historia de las Misiones*, 350.
50   GILIJ. *Ensayo de historia americana*, I, 27.
51   GILIJ. *Ensayo de historia americana*, I, 70.
52   RIVERO. *Historia de las Misiones*, 37.
53   RIVERO. *Historia de las Misiones*, 46-47.
54   RIVERO. *Historia de las Misiones*, 46-47.

Beyotes   *San Ignacio de Beyotes*

—*Geografía*: La más oriental de las reducciones jesuíticas siguiendo la cordillera hasta llegar al río Casanare[55]. Estuvo situada entre los ríos Tame y Ele, a 3 leguas de San Salvador de Casanare y otras 3 a San Javier de Macaguane "caminando al levante, con poca diferencia pero debe vadearse el río Ele, en cuya ribera oriental está el pueblo"[56]. En 1790 dicen que está situado sobre el río Cravo en el "camino real que hoy se trafica de Casanare a Barinas"[57]

—*Historia*: Funda San Ignacio de Betoyes el P. José Gumilla hacia marzo o abril de 1716[58]. Hacia dos polos geográficos y étnicos dirigió su estrategia Gumilla desde San Ignacio de Betoyes: la región de los lolacas (1716[59] y 1717[60] y las tierras de los aníbalis[61] en 1719 al otro lado del Sarare[62]. En 1722 consiguió reunir a los situjas y aníbalis y la promesa de los guaneros y mafilitos[63]. En 1717 tuvo el autor de *El Orinoco ilustrado* como compañero al P. Miguel de Ardanaz[64].

Como superior de las Misiones casanareñas, de 1723 a 1730[65], pudo adelantar toda su estrategia para consolidar el Casanare mediante el afianzamiento en el Meta.

---

55   GILIJ. *Ensayo de Historia Americana*, IV, 392.

56   ALVARADO. *Informe reservado*, 329. (DEL REY FAJARDO, *Documentos jesuíticos*, I, 329).

57   ANB. *Poblaciones Boyacá*, t. 1, fol., 67. Diligencia sobre resguardos de Betoyes.

58   MIMBELA. *Relación*, 208-210. (GUMILLA. *Escritos varios*, 208-210). RIVERO. *Historia de las Misiones*, 356-357.

59   RIVERO. *Historia de las Misiones*, 359.

60   RIVERO. *Historia de las Misiones*, 361.

61   RIVERO. *Historia de las Misiones*, 371.

62   RIVERO. *Historia de las Misiones*, 381.

63   RIVERO. *Historia de las Misiones*, 383.

64   GUMILLA. *Escritos varios*, 225: Ya en 1717 residía en San Ignacio. En 1718 lleva a cabo la expedición de los Quilifayes y Mafilitos (*Ob. cit.*, 229). RIVERO. *Historia de las Misiones*, 368 y ss.

65   APT. Leg., 132. *Carta del P. Tamburini al P. Francisco Antonio González*. Roma, 27 de marzo de 1723. Fol., 263. Sospechamos que el cambio debió llevarse a cabo en el segundo semestre de 1723 ya que en octubre de ese

En 1743 laboraba en Betoyes el P. Juan Díaz[66] y para esas fechas llevaba cuatro meses el P. José María Cervellini[67].

Habiendo regresado de Europa el fundador en 1743 se residenció en Betoyes. Ejerció de nuevo el cargo de Superior de la Misión de Casanare de 1745[68] a 1747[69] y en la población de Betoyes le sorprendió la muerte el 16 de julio de 1750[70].

Le sustituyó el P. Manuel Padilla quien llegó a las misiones una vez concluída su Tercera Probación en Tunja[71]. San Ignacio de Betoyes fue su residencia habitual en sus 23 años de misionero[72]. Ejerció el cargo de Superior de las Misiones de Casanare de 1757 a 1759[73]. La expulsión decretada por Carlos III le sorprendió en Betoyes el 17 de octubre de 1767[74].

El P. Gilij la describía así: "...es una bellísima reducción o aldea por la casa del misionero y las de los indios que son todas con

---

mismo año el P. González actuaba como Rector de la Universidad Javeriana (ANB. *Notaría 3a*, t. 151 (1723), fol., 201).

66 AGI. *Santafé*, 306. *Declaración de Agustín Gonzalez de Acuña*. El P. Juan Díaz acompañó al Superior, en San Ignacio de Betoyes, 6 meses.

67 AGI. *Santafé*, 306. *Certificacion de Francisco Agustín Gonzalez de Acuña*.

68 ANB. *Temporalidades*, t. 5, fol., 788v.

69 ANB. *Temporalidades*, t. 5, fol., 789.

70 ARSI. N. R. et Q., 4, fol., 328v. *Supplementum primi et secundi Catalogi Provinciae Novi Regni Societatis Jesu confectum a prima octobris anni 1749 usque ad primam aprilis an. 1751*. Biblioteca Nacional. Mss. 105. *Libro de la Sacristía del colegio de Tunja*, fol., 158.

71 AHN. *Jesuitas*, 827/2. *Filiacion de los Regulares de la Compañia transferidos de la Provincia de Santa Fee de Bogotá en el Navio nombrado San Pedro y San Pablo que al presente se hallan recidiendo en la Casa Hospicio de esta ciudad*, n°. 169. Hacia 1745 pudo haberse integrado a las misiones.

72 Catálogo Breve de 1751 (ARSI. N. R. et Q., 4, fol., 299). Cat. Breve de 1753 (*Idem*, fol., 301v). Cat. Breve de 1756 (*Idem*, fol., 348). Cat. Breve de 1763 (*Idem*, fol., 375). ALVARADO. *Informe reservado*, 330: "Padre Manuel Padilla, español criollo de la ciudad de Santa Fe, de cuyas buenas cualidades tengo repetidas noticias".

73 ARSI. N. R. et Q., 4, fol., 359v. Catálogo de 1763: "Fuit Superior Missionum".

74 ANB. *Temporalidades*, t. 13, fol., 218.

muros como las del Orinoco, es decir con tierra y paja, por la iglesia construida de la misma manera pero muy grande y adornada con preciosísima platería. El pueblo que debía congregarse en ella para las funciones sagradas no pedía menos, ya que tiene unas 1.500 almas y es piadoso, constante y trabajador"[75]. Alvarado censaba 1600 habitantes en 1756[76].

Betoyes (I)

—*Hábitat*: En el Aírico de Macaguane[77]. Dentro del triángulo formado por el río Sarare y el Uribán[78] y con cierto predominio en las vegas y cercanías del río Sarare[79]. Después de reducidos habitaron en Casiabo, cerca del río Cravo, que corre a las espaldas de Tame[80].

Betoyes (II) *(Betoas)*

—*Hábitat*: Al sur del gran Aírico[81]. Estos betoyes distaban 1 mes de camino "de los betoyes de Casanare"[82]. El lugar donde habitaba esta nación "está más allá de la línea equinoccial. Antes de llegar se encuentra el río Macaya, el cual desagua en el Apapu, que dado su gran cauce, se cree sea el río Negro"[83].

Burros

—*Hábitat*: En el río Guiloto a 6 días de Macaguane[84].

---

75 GILIJ. *Ensayo de Historia Americana*, IV, 392.

76 ALVARADO. *Informe reservado*, 329. (DEL REY FAJARDO, *Documentos jesuíticos*, I, 329).

77 RIVERO. *Historia de las Misiones*, 346.

78 RIVERO. *Historia de las Misiones*, 352. Además añade Rivero: ". . . Sarare, que dando un maravilloso salto bien parecido al Tequendama (...) pierde el primer nombre de Chitagá y empieza a llamarse Apure, Guiloto y Sarare, según los sitios por donde pasa".

79 RIVERO. *Historia de las Misiones*, 350.

80 RIVERO. *Historia de las Misiones*, 351.

81 GILIJ. *Ensayo de historia americana*, I, 141: "En 1751 el P. Lubián encontró en el Aírico a un cacique llamado Macatúa, el cual dijo que había ido allí con sus betoas por temor a los portugueses".

82 GILIJ. *Ensayo de historia americana*, III, 102.

83 GILIJ. *Ensayo de historia americana*, III, 103.

84 TAPIA. *Mudo lamento*, 211.

Caberres   (También: *Cáveres. Cavarris, Cabres*)

—*Hábitat*: Pobladores del Guaviare[85]. Rivero los sitúa extendidos hasta las márgenes del río Inirricha[86] y Gumilla a 400 leguas de las bocas del Orinoco[87] y más exactamente: en su parte occidental, hasta la boca del río Ariari[88]. Según Vega el Atabapo era el "centro de la Nación Cabre"[89].

Cacatios (I)   (También: *Caquetíos*)

—*Hábitat*: En las inmediaciones de Pauto. "Estuvieron en las orillas del río Pauto, pero después se trasladaron a un sitio cercano en la serranía"[90]. Algunos vivieron en Pauto[91] y en tiempo de Gilij tenían una población entre el occidente y el sur de Patute, y a un día de distancia, en Manare[92].

Cacatios (II)

—*Hábitat*: Nación orinoquense que se encuentra de la isla de los Adoles hacia el mar[93]. Había un grupo en el Guaviare[94].

Caminavos   (También: *Chavinavos. Camoniguas?*)[95]

—*Hábitat*: Rivero los sitúa en las inmediaciones del Guaviare[96], en los contornos de Barragua y el Airico[97]. Gilij los ubica en

---

85   GILIJ. *Ensayo de historia americana,* I, 134.

86   RIVERO. *Historia de las Misiones,* 37.

87   GUMILLA. *El Orinoco Ilustrado,* 313.

88   GUMILLA. *El Orinoco Ilustrado,* 202.

89   VEGA. *Noticia del principio y progresos…,* 671.

90   RIVERO. *Historia de las Misiones,* 56.

91   RIVERO. *Historia de las Misiones,* 155.

92   GILIJ. *Ensayo de historia americana,* IV, 393.

93   RIVERO. *Historia de las Misiones,* 47: "Las naciones más nombradas en este río son los sálivas, cacatíos, adoles y yaruros".

94   RIVERO. *Historia de las Misiones,* 401.

95   Nos inclinamos a creer que los Camoniguas de que habla RIVERO *(Historia de las Misiones,* 38) y los caribes camonibas *(Historia de las Misiones,* 328) son los Chavinavos.

96   RIVERO. *Historia de las misiones,* 38.

97   RIVERO. *Historia de las misiones,* 37-38.

las cercanías del Río Negro[98]. Se les llama caminavos o caribes del Airico y "se dice que esta nación ha venido también del Marañón[99].

Con respecto al nombre se dan las siguientes teorías. Según Gumilla chavinavi (tigre) significaba para los achaguas "lo mismo que caribe, oriundo de tigre", pues, "los caribes son descendientes legítimos de los tigres, y por eso se portan con la crueldad de sus padres"[100].

Gilij es partidario de la explicación filológica. Se trata de una voz compuesta de *chavi* que significa tigre y *navi* que quiere decir hijo, así que el vocablo se puede traducir por hijo de tigre. Y a continuación alega su interpretación: "Pudo, pues, alguien cuyo nombre fue Chavi separarse por discordia de sus parientes y hacer una nación nueva, a la que le dio para diferenciarla de las otras su nombre"[101].

Camoniguas

—*Hábitat*. Nación de Barragua marginal a la historia jesuítica.

Caribes

—*Hábitat*: Rivero no es muy preciso en fijar las fronteras de la nación caribe "la cual se extiende por las márgenes [del río Orinoco] hasta llegar al mar, y en las costas tiene su principal asiento"[102].

---

98 GILIJ. *Ensayo de historia americana*, II, 179.

99 GILIJ. *Ensayo de historia americana*, III, 103.

100 GUMILLA. *El Orinoco ilustrado*, 109. Otras parcialidades dan la siguiente explicación: "chavi es el tigre en su lengua, y chavina es la lanza, y de las dos palabras, tigre y lanza, sacan el nombre de los caribes, llamándolos chavinavi, que es lo mismo que hijos de tigres con lanzas, alusión o semejanza muy propia para la crueldad sangrienta de los caribes" (ibidem).

101 GILIJ. *Ensayo de historia americana*, II, 179.

102 RIVERO. *Historia de las Misiones*, 49. Si trazamos un mapa más general deberíamos hacer referencia al siguiente cuadro: por el Norte en las Antillas: por el Sur en las fuentes del río Xingú, por el Este en la propia meseta brasileña, y por el Oeste en el Alto Amazonas y en toda la Orinoquia. Si nos restringimos a Venezuela podemos ofrecer la siguiente visión: Los más septentrionales, en la costa venezolana, desde la península de Paria hasta el Cabo Codera eran los "cumanagotos" hoy prácticamente extinguidos. En el extremo oeste de Venezuela llegaron a ocupar con la tribu de los Motilones casi toda la sierra de Perijá. Al sur de las anteriores fracciones, en la Orinoquia, proliferan decenas de subtribus Caribes como los Tamanaco, los pana-

132

Gumilla pone el límite occidental en las cabeceras del río Caroní y boca del río Caura[103] y el oriental: las costas atlánticas hasta Cayena, Trinidad de Barlovento y las tres islas de Colorados, que están junto a Martinica[104]; y de Norte a Sur en el continente dice que "pueblan la costa marítima de Barlovento hasta la Cayena"[105].

Gilij fue sin duda quien mejor dibujó el mapa de esta nación. Con sentido geográfico confirmó el nombre de "Caribana", provincia que comprende a "los que viniendo de Cayena por tierra hasta el Caura, se detienen en todos los países intermedios. Hay allí es cierto, también otras naciones (...) Pero todos o casi todos, por los usos y por la lengua, como por alianzas variables, pueden llamarse caribes"[106]. Sin embargo, también distingue las dos aserciones que se esconden tras el concepto: "Los geógrafos de hoy, bajo el nombre de Caribana, no conocen sino aquella gran extensión de tierra que comenzando desde el Punía y, quizá aún más arriba, se extiende hasta Cayena. Pero antiguamente el nombre Caribana fue propio de otro lugar de la Provincia de Urabá en la América septentrional"[107].

Pero dentro de la historiografía jesuítica venezolana sería el P. Pedro Pelleprat el que primero tocaría el tema "internacional" de los caribes. Según el jesuita francés son los caribes "los habitantes naturales de las Islas que llevan este nombre". Mas, la presencia de los europeos les obligó a retirarse a las Islas de San Vicente y Dominica y la de Granada la habitaron conjuntamente con los Gálibis "nación de Tierra Firme"[108].

res, los guayanos, los mapoyos, los yabaranas, los makiritares, los akawai, los arekuna, los taurepang, los makushis y decenas más de otras subtribus caribes.

103 GUMILLA. *El Orinoco ilustrado*, 139-140.

104 GUMILLA. *El Orinoco ilustrado*, 107-108.

105 GUMILLA. *El Orinoco ilustrado*, 313.

106 GILIJ. *Ensayo de historia americana*, I, 126.

107 GILIJ. *Ensayo de historia americana*, I, 260.

108 Pierre PELLEPRAT. *Relato de las Misiones de los Padres de la Compañía de Jesús en las Islas y en Tierra Firme de América Meridional*. Estudio preliminar por José del Rey. Caracas, Academia Nacional de la Historia (1965) 36.

Casimena   *San Luis Gonzaga*

—*Geografía*: En la orilla septentrional del Meta entre los ríos Cravo y Cusiana. "Su distancia del pueblo de Surimena es de 4 leguas por tierra... para seguir al otro llamado de La Quebradita, hoy Jiramena, hay dos caminos: uno por las aguas arriba del Meta que se ponen 8 días, dejando a la derecha el Río Negro; y el otro, por tierra, dando una considerable vuelta por la ciudad de Santiago, y que dista 3 días y ella 8 a la hacienda de Apiay, pasar allí las cabeceras del río Negro y seguir el camino de la ciudad de San Martín, y a un día antes de llegar a ésta, se halla el pueblo de Jiramena"[109]. No distaba más de media jornada de Santiago de las Atalayas[110].

Catarubenes

—*Hábitat*: En nuestra opinión el historiador Juan Rivero ha ocasionado una gran confusión al confundir los catarubenes quizá con los cabres por lo que explicaremos a continuación[111]. A un día de navegación, aguas arribas, a partir de la isla de los Adoles y a media legua de distancia del Aírico dice Rivero[112]. Juan Salvador Esparza, en una declaración rendida en 1690, afirma que de Carichana a Tabaje gastó 3 días a pie; de Tabaje a Catarubenes 4 días; y de Catarubenes a Adoles 5 días; el recorrido lo hizo por tierra a causa de los raudales[113].

---

109 ALVARADO. *Informe reservado*, 327

110 GILIJ. *Ensayo de Historia Americana*, IV, 391-392.

111 RIVERO. *Historia de las Misiones*, 46: "Es muy conocido este pueblo por la política y arte con que lo tienen formado; está cercado de murallas, fabricadas de árboles, maderas y tierra; alrededor del muro no se halla más que una puerta, u ésta muy alta, sobre la cual tienen prevenido, como si fuera artillería, varios instrumentos de guerra a su modo y usanza, parar defenderse del enemigo, cuando lo pide la ocasión, arrojándolos desde lo alto". Véase este descripción con la correspondiente a la etnia caberre.

112 RIVERO. *Historia de las Misiones,* 46.

113 AGI. *Santafé*, 249. *Testimonio de los autos hechos a pedimento del P. Procurador General de la Religión de la Compañía de Jesús...*

Chanapes

—*Hábitat*: Cerca del río Etari, y asisten en las cabeceras del Inirricha[114] y es muy nombrada en los Llanos de San Juan por ser pacífica[115].

Chinatos

—*Hábitat*: El espacio geográfico de esta nación lo traza Rivero: "Las montañas de la villa de San Cristóbal y a orillas del celebrado río Zulia (...) y desde sus territorios tienen estos chinatos caminos y trochas sendereados hasta nuestros mismos pueblos de los Llanos"[116].

Ingresan a la historia de las misiones jesuíticas de Tame por su alianza con el capitán girara Castaño con quien se confabularon para ayudarlo en las luchas internas que entre sí mantenía la etnia girara[117].

Chiricoas y Guahivos[118]

—*Nota aclaratoria*. "Son según la opinión más probable, dos naciones distintas pero tan nativamente unidas y hermanadas, que parecen una nación sola"[119]. Este hecho singular lo interpreta el historiador Juan Rivero, ignoramos sus fundamentos, debido al homosexualismo pues los que no tienen mujeres se "dan al vicio nefando, que se ha reconocido verdaderamente en esta nación, y se juzga prudentemente ser ésta la causa de la nativa unión de los Guagivos y Chiricoas, pues parecen una sola nación, siendo verosímil que sean dos"[120].

—*Hábitat*: Tribus ambulantes por el Aírico, el Orinoco, Barinas "o cualquier otro sitio"[121]. Habitan desde los rincones más reti-

---

114 RIVERO. *Historia de las Misiones*, 38.
115 RIVERO. *Historia de las Misiones*, 327.
116 RIVERO. *Historia de las Misiones*, 127.
117 MERCADO. *Historia de la Provincia*, II, 275.
118 También: Chiricoyes. También: Guahivos, Guagivos.
119 RIVERO. *Historia de las Misiones*, 149. MERCADO. *Historia de la Provincia*, II, 285-286. GUMILLA. El Orinoco ilustrado, 204-205.
120 RIVERO. *Historia de las Misiones*, 152.
121 RIVERO. *Historia de las Misiones*, 17.

rados del Orinoco, del río Meta y el Aírico, hasta casi los últimos términos de San Juan de los Llanos[122] y también se les encontraba entre el Guaviare y el Sinaruco[123].

Chiripas

—*Hábitat*: A la otra banda del Meta, entre este río y el Orinoco, al lado de los goarinos, araparabas y totumacos[124].

Chitas

—*Hábitat*: Habitan la cordillera donde comienzan los Llanos[125].

Concepción de Cravo   *Cusiana.*

Purísima Concepción de Cravo

—*Geografía*: El Cravo desagua en el Meta y en las orillas del primero se abrigaron algunas tribus guahivas. "Tiene a la vista de la otra banda una dilatada isla, ceñida de los dos ríos Cravo y Meta, los cuales se dan la mano y se juntan como a una legua de distancia"[126].

Curicurivenis

—*Hábitat:* Nación del Aírico, muy conocida de los Achaguas[127]. Esta etnia fue totalmente marginal a la historia jesuítica.

Duma

—*Geografía*: Debía encontrarse en la confluencia del río Duma con el Dubarro[128]. *El Orinoco ilustrado* afirma lacónicamente: "En Bichada se entablaron primera y segunda vez las misiones antiguas"[129]; con todo, el Mapa que acompaña a la edición española

---

122 RIVERO. *Historia de las Misiones*, 150.

123 GILIJ. *Ensayo de historia americana*, I, 64. Y en la página 67 se les ubica también en el Sinaruco junto a los yaruros.

124 RIVERO. *Historia de las Misiones*, 20.

125 RIVERO. *Historia de las Misiones*, 56.

126 RIVERO. *Historia de las Misiones*, 421.

127 RIVERO. *Historia de las Misiones*, 38.

128 Archivo del Museo Naval. Madrid. Signatura: XIII-9. Creemos que se trata de un error material, del autor o del dibujante, el haber ubicado erróneamente los nombres de Gaspar Bech en la desembocadura del río Duma y la de Ignacio Teobast en la desembocadura del Cusia.

129 J. GUMILLA. *El Orinoco ilustrado y defendido*. Caracas (1963) 67.

estas misiones aparecen en el Guaviare. Subiendo por el río Duba-rro, desde su confluencia en el Orinoco aguas arriba, el orden –casi equidistante- sería: Catarubén, Duma y Cusia[130].

Aunque dudamos de la proveniencia de la fuente y por lo tanto de su valor, sin embargo, transcribimos un texto del P. Kiekens que, de haberlo tomado directamente de las cartas del P. Toebast, resol-vería el problema de la genuina ubicación de estas misiones: "El 21 de marzo de 1683, el P. Toebast se embarca alegremente en Santa Fe... siguió primero el curso del Meta durante 300 horas, luego remontó el Orinoco y el Guaviare durante 6 días y llegó al río Vi-chada. Por fin se encontraba en la tierra de su misión"[131].

Duniberrenais
—*Hábitat:* En la boca del Meta[132].

Duya *Santísima Trinidad*
—*Geografía*: El cacique Chacuamare tenía desde antes de 1724, como centro de operaciones, las orillas del río Meta, a dos leguas del Beato Regis de Guanápalo[133]. Después de las conversaciones soste-nidas con el P. Juan Rivero el 12 de febrero de 1724 eligieron "una campiña muy vistosa, a las orillas del río Meta, por la parte más cómoda y cercana al Beato Regis"[134]. Finalmente levantaron una población intermedia entre el Beato Regis y la Concepción de Cra-vo[135], a orillas del río Duya que desagua en el Meta[136].

---

130 Archivo del Museo Naval. Madrid. Signatura: XIII-9.
131 J. F. KIEKENS, S.J. *Een gentsche martelaar Ignatius Toebaest, van het Gezelschap Jesus. Zijin Leven. zijne Brieven, en zijne Marteldood.* [Un mártir gantés. Ignacio Toebast de la Compañía de Jesús. Su vida, sus cartas y su martirio]. Louvain (1888). La traducción la publicamos en: *Documentos jesuíticos relativos a la Historia de la Compañía de Jesús en Venezuela.* Caracas, III (1974) 270. (La traducción va de la página 222 a la 274).
132 RIVERO. *Historia de las Misiones*, 47.
133 RIVERO. *Historia de las Misiones*, 410.
134 RIVERO. *Historia de las Misiones*, 411.
135 RIVERO. *Historia de las Misiones*, 413.
136 RIVERO. *Historia de las Misiones*, 26.

El Castillo   *Carichana.*

Fuerza de San Francisco Javier.

Marimarota

Fuerte San Francisco Javier

—*Geografía*: Monte todo de roca, situado a las cercanías de Pararuma[137], Orinoco arriba, donde su cauce se estrecha como a un tiro de fusil[138]. "Tiene más de 6 millas de circuito, y toda es de una piedra, sin añadidura alguna; también está coronada de arboleda silvestre, tiene difícil y única salida (...). Desde su cumbre, hasta dar con el espacioso plan (que a modo de balcón ofrece al río) medimos de altura perpendicular 126 brazadas; el plan, que tiene 40 pasos de ancho, y más de 80 de largo, dista de la lengua de agua 14 varas perpendiculares; en este balcón o plan que ofrece la deforme peña formaron los misioneros una fuerza con 3 baterías, cuarteles y casas para una parcialidad de indios sálivas..."[139]. El Paruasi desagua cerca del monte del castillo[140]. "Es terrible el trozo de río entre el Castillo y Carichana por los muchos escollos que se pasan"[141].

Enagua   (También: *Omagua*)

—*Hábitat*: Rivero ubica esta nación en el río Igidio o Igiya, no muy distante del Guaviare "si bien están ya retirados de esta banda y de la Inirricha[142]. Gumilla la vincula al Dorado[143] o a Manoa[144]. Gilij la describe más minuciosamente y señala dentro del terreno misional jesuítico a los de la Reducción de La Quebradita en los Llanos de San Juan[145].

---

137 GILIJ. *Ensayo de Historia Americana*, 153.

138 GUMILLA. *EL Orinoco ilustrado*, 202.

139 *Ibídem*.

140 GILIJ. *Ensayo de Historia Americana*, I, 59.

141 GILIJ. *Ensayo de Historia Americana*, I, 40.

142 RIVERO. *Historia de las Misiones*, 38.

143 GUMILLA. *El Orinoco ilustrado*, 202.

144 GUMILLA. *El Orinoco ilustrado*, 54.

145 GILIJ. *Ensayo de historia americana*, III, 316: "...hoy se habla en la reducción de San Joaquín, establecida en la parte septentrional del Marañón, poco más abajo de la desembocadura del Ucayali. Allí el célebre jesuita Samuel Fritz instaló a los omaguas, que habían partido con él de las islas del Ma-

Etari   San Javier de Etari

Misiones del Airico

—*Geografía*: El río Etari corría al sur del Airico[146]. Quirasiveni distaba 2 días de camino[147]. 4 jornadas más abajo existían unos raudales peligrosos en el Guaviare y se podían evitar buscando los ríos Vichada o Dubarro[148].

Gálibis

—*Hábitat*: El ensayo misional jesuítico desarrollado por los miembros de la Compañía de Jesús de Francia se ubicó en el río Guarapiche, hoy río San Juan, a unas 40 leguas de la desembocadura en la región de la actual ciudad de Maturín"[149]. En el segundo ensayo se establecieron en Guanátigo[150] o "Ouanatigo" (o Guatatico), posible Barra de Maturín[151]. Para esa época los autores franceses identificaban las tierras de los Gálibis con los enormes territorios ubicados al sur del Orinoco y con el devenir del tiempo el hábitat de Cayena[152].

Giraras   (También: *Jiraras*)

—*Hábitat*: Serranía de Morcote y Aírico de Macaguane. Después de la destrucción de la ciudad Espinosa de las Palmas los jiraras se dividieron en 3 parcialidades: la del río Ele; la del Guiloto y la del Arauca[153].

---

rañón que están entre el río Ñapo y el Negro. Pero es dudoso que algunos individuos de esta famosísima nación, dispersada por las batallas que les dieron los portugueses, habiten aún en otra parte. Los hay quizá entre los carmelitanos (...) Los hay (...) en la reducción llamada la Quebradita...".

146 RIVERO. *Historia de las Misiones*, 38.

147 RIVERO. *Historia de las Misiones*, 328-329.

148 RIVERO. *Historia de las Misiones*, 334.

149 Marc de CIVRIEUX. "Los Caribes y la Conquista de la Guayana Española (Etnohistoria Kari'ña)". En: *Montalbán*. Universidad Católica Andrés Bello. Caracas, n° 5 (1976) 899.

150 DU TERTRE. *Histoire des Antilles*, I, 484.

151 Marc de CIVRIEUX. "Los Caribes y la Conquista de la Guayana Española (Etnohistoria Kari'ña)", 901.

152 G. de VAUMAS. *L'éveil missionnaire de la France au XVIIe siècle*, 229-232.

153 MERCADO. *Historia de la Provincia*, II, 267. RIVERO. *Historia de las Misiones*, 126.

Goarinaos

—*Hábitat*: Nación situada a la otra banda del Meta, entre el Meta y el Orinoco[154].

Guaceos

—*Hábitat*: Una de las naciones que habita la cordillera de Morcote y Chita junto a los Tunebos y Chitas[155].

Guaipunaves

—*Hábitat*: Habitantes de la izquierda del Orinoco y pobladores del Guaviare[156]; provenían del alto Orinoco y habían fijado su residencia en el Atabapo[157]. Vega precisará mejor el origen de esta nación: "... son originarios del Río del Marañón, mas por huir de los Aranaos, que los iban aniquilando, dejaron sus tierras y pasaron al Orinoco"[158]. Se redujeron en la Uruana[159] y fueron parte integrante del Raudal de Maipures[160].

Guajivos   Véase: *Chiricoas*

—*Hábitat*: (Cfr. Chiricoas). "Son según la opinión más probable, dos naciones distintas pero tan nativamente unidas y hermanadas, que parecen una nación sola"[161].

Guamos

—*Hábitat*: No están lejos de las bocas del río Apure[162], y aunque según Gilij la nación como tal cayó bajo la jurisdicción de los

---

154 RIVERO. *Historia de las Misiones*, 20.

155 RIVERO. *Historia de las Misiones*, 56.

156 GILIJ. *Ensayo de historia americana*, I, 134.

157 GILIJ. *Ensayo de historia americana*, I, 55.

158 Agustín de VEGA. *Noticia del principio y progresos del establecimiento de las Missiones de gentiles en la río Orinoco por la Compañía de Jesús*, 671.

159 GILIJ. *Ensayo de historia americana*, I, 57.

160 GILIJ. *Ensayo de historia americana*, I, 72.

161 RIVERO. *Historia de las Misiones*, 149. GUMILLA. *El Orinoco Ilustrado*. 204-205.

162 GUMILLA *El Orinoco Ilustrado*, 144. Según Gilij provenían del alto Apure (GILIJ. *Ensayo de historia americana*, III, 137). Gumilla encontró algunos en la confluencia del Apure con el Sarare (Gumilla. *El Orinoco Ilustrado*, 120).

dominicos[163], sin embargo muchos habitaron también en las misiones de los capuchinos andaluces[164]. Además, algunos vivieron en las misiones jesuíticas e incluso se mezclaron con los otomacos[165].

Guaneros

—*Hábitat*: En las vegas del río Sarare[166] y más concretamente al norte del Apure[167]. Pertenecían a la jurisdicción de los dominicos aunque algunos vivían en San Ignacio de Betoyes[168].

Guayqueries

—*Hábitat*: En el río Uyapi[169], aunque después fueron trasladados por los capuchinos a Iguana[170].

Guires

—*Hábitat*: Nación del bajo Orinoco[171]; el P. Rotella formó la reducción del Curiquima a base de palenques, guires y otras naciones[172].

Güisanivas

—*Hábitat*: En las orillas del río Ariari[173] y nos inclinamos a creer que son los Guisaniguas de que habla Gilij, habitantes en las cercanías de San Juan[174].

Isabacos

—*Hábitat*: A pocas jornadas de los situjas; el primer pueblo fronterizo betoye bajando del Apure hacia el Sur[175].

---

163 GILIJ. *Ensayo de historia americana*, I, 68.

164 Buenaventura de CARROCERA. *Lingüística indígena venezolana y los misioneros Capuchinos*. Caracas, Universidad Católica Andrés Bello (1981) 131-133.

165 GUMILLA *El Orinoco Ilustrado,* 146.

166 RIVERO. *Historia de las Misiones*, 347.

167 GILIJ. *Ensayo de historia americana*, I, 68; II, 165.

168 GILIJ. *Ensayo de historia americana*, IV, 394.

169 GILIJ. *Ensayo de historia americana*, I, 61.

170 Buenaventura de CARROCERA. *Lingüística indígena venezolana y los misioneros Capuchinos*, 129.

171 GILIJ. *Ensayo de historia americana*, I, 27.

172 GILIJ. *Ensayo de historia americana*, I, 70.

173 RIVERO. *Historia de la Misiones*, 324.

174 GILIJ. *Ensayo de historia americana*, IV, 388.

La Encaramada   *Guaya*

San Luis Gonzaga

—*Geografía*: Dos jornadas más arriba del río Uyapi "sobrepuesta de un peñasco a otro y no lejos del puerto". También la llamaban Guaya por estar vecina a dicho río[176], que corría a dos horas de navegación del Amarapuri[177]. "No lejos de él [río Guaya], en una llanura, estaba la aldea que hice"[178]. Distaba menos de un día de navegación de Cabruta y día y medio de La Urbana[179] y del Orinoco como un cuarto de legua[180].

Lolacas

—*Hábitat*: Airico de Macaguane[181]. En las cercanías del río Sarare, al lado de los betoyes y atabacas[182]. Gumilla los trasladó en 1716 entre los ríos Tame y Chicanoa [Chicamocha?][183].

Lucalias

—*Hábitat*: En las inmediaciones del río Arauca[184].

Macubarra

—*Geografía*: A 4 días de camino de los amarizanes del Guaviare viniendo del Meta[185].

Macuco   *San Miguel Arcángel*

San Miguel de Macuco

San Miguel de los Sálivas

—*Geografía*: Un poco distante de la orilla septentrional del Meta[186], cerca de una milla[187], llamado así por estar inmediato al

175 RIVERO. *Historia de la Misiones*, 347-348.

176 GILIJ. *Ensayo de Historia Americana*, I, 74.

177 GILIJ. *Ensayo de Historia Americana*, I, 60.

178 *Ibidem*.

179 ALVARADO. *Informe reservado*, 309

180 GUMILLA. *Escritos varios*, 316.

181 RIVERO. *Historia de la Misiones*, 350.

182 RIVERO. *Historia de la Misiones*, 350.

183 GUMILLA. *El Orinoco Ilustrado*, 287.

184 RIVERO. *Historia de la Misiones*, 143.

185 RIVERO. *Historia de las Misiones*, 427.

caño Macuco[188]. Distaba del Orinoco: bajando de 7 a 8 días y subiendo, en verano, de 14 a 16[189]; de Surimena, 7 leguas "por tierra de buen camino vadeando el río Cravo"[190]. Quebrada hacia la mitad del camino entre la Trinidad de Duyas y la Concepción de Cravo, y servía de eslabón entre estas misiones y la del Beato Regis[191].

Mafilitos

—*Hábitat*: Aírico de Macaguane. Habitaban juntamente con los quilifayes en los pueblos de los lolacas[192]. Y más ampliamente: en la inmensa región, comprendida entre el Sarare y el Uribán, junto a los anibalis y quilifayes[193].

Maibas

—*Hábitat*: Entre el Meta y el Orinoco[194] y más exactamente: en las riberas del Cañapurro, afluente del Onocutare[195].

Maipures

—*Hábitat*: Gumilla los ubica muy imprecisamente: a partir de las bocas del Meta, Orinoco arriba, están los sálivas, atures, quirrupas, maipures y abanes[196]. Habitaron la región del Ventuari[197] y más exactamente el río Auvana[198] y de ahí se fueron trasladando a la Encaramada donde tenían su propio barrio[199] y al Raudal de Atures juntamente con los abanes[200].

---

186 ALVARADO. *Informe reservado*, 325.

187 GILIJ. *Ensayo de Historia Americana*, IV, 390.

188 ALVARADO. *Informe reservado*, 325.

189 *Ibidem*.

190 ALVARADO. *Informe reservado*, 326

191 RIVERO. *Historia de las Misiones*, 451.

192 RIVERO. *Historia de la Misiones*, 368.

193 RIVERO. *Historia de la Misiones*, 352.

194 RIVERO. *Historia de la Misiones*, 19.

195 RIVERO. *Historia de la Misiones*, 20.

196 GUMILLA. *El Orinoco Ilustrado*, 202.

197 GILIJ. *Ensayo de historia americana*, I, 132.

198 GILIJ. *Ensayo de historia americana*, I, 58.

199 GILIJ. *Ensayo de historia americana*, I, 58-59.

200 GILIJ. *Ensayo de historia americana*, I, 75.

Mapara *Raudal de Atures*

San Juan Nepomuceno

—*Geografía*: Fue el Raudal de Atures, la última de las poblaciones jesuíticas a la derecha del Orinoco[201]. Escribirá Gumilla que 35 leguas más arriba del raudal de Tabaje se despeña el Orinoco tres veces seguidas, negando totalmente el paso a las embarcaciones[202]. Según Alvarado estaba situada "al este de los Raudales de Atures, a distancia de 300 toesas del cauce principal del río"[203]. Más arriba del Raudal de Atures, acaso por la impetuosa corriente de aquel raudal, no hay tortugas, y aquellos indios no conocen más que a las terecayas[204]. Distaba 2 días de San Borja y 2 del Raudal de Maipures[205].

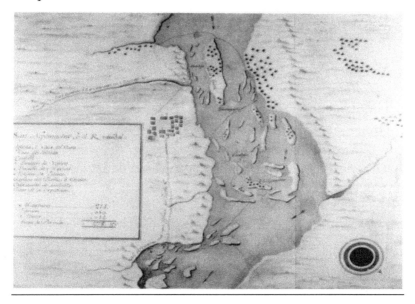

El Raudal de Atures.

201 GILIJ. *Ensayo de Historia Americana*, I, 74.

202 GUMILLA. *El Orinoco ilustrado*, 72. Puede verse la descripción en: GILIJ. *Ensayo de Historia Americana*, I, 41.

203 ALVARADO. *Informe reservado*, 321.

204 GILIJ. *Ensayo de Historia Americana*, I, 107.

205 ALVARADO. *Informe reservado*, 321.

Mapoyes

—*Hábitat*: A orillas del Orinoco, aguas abajo, después de los sálivas, más allá de las bocas del Meta[206]. Gilij ubica "los países de los mapoyes" cerca del río Paruasi[207].

Maquiritares

—*Hábitat*: A la derecha del Orinoco y los indios más cercanos a las fuentes del gran río en tiempo de Gilij (se entiende de los indios conocidos)[208]. A la izquierda del Ventuari y más allá de sus orillas[209].

Marepizanas

—*Hábitat*: Nación marginal del territorio jesuítico; habitaban el río Negro[210].

Massarinaves

—*Hábitat*: A la izquierda del Ventuari, tierra adentro[211].

Meepures

—*Hábitat*: Habitaron en el Ventuari, pero después se trasladaron a las misiones jesuíticas[212].

Onocutare   *San Joaquín de Onocutare*

—*Geografía*: Entre el río Atanarí y otro llamado Casiarucuti, cerca del río Meta[213]. Se encontraba en la banda izquierda, bajando el río Meta, a 5 ó 6 días de navegación después de la desembocadura del Casanare, y 6 u 8 antes de llegar al Orinoco[214]. Distaba del

---

206 RIVERO. *Historia de las Misiones*, 48.

207 GILIJ. *Ensayo de Historia americana*, I, 224. (Datos muy vagos ofrece Gumilla cuando habla de los mapoyes de Uruanay. En: *El Orinoco ilustrado*, 141).

208 GILIJ. *Ensayo de Historia americana*, I, 58.

209 GILIJ. *Ensayo de Historia americana*, I, 133.

210 GILIJ. *Ensayo de Historia americana*, I, 134.

211 GILIJ. *Ensayo de Historia americana*, I, 133.

212 GILIJ. *Ensayo de Historia americana*, I, 58.

213 MERCADO. *Historia de la Provincia*, II, 294.

214 MERCADO. *Historia de la Provincia*, II, 296.

río Amaturí poco más de 20 leguas y había que atravesar los ríos Caracata, Ascaricutí y Atanare[215].

Otomacos

—*Hábitat*: Los otomacos se extendían desde el Sinaruco hasta el Apure, y también poblaban las riberas de varios ríos pequeños[216].

Oyes

—*Hábitat*: Habitan el Alto Cuchivero[217] y es vecina a la nación de los payaros[218].

Palenques

—*Hábitat*: En el caño Uyapi[219] y algún tiempo estuvieron en la reducción de Curiquima[220].

Pamis (También *Pamivas*)

—*Hábitat*: En los contornos del Aírico y Barragua[221] en la región comprendida entre el Orinoco y el Río Negro[222].

Parecas

—*Hábitat*: Dos o tres jornadas más arriba de la boca del Cuchivero, entra en él por la izquierda el Guanaima, por el cual se va a las antiguas aldeas de los Parecas[223]; se encuentran a la mitad de la ruta por tierra al Ventuari, abierta por los misioneros[224]. Habita-

---

215 RIVERO. *Historia de las Misiones*, 196.

216 GILIJ. *Ensayo de historia americana*, I, 67.

217 GILIJ. *Ensayo de historia americana*, I, 61.

218 GILIJ. *Ensayo de historia americana*, I, 132.

219 GUMILLA. *El Orinoco Ilustrado*. 140.

220 GILIJ. *Ensayo de historia americana*, I, 70.

221 RIVERO. *Historia de las Misiones*, 37.

222 GILIJ. *Ensayo de historia americana*, III, 97 y 103. También II, 265 (pamivos de Río Negro).

223 GILIJ. *Ensayo de historia americana*, I, 61, 130.

224 GILIJ. *Ensayo de historia americana*, I, 132. Las tierras de los parecas están a unas 3 jornadas de la Uruana hacia el mediodía (GILIJ. *Ob. cit.*, III, 109).

ron las cercanías del río Turiva[225] y tenían como vecinos a los voqueares[226].

Parenes

—*Hábitat*: Habitantes de la izquierda del Guaviare[227]. Permanecieron algún tiempo en el Raudal de Atures, pero más tarde huyeron[228].

Pauto *Manare*

—*Geografía*: Al poniente de los ríos Purare y Tacoragua, afluentes del Casanare[229]. Bajando de Morcote a los Llanos se encuentra el río de Pauto a cosa de 8 leguas y cogiendo la llanura, a otras 10 leguas, se topa con el río Ariporo" y en toda la medianía de este camino, por una y otra banda, muchas habitaciones de ganado mayor, de los vecinos de la ciudad de Tocaría; y pasando el río Ariporo, a distancia de una legua, está el de Tate, de menor cauce y a sus orillas el pueblo de Pauto"[230]. El Coronel Alvarado añadirá: "... por esta parte van los dos caminos que conducen a la ciudad de Santafé, el uno por Chita y el otro por Labranza Grande, como también el otro que lleva a las misiones del Meta y hacienda de Tocaría"[231].

Payuros

—*Hábitat*: En las cercanías del Cuchivero[232] a la espalda de las antiguas reducciones jesuíticas, hacia el oriente[233].

---

225 GILIJ. *Ensayo de historia americana*, I, 59. El Turiva desemboca en el Suapure, que dista media jornada de Pararuma).

226 GILIJ. *Ensayo de historia americana*, I, 148. (Los PP. José María Forneri y Gilij descubrieron por tierra y agua el país de los Parecas: GILIJ. *Ob. cit.,* I, 128).

227 GILIJ. *Ensayo de historia americana*, I, 134.

228 GILIJ. *Ensayo de historia americana*, I, 75.

229 GUMILLA. *El Orinoco ilustrado*, 66.

230 TAPIA. *Mudo lamento*, 209-210.

231 ALVARADO. *Informe reservado*, 332-333.

232 GILIJ. *Ensayo de historia americana*, I, 148.

233 GILIJ. *Ensayo de historia americana*, I, 132.

Peruba   *San Cristóbal de Peruba*

—*Geografía*: La ubicación de Peruba no deja de ofrecer algunas dificultades. En una carta del P. Pöck al P. Toebast le dice: "Solo más tarde cuando [porque] se hallaba a unos 8 días de distancia se enteró de su fallecimiento"[234]. Si el P. Rueld murió en el río Suena, éste, además de ser afluente de la margen derecha del Orinoco desemboca más abajo del Raudal de Atures[235].

Piaroas

—*Hábitat*: Las tierras de los piaroas están en frente de Carichana y Anaveni[236], y el Cateniapu (vecino al Raudal de Atures) significa el comienzo de su país[237], y también del Guanaima en adelante[238]. Así pues podemos decir que habitaban en las cercanías del Ventuari[239]. Algunos piaroas se establecieron en el Encaramada y provenían del río Auvana[240].

Potuaras

—*Hábitat*: Nación del Orinoco medio[241], vecina de los parecas[242].

---

234 *Carta del P. Gaspar Pöck al P. Ignacio Toebast*. En: DEL REY FAJARDO, *Documentos jesuíticos*, III, 268.

235 Museo Naval. Madrid. Venezuela: XIII-9. Gaspar Pöck. *Misión del Río Orinoco en el Nuevo Reyno* (En: DEL REY FAJARDO, *Documentos jesuíticos*, II, 178): "... el 7 de julio de 1682... se ahogó en el río Suena. Había terminado aquel varón celoso visitar otros pueblos y anunciar la Santa fe de Cristo. La mitad del camino es interrumpida por un llamado "Torrente" [Raudal] (el mismo en que yo estuve en peligro a la subida) y que tiene que ser atravesado en una canoa de corteza de árbol, la cual se inclinó, se llenó de agua y se volteó, y al P. Cristóbal... lo dejó en el río; pero como no sabía nadar, no pudo luchar contra la corriente".

236 GILIJ. *Ensayo de historia americana*, I, 128.

237 GILIJ. *Ensayo de historia americana*, I, 59.

238 GILIJ. *Ensayo de historia americana*, I, 130.

239 GILIJ. *Ensayo de historia americana*, III, 105.

240 GILIJ. *Ensayo de historia americana*, I, 59.

241 GILIJ. *Ensayo de historia americana*, I, 27.

242 GILIJ. *Ensayo de historia americana*, I, 132.

Puinaves

—*Hábitat*: A la izquierda del Ventuari, tierra adentro[243].

Quaquaros

—*Hábitat*: Nación del Orinoco medio[244]. Habitan en el río Apure[245].

Quaquas

—*Hábitat*: A ambos lados del Cuchivero[246].

Quecuecha

—*Geografía*: Dista de Cusia legua y media.

Quilifayes

—*Hábitat*: (Cfr. Mafilitos). Integrantes de la nación betoye[247] formaron parte de la reducción de San Ignacio de Betoyes[248].

Quiriquiripas

—*Hábitat*: Nación del bajo Orinoco[249] que habita las serranías que están al sur del gran río venezolano[250].

Quirrupas   (También: *Chirrupes*)

—*Hábitat*: Al otro lado de la montaña Chubure Nuirre, dice Rivero[251]. Más arriba de las bocas del Meta, en el Orinoco, apunta Gumilla[252]. Según Gilij habitaban en el río Auvana[253].

---

243 GILIJ. *Ensayo de historia americana*, I, 133.

244 GILIJ. *Ensayo de historia americana*, I, 27.

245 GILIJ. *Ensayo de historia americana*, II, 60.

246 GILIJ. *Ensayo de historia americana*, I, 131.

247 Joseph CASSANI. *Historia de la Provincia de la Compañía de Jesús del Nuevo Reyno de Granada en la América*, 257.

248 RIVERO. *Historia de las Misiones*, 352.

249 GILIJ. *Ensayo de historia americana*, I, 27.

250 GUMILLA. *El Orinoco ilustrado*, 139-140: Los caribes "venden a los extranjeros a todos cuantos pueden cautivar; menos a los indios quiriquiripas, que tienen atajados en la serranía, sin dejarlos salir, por el interés de las hamacas o mantas finísimas de algodón que tejen".

251 RIVERO. *Historia de las Misiones*, 47.

252 GUMILLA. *El Orinoco ilustrado*, 202.

253 GILIJ. *Ensayo de historia americana*, I, 59.

Sálivas

—*Hábitat*: A partir de las islas de los Adoles "vienen corriendo por las costas del Orinoco, a una y otra banda... hasta las bocas del Meta"[254]. Ciertamente era una etnia extendida en las tierras cercanas a la desembocadura del Meta en el Orinoco y más al sur en las cercanías del río Bichada[255]. Gilij establece un mapa más concreto sobre la geografía de esta nación: un grupo se instaló en Macuco (río Meta arriba); y el grupo orinoquense lo hizo en tres lugares distintos: "el más poblado era Pararuma, después Carichana, y finalmente el Castillo" mas la epidemia de viruelas redujo a los sálivas "a pequeño número" y se ubicaron en Carichana[256].

Tabaje   *San Lorenzo de Orinoco*

Tabaje

—*Geografía*: En el río Tabaje, puerto del Orinoco[257]. Juan Salvador Esparza declaró en 1690 que de Carichana a Tabaje gastó 3 días a pie; de Tabaje a Catarubenes 4 días[258]. Esta sería la primera reducción jesuítica fundada en la margen derecha del Orinoco medio en el siglo XVII.

Santa Cruz de Atanarí *Atanarí*

San Joaquín de Atanarí

—*Geografía*: Desde la desembocadura del Casanare en el Meta "a 5 ó 6 días de navegación del Meta y otros 6 u 8 antes de embarcarse en el Orinoco" se llega a Santa Cruz de Atanarí[259]. De Santa

---

254 RIVERO. *Historia de las Misiones*, 47. Y en la página 216: "... entre las bocas del Orinoco y nuestro pueblo de Atanarí, por las orillas del Meta, había una grande población...".

255 *Ibidem*

256 GILIJ. *Ensayo de historia americana*, I, 74.

257 ARSI. N. R. et Q., 15-I: *Memorial del P. Juan Fernández Pedroche*. En: DEL REY FAJARDO. *Documentos jesuíticos*, II, 191.

258 AGI. *Santafé*, 249. *Testimonio de los autos hechos a pedimento del P. Procurador General de la Religión de la Compañía de Jesús...*

259 MERCADO. *Historia de la Provincia*, II, 296. Rivero (RIVERO. *Historia de las Misiones*, 201) dice: De 5 ó 6 días de navegación del Meta y a otros 5 ó 6 antes de desembocar en el Orinoco se da en un puerto: Santa Cruz de Atanarí.

Cruz al río Atanarí hay 3 días; del Atanarí se caminan 7 u 8 días, tierra adentro y se da en el río Onocutari[260].

Sicuanis   (Véase: *Chiricoas*)

—*Hábitat*: En las sabanas del Meta[261].

Situjos   (También: *Citujos*)

—*Hábitat*: En el Aírico de Macaguane[262]. Más allá del río Apure, hacia los llanos colombianos[263].

Tamanacos

—*Hábitat*: Gilij que convivió con ellos no dudará en afirmar que antes de reducirse estuvieron divididos entre sí en muchos lugares. "Eran insignes los sitios de Crataima, de Ivayeni y Rereyéuti, pero sobre todos Maita". La Provincia de los tamanacos "es tan grande, que abraza varios centenares de millas" y se extendía, a lo ancho desde el Maniapure hasta el Cuchivero, y a lo largo desde la Guaya hasta los países parecas[264]. Fueron vecinos de los quaquas y parecas con quienes sostuvieron luchas ferocísimas[265].

Támaras

—*Hábitat*: A la falda de sierra, a orillas del río Pauto[266].

Tiaos

—*Hábitat*: Existieron en los países que son ahora de los tamanacos. De tal gente *no queda ni uno*[267].

Totomacos

—*Hábitat*: A orillas del Orinoco, aguas abajo, después de los sálivas, más abajo de las bocas del Meta[268].

---

260 MERCADO. *Historia de la Provincia*, II, 297. Mercado afirma que el Atanarí desemboca en el Orinoco junto con el Barraguán grande. En el mapa de Gumilla, el Atanarí es un afluente del Meta (Museo Naval: XIII-9).

261 RIVERO. *Historia de las Misiones*, 440.

262 RIVERO. *Historia de las Misiones*, 352.

263 RIVERO. *Historia de las Misiones*, 347-348.

264 GILIJ. *Ensayo de historia americana*, II, 186.

265 GILIJ. *Ensayo de historia americana*, I, 127.

266 RIVERO. *Historia de las Misiones*, 56.

267 GILIJ. *Ensayo de historia americana*, II, 279.

Totos

—*Hábitat*: A orillas del Orinoco, aguas abajo, después de los sálivas, más abajo de las bocas del Meta[269].

Tunebos

—*Hábitat*: Según Mercado "estaban derramados por los ríos de Tame, por el de Gravo, por el de Ele y por el de Arauca y por otro paraje llamado Aguas Blancas y muchos de ellos estaban entre las montañas de las cordilleras que miran a la ciudad de Pamplona"[270]. Según Rivero habitaban en la serranía de Morcote[271] y más tarde cerca del río Tame[272]. También Gumilla los conoció en Patute y en los páramos nevados de Chita[273].

Voqueares

—*Hábitat*: En el Cuchivero, vecinos a los Aikeam-benanó[274] y a los parecas[275].

Yaravaranas

—*Hábitat*: Del Guainaíma en adelante, al oriente, comienza la nación Yaravarana[276]. Habitan no lejos del río Maniapari, afluente del Ventuari[277]. Eran amigos de los parecas, y en tiempo de Gilij distaban 3 ó 4 días de la Encaramada[278].

Yaruros

—*Hábitat*: Según Rivero, vivían cerca de Onocutare[279]. Gilij los ubica en "la desembocadura del Sinaruco [que] está habitada

---

268 RIVERO. *Historia de las Misiones*, 48.

269 RIVERO. *Historia de las Misiones*, 48.

270 MERCADO. *Historia de la Provincia del Nuevo Reino y Quito*, II, 278.

271 RIVERO. *Historia de las Misiones*, 56.

272 RIVERO. *Historia de las Misiones*, 58.

273 GUMILLA. *El Orinoco ilustrado*. 408 "... los indios tunevos de Patute, del Piñal, de Chisgas y de Guacamayos...".

274 GILIJ. *Ensayo de historia americana*, I, 132.

275 GILIJ. *Ensayo de historia americana*, I, 148.

276 GILIJ. *Ensayo de historia americana*, I, 130.

277 GILIJ. *Ensayo de historia americana*, I, 129.

278 GILIJ. *Ensayo de historia americana*, I, 129.

279 RIVERO. *Historia de las Misiones*, 19. (Rivero, *ibidem,* nos dice que se poblaron a un cuarto de legua de Pauto, pero huyeron y quedaron 7).

por los chiricoyes y yaruros"[280]. Más explícito es Forneri al señalar: "las llanuras situadas a la izquierda del río Meta, extendiéndose hasta el río Casanare y hasta el Río Arauca"[281]. Agustín de Vega anota que "puebla las márgenes del Río Meta, desde las bocas de Casanare, por la banda del Norte, hasta señalar jurisdicción con el caño del Sinaruco, que entra en el Orinoco un día más abajo de la boca de entre Meta, y Apure"[282]. Pero como nación semi-beduina habitó también el Orinoco[283]. El propio Gilij anotará que "la nación de los yaruros mudó en mi tiempo de reducción bastante veces"[284].

280 GILIJ. *Ensayo de historia americana*, I, 67.

281 ARSI. *Opp. NN.* 342. *Elementi Grammaticali delle lingue Yarura.* n. 1.

282 VEGA. *Noticia del principio y progresos*, 665.

283 HERVÁS. *Catálogo de las Lenguas*, I, 226-227.

284 GILIJ. *Ensayo de historia americana*, II, 153.

CAPÍTULO IV:
LA CARTOGRAFÍA JESUÍTICA

Hemos decidido anexar parte del libro que publicamos sobre el tema el año 2003[1] porque se completan muchas de las afirmaciones geográficas que hemos dejado consignadas en el capítulo 2 del presente trabajo.

Seguiremos el siguiente plan:

1. Las huellas perdidas del siglo XVII y XVIII
2. La cartografía gumillana
3. El mapa perdido de Manuel Román
4. La revolución de la cartografía guayanesa.
5. La Orinoquia y la cartografía quiteña.
6. Felipe Salvador Gilij y su versión italiana
7. Los jesuitas desterrados y su cartografía

1. *Las huellas perdidas del siglo XVII y XVIII*

El siglo XVII es el más silenciado dentro de la producción cartográfica. Hasta el momento no hemos encontrado ningún documento ilustrativo de este arte misional. Con todo, la lectura atenta de los textos de algunos misioneros nos conduce a las huellas de algunos testimonios que evidencian la producción de este género geográfico. Curiosamente recogerán las dos visiones de las misio-

---

[1] José DEL REY FAJARDO. *El aporte de la Javeriana colonial a la cartografía Orinoquense*. Bogotá, Pontificia Universidad Javeriana, 2003. Véase también: José DEL REY FAJARDO. *Los jesuitas en Venezuela*. Tomo V: *Las misiones germen de la nacionalidad*. Caracas-Bogotá, (2007) 837-868.

nes orinoquenses: la francesa que miraba al Atlántico como punto de arranque para conquistar la Orinoquia, y la neogranadina que se apoyará en el piedemonte andino para ir asimilando el llano.

La primera noticia de que disponemos se refiere al P. Pedro Pelleprat (1606-1667), escritor jesuita con quien se inicia la crónica misional del Oriente venezolano con su obra *Relato de las Misiones de los Padres de la Compañía de Jesús en las Islas y en Tierra Firme de América Meridional*[2]. Tras el fracaso del intento francés de asentarse en Guanátigo, Pelleprat fue a dar a México. Aunque deseaba regresar a Francia no se lo permitieron los inquisidores de la ciudad de Puebla debido a que "este sugeto, como grande ingeniero y cosmógrafo, tiene delineadas casi todas las costas de las Indias, ajustado mapa, y adquiridas grandes noticias de las plazas y fortificaciones de las de Tierra Firme y Barlovento..."[3].

Compañero de infortunios de Pierre Pelleprat fue su compatriota el P. Antonio Boislevert o Monteverde (1618-1669). Tras un periplo por las islas del Caribe regresó desde Cuba a Venezuela para convertirse en uno de los fundadores de la Misión de Casanare[4]. El 16 de abril de 1669 escribía el P. Antonio Monteverde al Asistente de Francia: "De La Habana pasé el Nuevo Reino de donde partí de inmediato para comenzar la Misión de Los Llanos y como supongo que V. R. *habrá visto la topografía y la relación de esta misión que envié a Nuestro Padre General*, me remito a lo narrado"[5].

Desde un espacio territorial totalmente distinto, un incansable andariego de la zona del Airico, el P. José Cavarte (1655-1724), dedicaría más de medio siglo a recorrer aquellas selvas en las que

---

2 La edición caraqueña fue publicada por la Academia Nacional de la Historia en 1965, en el número 77 de la Biblioteca de Historia colonial. La edición príncipe apareció en París en 1655.

3 Archivo General de la Nación. México. *Reales Cédulas*, vol., 9: Expediente, 56, fols., 158-159.

4 José del REY FAJARDO. "Antoine Boislevert (1618-1669) fundador [de las Misiones] de los Llanos de Casanare". En: *Boletín de la Academia Nacional de la Historia*. Caracas, t. LXXVII, n° 308 (1994) 81-104.

5 ARSI. *Fondo Gesuitico*, vol., 757, n. 244. *Carta del P. Antonio Monteverde al P. Asistente de Francia*. Pauto, 16 de abril de 1669.

el avance español se había estacionado en San Juan de Los Llanos[6]. Este abnegado misionero permanecería en las márgenes del Guaviare hasta la fundación de las misiones del Meta en 1723[7]. Para el año 1696 había diseñado el primer mapa del Airico y por dicho instrumento se guiaría el P. Alonso de Neyra para penetrar esta formidable región[8]. Así pues, no es de extrañar que el P. Gumilla apelara a la autoridad geográfica de este nato aventurero para dibujar la geografía comprendida entre el Meta y el Guaviare: "Yo ahora advierto que de aquí en adelante, por lo que mira a lo restante del río Orinoco, ya hablo de relación, porque sólo el venerable Padre José Cavarte *siguió y apuntó* este viaje"[9].

Más, tendríamos que esperar hasta el siglo XVIII para conocer la producción cartográfica de los jesuitas de la Javeriana inmersos en el proyecto de la Orinoquia. Cuatro grandes etapas podríamos fijar en los aportes misionales de esta época:

a) La producción de los PP. Matías de Tapia y Juan Capuel entre 1715 y 1720.

b) La cartografía gumillana (1731-1737) que se prolonga en cierto sentido hasta 1741 por la publicación de *El Orinoco ilustrado*.

c) El período de expansión goegráfica llevada a cabo, entre otros, por los PP. Bernardo Rotella, Manuel Román, Roque Lubián y el descubrimiento del Casiquiare en 1744. A ellos habría que añadir el aporte quiteño.

d) El P. Felipe Salvador Gilij y los jesuitas expulsos.

---

6   José del REY FAJARDO. "La Misión del Airico: 1695-1704". En: *Boletín de la Academia Nacional de la Historia*. Caracas, t. LXXVI, n°. 302, (1993) 49-68.

7   J. DEL REY FAJARDO. *Bio-bibliografía de los jesuitas en la Venezuela colonial*. San Cristóbal-Santafé de Bogotá (1995) 152-155.

8   Juan RIVERO. *Historia de las misiones de los Llanos de Casanare y los ríos Orinoco y Meta*. Bogotá (1956) 322.

9   J. GUMILA. *El Orinoco ilustrado*, 328 (Edic. Bayle). "... juntas con el dictamen constante del P. Cavarte, fundado en su larga experiencia de misionero, en casi cuarenta años de tratar y trabajar entre aquellas naciones, por donde fue el derrotero de Utre" (GUMILLA. *Ob. cit.*, 270. Cfr. etiam: 267-268; 328).

Muy interesante debió ser el mapa -si es que llegó a editarse-del P. Matías de Tapia (1657-1717), procurador de la Provincia del Nuevo Reino ante las cortes de Madrid y Roma. En 1715 publicaba en la capital hispana *El Mudo Lamento*[10], obra que tendría gran difusión sobre todo en el mundo centroeuropeo. Llama la atención la minuciosa descripción geográfica de las misiones en lo que él titula: "Breve descripcion o demarcacion de la Provincia de la Compañía de Jesús del Nuevo Reyno de Granada y terrenos de las Misiones circulares entre Christianos y de las de los Gentiles"[11]. De inmediato se nota el dominio y conocimiento que el autor tiene de esas regiones a las que dedicó dos años de su juventud como misionero en Macaguane[12]. Quizás, la prematura muerte de este jesuita neogranadino en Cádiz en 1717[13] impidió la realización del proyecto que se anunciaba claramente en el último párrafo del *Mudo Lamento*: Se trata de una extensa narración "que se estampará con un mapa, así de aquellas misiones, como del Reyno..."[14].

Más de un cuarto de siglo dedicó el belga Juan Capuel (1666-1736) a las misiones de Los Llanos, de las que fue dos veces Superior. Con la llegada a Bogotá de D. Antonio de la Pedrosa y Guerrero y sus intentos para crear el primer virreinato santafereño, la defensa del Orinoco volvió a asumir la importancia que tenía pues se había convertido en tierra de todos y tierra de nadie. Aquí surge

---

10 Matías de TAPIA. *Mudo Lamento de la vastísima, y numerosa gentilidad, que habita las dilatadas márgenes del caudaloso Orinoco, su origen, y sus vertientes, a los piadosos oídos de la Magestad Cathólica de las Españas, nuestro Señor Don Phelipe Quinto (que Dios guarde)*. 1715. Hemos utilizado la edición que reposa en la Real Academia de la Historia. Madrid. *Jesuitas*. J. XXVII, Documento, 2. Y lo publicamos en: *Documentos jesuíticos relativos a la Historia de la Compañía de Jesús en Venezuela*. Caracas, Academia Nacional de la Historia (1966) 169-213.

11 M. TAPIA. *Mudo Lamento*, 195-213.

12 ARSI. N. R. et Q., 3, fol., 348. Catálogo de 1684: "Fuit inter Gentiles per 2 annos".

13 ARSI. *Historia Societatis*. Defuncti: 1701-1723, pag. 256.

14 M. TAPIA. *Mudo lamento*, 213.

un tema de fortificación que se debatirá hasta doblada la mitad del XVIII[15].

Dos mapas distintos conocemos del P. Capuel. El primero reposa tanto en el Archivo General de Indias[16] así como en el Archivo del Ministerio de Relaciones Exteriores de Venezuela[17]. Sobre el segundo, dudamos de la posible paternidad del jesuita flamenco pues difiere de forma radical del anterior tanto en el trazo como en la temática. Mas la discusión de su autoría la dejamos de lado.

Para el análisis del primero nos remitimos a lo que el mismo P. Capuel anuncia al final de su Informe en el que afirma la existencia de "... un mapilla que incluye las Bocas del Orinoco y su anchura de una y otra banda, pues son tantas que algunos las reducen a 60 Bocas e islas; el sitio del Castillo de Guayana, un Padrastro adjunto, el Cerro o Isla de Caroní o Fajardo, con sus márgenes, Fuerte y Reductos que se pueden fabricar, para que Vuestra Excelencia, aunque distante, pueda ver como ocularmente la verdad de lo que tengo informado"[18]. Para la historia jesuítica de la zona es importante resaltar la ubicación de los indios guayanos y pariagotos, misionados por el P. Dionisio Mesland de 1653 a 1663 y el Cerro de la Hacha donde se instalaría Gumilla, con el permiso del gobernador Arredondo, cuando en 1731 reiniciara las misiones jesuíticas neogranadinas.

---

15   Demetrio RAMOS PEREZ. "La defensa de Guayana". En *Revista de Indias*. Madrid, 16 (1956) 527-584.

16   F. MORALES PADRÓN y J. LLAVADOR MIRA. *Mapas, planos y dibujos sobre Venezuela existentes en el Archivo General de Indias*. Sevilla (1958) 39-40. "Este mapa ilustra la relación del P. Juan Capuel viajero por el Orinoco a principios del siglo XVIII, desde el río Caroní hasta el mar. Unido a una relación que remite en 1720, con abundancia de nombres, accidentes, costumbres, etc. Autor: Juan Capuel. Fecha: 1720. Dimensiones: 42 por 31. Color: Colores. Signatura: Santo Domingo, legajo 632".

17   Daniel BARANDIARÁN. *Art. cit.*, II, 230-231. Archivo General del Ministerio de Relaciones Exteriores. Caracas. *Límites de Venezuela-Guayana Esequiva*. Legajo, 120, fol., 29.

18   Juan CAPUEL. *Autos de don Antonio de la Pedroza y Guerrero, del Consejo de Su Magestad en el Real y Supremo de Indias*. Santa Fe de Bogotá, día 15 de febrero de 1719. (En: J. DEL REY FAJARDO. *Documentos jesuíticos*, II, 310).

El diseño del segundo mapa sevillano es muy rústico y nos recuerda las cartas más antiguas de Guayana. Como características podemos señalar: a) Se extiende desde el Atlántico hasta el mar del Sur. b) Aunque a primera vista pareciera que el curso del Orinoco lo desvía de la cordillera andina, sin embargo, observamos la analogía con los trazos fundamentales del mapa de Gumilla de 1732 y por ende nos inclinamos a creer que acepta la teoría tradicional del origen andino del Orinoco. c) Muy poca información aporta sobre el bajo Orinoco: la desembocadura en 60 bocas y el castillo de Guayana. d) La principal leyenda anota: "Y el estrecho que dista tres días de Guayana es el verdadero sitio de la guardia del gran Orinoco, por lo muy ceñido y estrecho. Y donde está el Castillo, sobre ser su fábrica indefensa y llena de padrastros su artillería no alcanza a la otra parte. Y el alcance que tiene es de tanta extensión por lo eminente dél, que de 100 tiros aun no se acertará uno al mayor navío que sea".

2. *La cartografía gumillana*

Con el reinicio de las misiones orinoquenses en 1731, el peso de la acción jesuítica tratará de tomar impulso desde Santo Tomé de Guayana dando la espalda a la parte alta del Orinoco medio donde en el siglo XVII habían tratado de insertarse los jesuitas del Nuevo Reino.

El primer sexenio (1731-1737) lo absorbe la acción gumillana aunque para ciertos efectos habrá que prolongar este período hasta 1741, fecha de publicación de la primera edición de *El Orinoco ilustrado*

Hasta el momento se han publicado cuatro mapas distintos de este misionero y a ellos haremos referencia. Y fundamentalmente nos concentraremos en tres temas polémicos en su cartografía: la fortificación de la Isla Fajardo, la intercomunicación fluvial Orinoco-Amazonas y el origen andino del Orinoco.

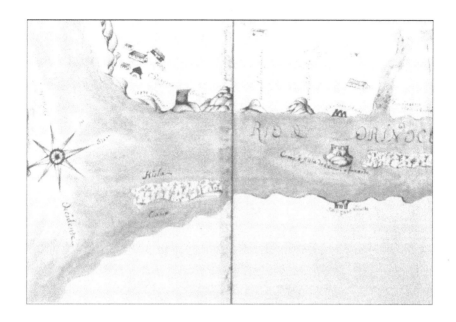

Mapa, nº 1. En realidad se trata de un croquis. *Muestra del Río Orinoco desde el Río Caroní, e isla de Fajardo asta la mar, bosquejada por un Missionero de la Compañia de Jesus despues de novissima y exacta observacion... Año 1732*[19].

Gumilla llega a Santo Tomé en noviembre de 1731[20] y al mes siguiente pasa a Trinidad[21]. En su capital no sólo predicaría una misión durante quince días[22] sino que además pudo concretizar

---

19 AGI. *Santo Domingo, 632. Carta del P. José Gumilla al gobernador de Trinidad, D. Bartholome de Aldunate.* 21 de febrero de 1732. El mapa ha conocido diversas ediciones. F. MORALES PADRÓN Y J. LLAVADOR MIRA. *Ob. cit.*, 20-21. "Fecha: 1732. Dimensiones: 30 por 20. Color: Tinta. Signatura: Audiencia de Santo Domingo, legajo 632". Pablo VILA. *Geografía de Venezuela. II. El paisaje natural y el paisaje humanizado.* Caracas (1965) 382. La fuente señalada por este geógrafo es: AGI. *Mapas y planos de Venezuela*, nº 80.

20 AGI. *Caracas, 391. Carta de Gumilla a Sucre.* 23 de febrero de 1733.

21 GUMILLA. *El Orinoco ilustrado*, 416: "... pero navegando por dicho golfo Triste el año de 1731 y 1732"; luego quiere decir que la ida fue en 1731 y el regreso en 1732.

22 GUMILLA. *El Orinoco ilustrado*, 44. VEGA. *Ob. cit.*, 10.

estrategias con su gobernador, don Agustín de Arredondo, encaminadas a una mejor restauración de las misiones. Pensamos que para el 21 de enero de 1732 se había apersonado de nuevo en Santo Tomé[23].

Este mapa fue remitido por su autor al Gobernador de Trinidad D. Bartolomé de Aldunate el 21 de febrero después de haber conocido el original del plan que el mandatario trinitario había remitido al Consejo. Gumilla repite el "viaje despacio y con toda observación y refleja" y a raiz de este viaje "resulta el diseño de Orinoco asta el rio Caroni, que remito a V. S"[24].

En última instancia este mapa posee una cualificación histórica: la de representar su verdadera opinión de Gumilla sobre el valor estratégico de la Isla Fajardo.

Donís Ríos hace referencia a tres copias claramente inspiradas en este primer croquis gumillano. La primera pertenece a algún miembro de la Compañía de Jesús según se desprende del anagrama típico de la Orden[25]. La segunda fue encontrada por el P. Hermann González Oropeza en la Bibliothèque Nationale de París[26] y está datada en 1733. La tercera es de 1747 y pertenece a don Gaspar de Lara, ingeniero español llegado en 1745 para hacerse cargo del fuerte que debe-ría construirse en el Caño Limones[27].

---

23 GUMILLA. *Escritos varios*, 98.

24 *Ibídem*.

25 *Plano de vna parte del Orinoco, que comprehende desde el Caño de Guaruapo asta la Isla de Faxardo, esta fiel, é individualmente sacado por el que delineò D. Pablo Días Farxardo Ingeniero de su Magestad en Cartagena quien por orden de su Mag. vino a este asumpto por Iunio de este año de 1733.* Véase: Manuel Alberto DONIS RIOS. "La cartografía jesuítica en la Orinoquia (siglo XVIII)". En: *Misiones jesuíticas en la Orinoquia*, I, 803.

26 *Plano de una parte del Orinoco...* [igual texto que el anterior]. DONIS RIOS. *Art. cit.*, 806.

27 *Plano Hidrographico de una parte del Orinoco que comprehende desde el Caño de Guaruapo hasta la Ysla de Faxardo. Por el qual se manifiesta que el sitio mas apto para establecer el nuevo Fuerte, es enfrente del Castillo de San Francisco de Asís de la Ciudad de Guayana.* Fho. en Cumaná a 18 de Octubre de 1747. DONÍS RÍOS. *Art. cit.*, 808.

Mapa, n° 2. *Río del Orinoco nuevamente observado en bajante a fin de expresarsus Raudales, Yslas, y bajos, Ríos, y Caños que tiene*[28].

A nuestro parecer Gumilla recoge una tradición cartográfica, si bien rudimentaria, de los jesuitas que le han antecedido en algunas regiones de las misiones así como de otros actores que reconocieron aquellas inmensas soledades.

La acción de Gumilla a lo largo del año 1732 fue intensa. A principios de marzo de 1732 se instalaba Nuestra Señora de la Concepción de Uyapi[29]. Unos días después dejaba sentado el de

28 Archivo del Servicio Geográfico del Ejército. Madrid. Carpeta: *Venezuela y Guayana.* El título es: *Rio del Orinoco nuevamente sobservando en bajante ... Año de 1732.* Formado por el P. Joh Gumilla antiguo missionero de la Compañia de Jesus y remitido por el Gobernador de la Trinidad don (...) Arredondo en Carta de 26 de julio de 1733".

29 CASSANI. *Historia de la Compañía de Jesús del Nuevo Reyno de Granada.* Caracas (1967) 381: "Emprendieron pues el viaje en la primavera del año de 1732 a la nación de los Guayqueríes, arriba de Caura". AGI. *Santo*

San José de Urbana[30]. Finalmente, en este arranque inicial concluiría con la fundación de Pararuma (Nuestra Señora de los Ángeles) con los indios sálivas[31]. El 1 de diciembre de 1732 estaba de nuevo en Santo Tomé de Guayana e ignoramos el objetivo del viaje[32].

Con todo, el 23 de febrero de 1733 declaraba Gumilla que tenían fundadas cuatro poblaciones: La Purísima Concepción de guayqueríes, San José de Mapoyes, Los Angeles de Pararuma y Santa Teresa[33]. Este dato es interesante pues en marzo comenzarían los asaltos caribes a las misiones y la vida efímera de algunas reducciones orinoquenses.

El 26 de julio de 1733 remitía de nuevo Gumilla al Gobernador Arredondo un segundo mapa, y añadía el mandatario: "Acompaña un mapa formado por el Padre Joseph Gumilla, antiguo misionero de la Compañía de Jesús, para que se tenga presente con más individualidad el Orinoco, tan poco traginado de los españoles; y aunque no sea con la curiosidad y forma que practican los profesores de geometría, sin embargo, le embía, porque hay pocos tan individuales y exactos como él"[34].

Domingo, 632. Carta del P. José Gumilla al Gobernador y Capitán General de Guayana. Guayana, febrero 21 de 1732.

30 VEGA, Agustín de. *Noticia del Principio y Progresos del establecimiento de las Missiones de Gentiles en el Rio Orinoco, por la Compañía de Jesús, con la continuación, y oposiciones que hicieron los Carives hasta el año de 744 en que se les aterro, y atemorizo, con la venida de unos Cabres traydos, que se havecindaron el Cabruta. Lo que para mejor inteligencia iremos contando por los años, en que se establecieron dichas Missiones, y lo que en cada uno passó, cómo passó, la qual relacion haze un testigo de vista que lo ha andado todo por si mismo muchas vezes, religioso de la Misma Compañía.* En: J. DEL REY FAJARDO. *Documentos jesuíticos relativos a la Historia de la Compañía de Jesús en Venezuela.* Caracas, Academia Nacional de la Historia, II, (1974) 14.

31 VEGA. *Noticia del principio y progresos*, 15.

32 AGI. *Santo Domingo*, 678. (GUMILLA. *Escritos varios*, 74-75).

33 AGI. *Caracas*, 391. *Carta del P. José Gumilla al Presidente Rafael de Eslava.* Orinoco, 23 de febrero de 1733.

34 AGI. Caracas, 150. *Trinidad. Gobierno de don Agustín de Arredondo.* Trinidad, 26 de julio de 1733.

El propio autor confiesa abiertamente sus influencias para las regiones por él no visitadas. Y curiosamente, todas ellas, son anteriores a 1731 cuando todavía residía en Casanare como Superior de las Misiones.

Según su propia confesión se sirve para el Ayrico hasta el Guaviare del P. José Cavarte[35], quien falleció en 1724[36]. Para la región del sur del Guaviare apela a Fr. Silvestre Hidalgo[37], quien habría vivido en los Llanos hasta 1717[38]. Y para la imprecisa área del Dorado aduce el testimonio de Juan González Navarro quien en 1728 hizo una expedición en busca de la mítica tierra doradina[39].

La gran virtud de este mapa de 1732 es que recoge la primera síntesis de la geografía física y humana orinoquense plasmada a través de la historia de las misiones jesuíticas.

---

35 Archivo del Servicio Geográfico del Ejército. *Carpeta: Venezuela y Guayana*. Mapa de Gumilla. En las notas marginales se lee lo siguiente: "Hasta lo demarcado solo el P. Joseph Cavarte llegó y subió Guaviare arriba parte de cuias aguas viene de las cerranías que dividen a los Llanos de Neiba destos otros llanos de la Cordillera de Quito a Careana (¿?). A Quito baja un rio que abajo se llama Placencia, y costeandola y costeando la Cordillera entran en éste los rios siguientes hasta en frente de Timaná: Rio Tecuara, Rio Zanza, Rio Bodoquera, Rio Minebajaya, Rio Verde, Rio Zanabanda, Rio La enfermeria Rio La fragua, Rio San Pedro, Rio Moco".

36 J. DEL REY FAJARDO. *Bío-bibliografía de los jesuitas en la Venezuela colonial*. Santafé de Bogotá-San Cristóbal (1995) 152.

37 Archivo del Servicio Geográfico del Ejército. *Carpeta: Venezuela y Guayana*. Mapa de Gumilla. "Relacion que dio el P. Fray Silvestre Hidalgo religioso de San Agustin que fue capellan por los años de 1709 en la entrada o descubrimiento que desde los Andaquies para dentro. Duro 13 meses, de todos los cuales rios toma su caudal [el] Orinoco".

38 Fernando CAMPO DEL POZO. *Los Agustinos y las lenguas indígenas de Venezuela*. Caracas, Universidad Católica Andrés Bello (1979) 106.

39 Archivo del Servicio Geográfico del Ejército. *Carpeta: Venezuela y Guayana*. Mapa de Gumilla. En las notas marginales se lee lo siguiente: "En el año de 1728 fue de la Ciud. de Guiana (por orden del Sr. Dn. Aug. de Arredondo Governador y Capitan General que era de la isla de Trinidad y Provincia de Guayana) Juan Gonz. Navarro y tres compañeros a descubrir el dorado y llegando a la boca del Guaviare lo subió hasta más arriba del Rio Uva (?), yban en traje de caribes".

Con todo, conviene resaltar algunos aportes que deben ser te-
nidos en cuenta a la hora de hacer historia cartográfica.

En primer lugar llama la atención que el misionero deja constancia de la existencia del Río Orinoco en la confluencia con el
Guaviare. Pensamos que se trata de un acto de honestidad intelectual pues si es explícito en reseñar la información que ha recibido
sobre el área del Guaviare, su silencio sobre nuestro gran río indica
que no dispone de fuentes informativas que den luces explicativas
para ese tramo geográfico.

En segundo término recoge tanto las bocas del Orinoco[40] como
la correspondiente explicación[41] así como también deja constancia
de la ubicación de los indígenas, de los ríos que confluyen en nuestra gran arteria y de las Misiones que en ese momento regentan los
miembros de la Compañía de Jesús. Y tampoco falta la indicación
de la escala del mapa[42].

Existe también una copia "transflorada" del original de Gumilla en la que se han simplificado las leyendas de historia jesuítica

---

40 Archivo del Servicio Geográfico del Ejército. *Carpeta: Venezuela y Guayana.* Mapa de Gumilla. En las notas marginales se lee: "El numero fijo de las
Bocas del Orinoco no se sabe y para saberse fuera menester navegar de
propósito la costa de ellas. Las que aquí pongo son las que se trajinan de ordinario. Notese que los caños expresados o Bocas, todos se unen entre si
con un laberinto de caños habitados de los indios de nación guarauna".

41 Archivo del Servicio Geográfico del Ejército. *Carpeta: Venezuela y Guaya-
na.* Mapa de Gumilla. "Explicacion de las Bocas del Orinoco y puntas de la
Isla de la Trinidad. 1. Boca de navíos. 2. Boca de Tacaupano. 3. Boca de
Maraguán. 4. Boca de Mariusa. 5. boca de Macareo. 6. Boca de Capure. 7.
Boca de Pedernales. 8. Boca de Manaba 2. 9. Boca de Manaba 1. 10. El
Soldado. 11. Los Gallos. 12. Punta de la Galera. 13. Puerto de España. 14.
Bocas de los Dragos. 15 Caño de Cocos. 16. Golfo Triste. 17. Sitio que han
escogido los Suecos para fundarse.

42 Archivo del Servicio Geográfico del Ejército. *Carpeta: Venezuela y Guayana.* Mapa de Gumilla. "Escala de cien leguas, menos para la atravesia [an-
chura] del Orinoco cuya cala [sic] es de ordinario de una legua, si bien en
invierno se ensancha a siete y mas, en varias partes. Su profundidad es va-
ria. Llega hasta ocho brazas".

por letras respetando tan sólo lo que es geografía debido a que por lo visto el mapa fue destinado a la Academia de Pilotos del Ferrol[43].

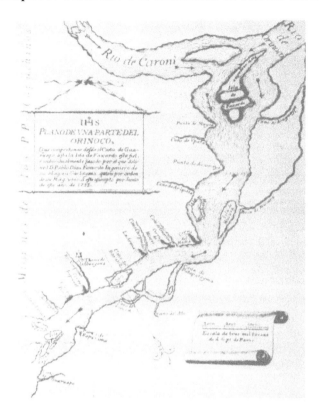

Mapa n° 3. *IHS. Río Orinoco nuevamente observados sus Raudales, Bajos, Angosturas, y aguas que recibe en estas 400 leguas descubiertas. Notanse sus naciones de indios comarcanas, conocidas asta oy= Es en todo mas lo que falta que descubrir de este famoso Río*[44].

---

43 Archivo del Museo Naval. Madrid. Sigla: XIII-10. "Rio del Orinoco cuyas bocas son las que se trafican en él ignorando el todo de ellas copiado en los mismos términos por el que se transfloró".

44 El original reposa en: Archivo del Museo Naval. Madrid. Sigla: XIII-9.

Este mapa fue descubierto por Demetrio Ramos en 1944[45]. Se trata de una producción jesuítica y se puede con toda seguridad atribuir al P. Gumilla. La estructura y el estilo del dibujo guardan una gran similitud con el mapa n° 2. Abunda en muchos detalles geográficos nuevos, en leyendas explicativas, en inclusión de nuevas naciones indígenas y en la información histórica de la Compañía de Jesús que después trasladará a la carta que publicaría en 1741 en *El Orinoco ilustrado*.

La fecha de composición oscila entre 1734 y 1735. Cita las siguientes poblaciones: La Purísima Concepción de Uyapi, (abandonada en 1733)[46]; San Ignacio; San Joseph de Otomacos, (fundado en 1732, abandonado en 1733, vuelto a poblar en 1734 y quemado por los caribes en 1735)[47]; Los Santos Ángeles (Nuestra Señora de los Ángeles de Pararuma, fundada en 1732)[48], Santa Theresa que ya existía para 1733 y con otra letra: Cabruta. La única novedad fundacional con respecto al mapa n° 2 es la inclusión de San Ignacio de Guamos fundado a fines de 1733[49] y destruido por los caribes en 1735[50].

Quien estudie con detención este gran mapa, observará que supone una gran paso hacia adelante no sólo en el diseño técnico del Orinoco sino también en la visión histórica, geográfica y humana de esta gran arteria fluvial venezolana. En realidad, al enriquecer su información geográfica y antropológica tuvo que duplicar el tamaño utilizado en el mapa anterior. Así pues, constituye, sin dudas, la mejor síntesis de la presencia jesuítica en 1735 en las todavía inestables misiones del Orinoco.

---

45 Demetrio RAMOS. "Un mapa inédito del Río Orinoco. Es el precedente del de Gumilla y el más antiguo de los conocidos". En: *Revista de Indias*. Madrid, n°. 15 (1944) 89-104.

46 VEGA. *Noticia del principio y progresos*, 21-22.

47 José DEL REY FAJARDO y Edda O. SAMUDIO A. *Hombre, tierra y sociedad. I. Topohistoria y Resguardo indígena*. San Cristóbal-Bogotá (1996) 136-137.

48 DEL REY FAJARDO y E. SAMUDIO. *Ob. cit.*, 100-103.

49 VEGA. *Noticia del principio y progresos*, 38.

50 GUMILLA. *El Orinoco ilustrado*, 331.

Quizá este mapa obedezca a la denominada *Concordia de Guayana*, suscrita en Santo Tomé el 20 de marzo de 1734, por franciscanos, capuchinos y jesuitas a fin de fijar los escenarios territoriales entre las órdenes religiosas signatarias y abrir espacios, al parecer más controlables, de la inmensa Orinoquia. De esta suerte el área jesuítica se reducía desde el Cuchivero "tirando siempre para arriba"[51] hasta llegar al Brasil.

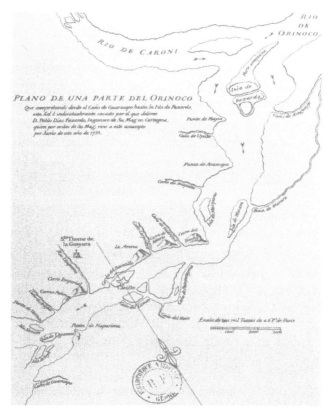

***Mapa nº 4.** Mas, el mapa que daría fama a Gumilla sería el que publicó en El Orinoco ilustrado que conoció la luz pública por vez primera en Madrid en 1741 y la segunda allí mismo en 1745.*

El mapa, grabado en cobre por Pablo Minguet, con una plancha de 39,1/2 por 28,1/2, tiene dos versiones como con toda minuciosi-

---

51 AGI. *Santo Domingo*, 678.

dad precisó Demetrio Ramos. En la primera se fueron algunos errores, que de inmediato corrigió Gumilla a fin de poder incluir la nueva versión en los libros que todavía estaban sin vender[52].

Hay que tener en cuenta que el introductor del café en Colombia abandonaría las misiones en 1737 y con ello se cerraría un ciclo tanto a nivel personal como institucional. Desde ese momento la vida del misionero sufre una ruptura radical en lo que las vivencias misionales supone. Ese mismo año comienza a regir los destinos del colegio de Cartagena. En 1738 se le designaba Provincial y casi de inmediato es elegido Procurador a Roma y Madrid.

Su estadía en Europa se desarrolla entre julio de 1739 y enero de 1743[53]. La redacción de *El Orinoco ilustrado* parece que se llevó a cabo en el invierno de 1741 según el testimonio del propio autor[54].

Si en la cartografía misional orinoquense el jesuita de Cárcer había mostrado una minuciosidad propia de un andariego observador avisado, en la nueva empresa abandonaba lo concreto para abordar un universal como lo era la descripción de la Provincia del Nuevo Reino.

Se trata de una carta general de la Provincia del Nuevo Reino en la que bien es verdad que el Orinoco asume el papel de protagonista.

Establece como frontera de los conocimientos geográficos el río Ariare, aun en la edición de 1745: "... tenemos vistas y navegadas cuatrocientas cincuenta [leguas], desde el Golfo Triste hasta la boca del río Ariari. No podemos ahora pasar adelante sino por las señas de varios ríos (...); y careciendo casi enteramente de noticias, por lo que mira a la banda del Sur y provincias donde desde las

---

52 Demetrio RAMOS. "Gumilla y la publicación de El Orinoco ilustrado". En: P. José GUMILLA S. I. *El Orinoco Ilustrado y Defendido*. Caracas, Biblioteca de la Academia Nacional de la Historia, vol., 68 (1963) p. XXXVIII.

53 J. DEL REY FAJARDO. *Bío-bibliografía*, 289.

54 *Carta del P. José Gumilla al Hermano Miguel Sanchis*. Madrid 14 [enero] de 41: "...insinúele a su Excelencia [la duquesa de Gandía] cómo todo este invierno me he llevado respondiendo por escrito a las preguntas que su Excelencia me hizo, y a todas quantas se me pueden hazer (que es quanto se puede pedir), de las quales ha resultado un libro cuyo título es: El Orinoco ilustrado. Historia Natural, civil y geographica, con la variedad de usos y costumbres...". En: José GUMILLA. *Escritos varios*. Caracas. (1970) 181).

primeras conquistas se ideó el famoso Dorado (...) es preciso...
hagamos término, dejando a los operarios que la divina Providencia
destinare para el cultivo de aquellas incógnitas naciones el cuidado
de registrar y avisar a los venideros los genios de aquellas gentes y
lo singular de aquellos países"[55].

Cuando Gumilla regresa al Nuevo Reino en 1743[56] el conocimiento de la geografía orinoquense ha sufrido una insospechable mutación.
Mas, así como para la preparación de la segunda edición de su obra,
que apareció en 1745, dejó encargado al P. José Cassani[57], sin embargo, el mapa se reeditó sin ninguna transformación fundamental.

Sin lugar a dudas la obra gumillana provocó y ha provocado
grandes polémicas, las cuales habría que ubicarlas en contextos
muy variados a fin de buscar una genuina explicación.

A nuestro parecer fue Demetrio Ramos Pérez quien intuyó esta
gama de visiones de Gumilla[58] y a ellas se debe recurrir a la hora de
buscar explicaciones "históricas" a los supuestos errores gumillanos.

La problemática acerca de las fuentes de nuestro gran río, pienso,
que no debe ser objeto de discusión. Toda la cartografía occidental,
por lo menos hasta 1780, concibió al Orinoco como gemelo del
Amazonas y lógicamente ubicó sus fuentes en los Andes quiteños[59].

La verdadera polémica la han centrado muchos autores en la negación de la comunicación interfluvial Orinoco-Amazonas.

---

55 J. GUMILLA. *El Orinoco ilustrado*, 277.

56 José del REY FAJARDO. *Bio-bibliografía de los jesuitas en la Venezuela colonial*. San Cristóbal-Santafé de Bogotá (1995) 289.

57 SOMMERVOGEL. *Bibbliothèque*, III, 1949. También en II, 815.

58 Demetrio RAMOS. "Gumilla y la publicación de El Orinoco ilustrado". En: José GUMILLA. *El Orinoco ilustrado y defendido*. Caracas, Academia Nacional de la Historia (1963) XXVII-CXXVI. La temática mencionada puede verse: LXXVIII-CXXII.

59 Para quien desee conocer la evolución histórica de la cartografía orinoquense: Daniel de BARANDIARÁN. "La crónica del Hermano Vega 1730-1750". En: Agustín de VEGA. *Noticia del Principio y Progresos del establecimiento de las Missiones de Gentiles en el Rio Orinoco, por la Compañía de Jesús*. Estudio introductorio: José del Rey Fajardo y Daniel de Barandiarán. Caracas, Academian Nacional de la Historia (2000) 119-514.

Sobre este punto es necesario hacer tres consideraciones para mejor entender este delicado problema histórico.

Primera, el fantasma de la interconexión fluvial, o el divorcio de las aguas, entre el Orinoco y el Amazonas había surgido como pregunta en la historia jesuítica neogranadina antes de mediar el siglo XVII.

La *Instrucción* del Provincial del Nuevo Reino dada en 1646 a los PP. Andrés Ignacio y Alonso Fernández encargados de entablar la misión de Guayana[60] les advierte que pongan toda diligencia en averiguar si hay comunicación fluvial entre el Orinoco y el Amazonas[61] y si los indígenas de ambas cuencas tienen trato entre sí[62].

Es evidente que para los misioneros jesuitas de ambas cuencas existía comunicación terrestre entre las gentes de la Amazonia y las de la Orinoquia. El P. Samuel Fritz se enteró de la muerte de los PP. Fiol, Beck y Toebast, acaecida en el Orinoco en 1684, durante el viaje que realizó a los Yarimaguas en febrero de 1696[63].

El mismo autor de *El Orinoco ilustrado* escribe en su libro que es necesario "reprimir el empeño con que los portugueses del río Marañón, atravesando hasta las riberas de Orinoco, empezaron a molestar y cautivar a los indios de ellas, desde el año 1737, en que estaba yo en el Orinoco, y prosiguieron en 1738..."[64]. Es más, Gu-

---

60 APQu. Leg., 3. *Instrucción y órdenes dadas por el Padre Provincial Rodrigo Barnuevo para los Padres Andrés Ignacio y Alonso Fernández para la misión de la Guaiana donde son enviados por la santa obediencia en 4 de junio de 1646.* El documento ha sido publicado por José DEL REY FAJARDO. *Documentos jesuíticos relativos a la Historia de la Compañía de Jesús en Venezuela.* Caracas, II (1974) 153-156.

61 APQu. Legajo, 3. *Instrucción y órdenes por el Padre Pr. Rodrigo Barnuevo a los Padres Andrés Ignacio y Alonso Fernández para la misión de Guayana, donde son enviados por la Santa Obediencia, en 4 de junio de 1646*: "Procuren Vuestras Reverencias con toda diligencia saber si en este río Orinoco entra algún brazo del caudaloso río Pará, o si los indios que viven desta banda de la cordillera se comunican con los otros de la ribera del dicho río Pará, que sería de gran importancia saber si se puede haber comunicación de una banda a la otra, sin salir al mar".

62 APQu. Leg., 3. *Doc. cit.*, n. 22.

63 José JOUANEN. *Historia de la Compañía de Jesús en la antigua Provincia de Quito (1570-1774).* Quito, I (1941) 500.

64 GUMILLA. *El Orinoco ilustrado*, 251.

milla escribió una carta, en latín, al "comandante de la tropa" y, aunque no recibió contestación, pudo comprobar M. La Condamine que esta carta fue entregada al comandante portugués[65].

También tenían información sobre la comunicación fluvial. El propio La Condamine conoció una carta del P. Francisco Rauber, misionero de Casanare, a otro misionero de Mainas en que hablaba de la comunicación[66]. Y el P. Rauber abandonó las misiones para 1731[67].

Segunda. Si es evidente que existía un convencimiento histórico de la comunicación entre las misiones jesuíticas de Mainas y el Orinoco por parte de los miembros de la Compañía de Jesús, qué razones tuvo Gumilla para negar la comunicación fluvial.

Antes de establecer un juicio de valor conviene precisar que Gumilla se ausenta de nuestro gran río en 1737 y tras su periplo por Europa regresa al Casanare a fines de 1743 o principios de 1744. En esos casi 7 años de ausencia sus compañeros de misión han resuelto tanto el enigma de las fuentes del Orinoco así como su interconexión hídrica al Amazonas.

En consecuencia, no se puede juzgar al Gumilla que escribe en Europa en 1741 a través de los descubrimientos que se operan después, sobre todo después del viaje del P. Manuel Román al Marañón en 1744.

Es verdad que sus conmisioneros tratan estos hechos históricos como naturales pero hay que tener en cuenta que escriben bastantes años después cuando la novedad había pasado a ser patrimonio del común.

El P. Felipe Salvador Gilij afirmará en su Ensayo de *Historia Americana*, aparecido en Roma en 1780, que en el Orinoco "no había ni uno que se le opusiera" a la comunicación[68]; y añade una reflexión que la remonta a sus años de estudiante en Santafé (1743-

65 GILIJ. *Ensayo de Historia americana*, I, 54.

66 Charles M. de la CONDAMINE. *Viaje a la América Meridional por el Río de las Amazonas*. Barcelona, Editorial Alta Fulla (1986) 66.

67 DEL REY FAJARDO. *Bio-bibliografía*, 515.

68 GILIJ. *Ensayo de Historia americana*, I, 54,

1749) para aclarar que ya entonces "tuve en mis manos uno de estos acertados mapas"[69].

Todavía más, un inmediato colaborador de Gumilla como fue el H. Agustín de Vega se extrañaba cómo su antiguo Superior hubiera negado esta comunicación "pues el Padre –escribe hacia 1760- todavía estaba con nosotros en el Orinoco, quando nos trajeron las primeras noticias, que gente del gran Pará, comenzó a traficar por dichos Ríos..."[70].

Al analizar esta disyuntiva afirma Barandiarán: "Con la constancia de que en la boca del Guaviare, el Orinoco pareciera seguir un rumbo diferente al del Guaviare, Gumilla, en 1732, al escaso año de su llegada a la Orinoquia, visualiza cartográficamente esta novedad, de tal modo que hoy debemos reconocer a Gumilla como el primer cartógrafo hispano y mundial en haber roto la segunda identidad del Orinoco amazónico, visualizada, durante un largo siglo, con su afluente mayor el Guaviare, luego que sus propios colegas jesuitas de mediados finales del siglo XVII rompieran también la identidad original de ese Orinoco amazónico con el Pauto-Meta-Orinoco de Jiménez de Quesada y de Antonio de Berrío"[71].

A pesar de todo lo dicho cabe preguntarse: ¿qué razones movieron a Gumilla para escribir en 1741 en pro de la no comunicación Orinoco-Amazonas?

Trataremos de sintetizar toda su argumentación al respecto[72].

Los fundamentos de la posición gumillana parecen ser: La existencia de una cordillera divisoria de las cuencas de los dos grandes ríos imposibilita la intercomunicación. Además, la concepción del relieve americano, cortado de norte a sur por los Andes, le lleva a

---

69 GILIJ. *Ensayo de Historia americana*, I, 51

70 VEGA. *Noticia del principio y progresos*, 83.

71 Daniel de BARANDIARÁN. "La crónica del Hermano Vega 1730-1750". En: Agustín de VEGA. *Noticia del Principio y Progresos del establecimiento de las Missiones de Gentiles en el Rio Orinoco, por la Compañia de Jesús*. Estudio introductorio: José del Rey Fajardo y Daniel de Barandiarán. Caracas, Academia Nacional de la Historia (2000) 468.

72 José GUMILLA. *El Orinoco ilustrado y defendido*, 60-63. Demetrio RAMOS PÉREZ. "Las ideas geográficas del Padre Gumilla". En: *Estudios geográficos*. Madrid, n° 14 (1944) 179-199. Francisco ESTEVE BARBA. *Cultura virreinal*. Barcelona-Madrid (1965) 626-630.

concluir que todos los grandes ríos que desembocaban en el Atlántico debían tener sus fuentes en la cadena andina. Finalmente, toma el río Caura, conocido hasta sus fuentes, como punto de referencia para proyectar su "inducción" a lo desconocido del Orinoco.

Al aplicar esta teoría al hecho geográfico y a las explicaciones históricas que interpretaban el pro y el contra de la posible realidad es donde a Gumilla opta por lo que él cree que es la respuesta más sensata.

Un compañero de fatigas misionales como lo fue el Hermano Vega confesará que al dibujar el Orinoco "siguió las Cartas antiguas"[73]. Al apelar a los argumentos de autoridad se basó en el mapa de su colega misionero el P. Fritz. Y posiblemente, al confrontar las noticias de la intercomunicación hídrica que él tenía entre los dos grandes ríos en España con la opinión de los eruditos hispanos prefirió el juicio de los eruditos hasta confirmar sus conocimientos misionales.

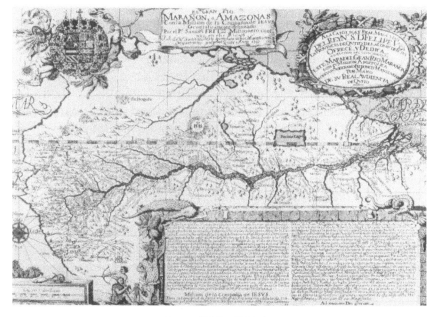

Samuel Fritz (1707)
Mapa del Amazonas.

---

73   VEGA. *Noticia del principio y progresos*, 83.

Tercera. Es la menos conocida y la más importante pues se trata de su retractación. Sería un discípulo, estimulado por el viejo misionero para que continuara su historia, el que no quiso dejar en la oscuridad el siguiente testimonio. Cuando el joven jesuita italiano Felipe Salvador Gilij se dirigía al Orinoco visitó a Gumilla en San Ignacio de Betoyes y 31 años más tarde recordaba: "Feliz Gumilla, que viviendo todavía, y siendo misionero en el Casanare, tuvo la suerte de deponer su error. Supo este grande hombre, no para su confusión, sino para que se sume a sus gloriosos hechos (...), supo, digo, el viaje hecho al Río Negro por el P. Román, y la comunicación descubierta en aquella ocasión del Orinoco con el Marañón; y sin oponerse a ella o neciamente defender el error antes aceptado, en enero de 1749 estaba preparando para su historia una adición, que él mismo me leyó, en la cual, luego de retractar su error, describía larga y graciosamente, según so-lía, el descubrimiento que no sabía antes. Como le sobrevino la muerte (...) la obra quedó imperfecta e inédita"[74].

Como toda obra que describe por vez primera un mundo inédito tiene sus aciertos y desaciertos. Es bueno remitirse al criterio sereno y equilibrado del historiador franciscano, Fray Antonio Caulín, quien casi 40 años después y con las luces de los peritos de la Expedición de Límites adelantaría el siguiente juicio: "... y un plano geographico, en que a juicio de los facultativos, están de manifiesto los yerros de la Geographia, que procuraré desagraviar en el todo de esta Provincia, que en su referido plano se encuentra notablemente diminuta, e igualmente excesiva en la debida proporción, rumbos, y distancias, partes esenciales de esta facultad, en que no puede menos de resbalar la pluma, quando se ve precisada a escribir, por noticias administradas muchas veces de hombres, que no escrupulizan dar por cierto lo que es dudoso, o del todo ignorado... dexando a su Author en los debidos créditos de un Varón Apostólico, y Docto, y a su Obra digna de toda estimación"[75].

---

74 GILIJ. *Ensayo de Historia americana*, I, 53.

75 Antonio CAULÍN. *Historia de la Nueva Andalucía*. Caracas, Academia Nacional de la Historia, I (1966) 27-28. Y en la pag. 103 matiza: "... de quien me apartaré [del P. Gumilla] en todos aquellos parages, en que no pudo rastrear la verdad su cuidadosa solicitud, por lo poco traficados, que en su tiempo estaban aquellos paises, y la falta de buenos Instrumentos, y Peri-

3. *El mapa perdido de Manuel Román*

Entre 1737 y 1756 se operan significativos progresos en la penetración de la provincia de Guayana gracias a las tres Órdenes religiosas comprometidas en esta tarea.

Más, sin lugar a dudas, serían los jesuitas quienes penetrarían las regiones sureñas interpuestas entre el Guaviare y el Amazonas. La presencia de portugueses en el alto Orinoco motivó que en 1744 realizara el P. Manuel Román el viaje hasta Mariwá (Barcelos) y de una vez por todas quedara resuelto el problema de la intercomunicación de las dos cuencas hidrográficas sudamericanas.

El 12 de abril de 1742 comunicaba este Superior de las Misiones del Orinoco por vez primera al Monarca español la existencia del curioso fenómeno geográfico basado en las noticias que le habían dado algunos portugueses que fueron a parar en las misiones jesuíticas. Y concluía: "esta noticia no tiene en si más verdad que la que se puede dar a dichos viajeros"[76].

Del 4 de febrero de 1744 hasta el 15 de octubre duró su viaje a las posesiones portuguesas del Pará y el consiguiente descubrimiento del brazo Casiquiare que aclaraba la comunicación fluvial del Orinoco con el Amazonas[77]. Regresó el P. Román a sus misio-

---

tos observadores, como los que hoy se han logrado, con la venida de la Real Expedición de Límites".

76 AGI. *Caracas*, 198. *Segunda vía. Respuesta al pliego de veinte y uno de febrero de mil setecientos y quarenta que V. M. se dignó embiar al Prelado de las Missiones de Orinoco de la Compañia de Jhesus, despachado en el Pardo para que informe sobre lo que se huviere obrado en la construccion del Fuerte que V. M. ha mandado hacer en la Angostura del Orinoco.* (GUMILLA. *Escritos varios*, 311).

77 Archivo inédito Uriarte-Lecina. Madrid (AIUL). Papeletas: ROMÁN, Manuel. "Descubrimiento de la comunicación del Orinoco con el Marañón y Relación que hace el P. Manuel Román de su viaje de Carichana al Río Negro: desde el 4 de febrero hasta el 15 de octubre de 1744. Alguna duda ofrece la fecha de partida pues mientras la generalidad de los documentos acepta las fechas dadas el documento anónimo que transcribe la narración del P. Román señala el 14 de enero de ese mismo año (APT. *Fondo Astráin*, 28. *Informe sobre la misión del Orinoco.* En: José DEL REY FAJARDO. *Documentos jesuíticos relativos a la Historia de la Compañía de Jesús en Venezuela.* Caracas, II (1974) 333).

nes demarcando aquellos lugares "por si su Magestad Catholica gustase el que se haga alguna demarcación *para que conste por los mapas la comunicación que ay del río Orinoco con el Marañón o Amazonas...*" y registró también muchas naciones que viven en sus márgenes o en sus cerca-nías[78].

Ciertamente Román formó un tanto un *Diario* como un *Mapa* de su viaje que debieron servir de ayuda a los miembros de la Comisión de Límites. Así lo confirma la carta de don Mateo Gual, Gobernador de Cumaná, a la Corte:

> ... y como debe ser de mucho útil al viaje de esta Expedición *el Diario que formó el P. Manuel Román*, Superior de las misiones de Cabruta (sic), del que hizo él mismo cuando salió y fue hasta encontrarse con los portugueses del Marañón, le he escrito ahora, además del exhortatorio que le tengo anticipado, *suplicando le quiera dar un traslado puntual de dicho Diario* con las más noticias que hubiere adquirido al referido Jefe de Escuadra, al que podía servir de muchísima luz *junto con la copia del Mapa de aquellos Paises que compuso entonces dicho Padre*, con la que me hallo yo también[79].

También tenemos noticia de este manuscrito, o de otro similar, por el testimonio de los bibliógrafos jesuitas, los PP. Uriarte y Lecina, quienes asientan en sus papeletas: "Se conservaba en el colegio Imperial [de Madrid] al tiempo del extrañamiento"[80]. Hasta el día de hoy tanto el Diario como el Mapa de Román no han aparecido.

4. *La revolución de la cartografía guayanesa.*

Uno de los mejores conocedores de la geografía y de las gentes del Orinoco fue el P. Bernardo Rotella (1700-1748). Prácticamente

---

78 Archivo de la Provincia de Toledo. Alcalá de Henares. Fondo Astráin. *Misión del Orinoco. Informe al P. General, 1739-1744.*

79 AGS. *Estado*, 7397, fol., 9. (Citado por Demetrio RAMOS PÉREZ. *El tratado de límites de 1750 y la expedición de Iturriaga al Orinoco*. Madrid (1947) 427). (El subrayado es nuestro).

80 AIUL. Papeletas: ROMÁN, Manuel. El título asentado es el siguiente: "Descubrimiento de la comunicación del Orinoco con el Marañón y Relación que hace el P. Manuel Román de su viaje de Carichana al Río Negro: desde el 4 de febrero hasta el 15 de octubre de 1744".

dedicó 17 años (1731-1748) a recorrer el gran río venezolano desde Santo Tomé de Guayana hasta, por lo menos, las tierras de los Guaypunabis, más arriba del Raudal de Maipures. En 1745 fue designado Superior de las Misiones del Orinoco en sustitución del P. Manuel Román[81]. Gran parte de su superiorato se dirigió a organizar los pueblos del alto Orinoco y de entablar paces con los guaypunabis[82].

La existencia del mapa de Rotella fue dada a conocer por Demetrio Ramos en 1946 y lo data entre 1761 y 1766[83]. Pero sería Pablo Ojer quien en 1962 precisaría mejor la cronología del mapa[84] al adecuarlo a la biografía del autor.

En realidad el mapa es de 1747 y su autor indiscutible es el P. Bernardo Rotella según lo manifiesta la relación que acompaña, fechada en Caicara del Orinoco el 1 de abril de 1747[85]. Ignoramos a quién va dirigida la carta: "A la de ayer de V. M. respondi aprisa y con malos aperos. No los hay hoy mucho mejores, pero hay más lugar y así digo lo primero que si V. M. gustare de sacar el Orinoco antes que yo me halle con V. M., lo puede sacar así:"[86]. Y de inmediato sigue una descripción pormenorizada del río con sus respectivas coordenadas.

Indiscutiblemente, y aunque no lo exprese el documento, para las regiones del Casiquiare tuvo que asesorarse del P. Manuel Román. Asimismo, del análisis del texto se deduce que conocía

---

81   VEGA. *Noticia del principio y progresos*, 142.

82   VEGA. *Noticia del principio y progresos*, 143-146.

83   Demetrio RAMOS PÉREZ. *El Tratado de Límites de 1750 y la expedición de Iturriaga al Orinoco*. Madrid, Consejo Superior de Investigaciones Científicas (1946) 461-462. El original se encuentra en el Museo Naval. Madrid. Mapas de Guayana. Carpeta pequeña. En el mismo mapa se encuentra la siguiente leyenda: "Mapa del P. Rotella que acompaña a la Relación".

84   Pablo OJER. "El mapa de Guayana del P. Bernardo Rotella S. J.". En: *SIC*. Caracas (1962) 489-492.

85   Museo Naval. Madrid. *Manuscritos*, 320. *Noticias sobre la Geografía de la Guayana*.

86   *Ibídem*.

bastante bien los mapas antiguos[87]. También se ilustra para la zona de la Parima con algunos indígenas de esa zona[88].

Entre la producción autóctona conocida es el primer mapa que revoluciona la concepción cartográfica guayanesa en sus aspectos fundamentales pues traza al Orinoco como río íntegramente guayanés y no andino, establece la comunicación Orinoco-Amazonas y sitúa al lago de la Parima como distribuidor de las aguas que corren a las hoyas del Amazonas, Orinoco y Esequivo.

No podemos precisar si hubo influjo o no del revolucionario diseño de Rotella en el de Storm Van's Gravesande: "Mapa de la región Orinoco-Esequibo, hecho por la Compañía de las Indias Occidentales". Año 1750. Lo cierto es que coinciden en la concepción de las funciones de la Parima con toda el área de la Guyana holandesa. También es factible que para ciertas aseveraciones hayan tenido informantes comunes.

Con los mapas de Rotella y Román se inicia una nueva etapa en la cartografía orinoquense. "En efecto, diez años antes que Solano y que la Expedición de Límites, Rotella nos ha adelantado ya la hidrografía encogida del Orinoco-Paragua, naciendo con sus otros afluentes en el mítico pero resucitado Lago Parima, siendo por ello el Orinoco: <... no sólo el encanto del mundo, sino su mejor maravilla, como la Fuente que salía en medio de Paraíso y que regaba la faz de la Tierra>"[89].

---

87 Museo Naval. *Manuscritos*, 320. Cuando habla del Guaviare asevera: "... si son verdaderos en la altura los mapas antiguos". Y más adelante hace alusión al mapa del P. Acuña.

88 Museo Naval. *Manuscritos*, 320. Del Casiquiare a la Parima dice: "Desde allí nadie da plena razón de su curso, unos indios porque no quieren, otros por no saber".

89 Daniel de BARANDIARÁN. "La crónica del Hermano Vega 1730-1750". En: Agustín de VEGA. *Noticia del Principio y Progresos del establecimiento de las Missiones de Gentiles en el Rio Orinoco, por la Compañía de Jesús*. Estudio introductorio: José del Rey Fajardo y Daniel de Barandiarán. Caracas, Academian Nacional de la Historia (2000) 476. Y la cita de Rotella es: Rotella, Bernadrdo. "Noticias sobre la Geografía de la Guayana", firmado en Caicara del Orinoco, el día primero de abril de 1747 (Museo Naval. Madrid. Sección Manuscritos: Carpeta Guayana. Manuscrito nº 320).

5. *La Orinoquia y la cartografía quiteña.*

Aunque ameritaría un capítulo aparte el estudio de la cartografía quiteña sobre la Orinoquia opinamos que desbordan las intenciones de este estudio. Sin embargo, tanto los jesuitas quiteños como los neogranadinos compartieron un tronco común hasta 1696, fecha en que se dividió la Provincia del Nuevo Reino en Santafé y Quito. Esta historia compartida nos obliga a hacer referencia a dos mapas de los jesuitas quiteños.

En primer término, el mapa y la obra del P. Samuel Fritz (1654-1725)[90] son esenciales para comprender las teorías gumillanas en torno a la tesis andina de las fuentes del Orinoco y también de la no interconexión fluvial de los dos grandes ríos suramericanos[91]. El viajero La Condamine precisaba que la carta del Amazonas del jesuita centroeuropeo superó a la de Sanson cuando apareció en Francia en 1717 a pesar de que había sido elaborada en 1690 y gravada en Quito en 1707[92].

Más interés reviste para nuestro estudio el mapa que presentaron en Roma en 1751 los Procuradores de la Provincia de Quito, los PP. Carlos Brentano y Nicolás de la Torre[93]. Su aporte principal consis-

---

90 Jorge VILLALBA y J. M. DOMÍNGUEZ. "FRITZ, Samuel". En: E. O'NEILL y Joaquín Mª DOMINGUEZ. *Diccionario histórico de la Compañía de Jesús*. Roma-Madrid, Institutum Historicum S. I.-Comillas, II (2001) 1533.

91 El mapa del P. Samuel Fritz ha conocido muchas ediciones. Como información nos remitimos a Rob. STREIT. *Bibliotheca Missionum*. Freiburg/Br. (1927) III, 14.

92 LA CONDAMINE. *Ob. cit.*, 5-6: "Esta es la primera que puede llamarse Mapa del Rio Marañon. Pero basta leer el diario del Author (...) para quedar convencido que la enfermedad grave del Padre, en su baxada al Para, y los obstaculos que tubo en aquella ciudad y en su regresso, no le dieron lugar para las precisas observaciones en la mitad inferior del Rio, que en effecto es la parte de su Carta mas defectuosa; principalmente cerca de la boca, que no vio; y no pudo mas que copiarla sobre las Cartas antiguas, llenas de errores en aquella parte...".

93 El mapa se encuentra en el Archivo Romano de la Compañía de Jesús. "Iulius Caesar delineavit. Dominicus Cigni sculpsit. Ioan. Petroschi characteres incidit". Véase: SOMMERVOGEL. *Bibliothèque*, II, 114-115.

te en destacar la interconexión Orinoco-Amazonas[94]. Supera al mapa de Gumilla de 1741 en todo lo que significa el alto Orinoco y la descripción intermedia de las dos grandes cuencas. Finalmente asume una visión integrada de la Amazonia y la Orinoquia por la que luchaban los miembros de la Compañía de Jesús en aquellas latitudes.

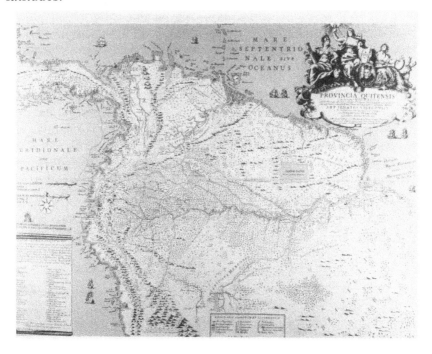

Mapa de los Procuradores de Quito. 1751.

Constancia de otro mapa, desconocido hoy por nosotros, es al que hace alusión M. Eidous en su traducción francesa de *El Orinoco ilustrado*. La difusión en Europa del libro del P. Gumilla suscitó muchas polémicas y una de las más importantes fue la de la comunicación fluvial. Para los lectores de habla francesa este punto estaba resuelto desde que M. de La Condamine había publicado en

---

94 Dice la leyenda: "Communicatio Orinoci cum Fluvio Nigro et Amazonum a Patre Emmuele Roman Mission. Orinocensium Superiore Anno 1744 detecta et usque ad Fluvii Nigri cum Amazonum flumine confluxum perlustrata".

Amsterdam, en 1745, su *Extracto del Diario de observaciones hechas en el viage de la Provincia de Quito al Para, por el Rio de las Amazonas*, y a continuación, en París, la edición francesa. Este autor aduce como testimonio una carta del P. Juan Ferreira, Rector del colegio de los jesuitas en el Gran Pará, en la que expresamente cita el viaje por agua de los portugueses hasta el alto Orinoco y cómo el Superior jesuita de esas misiones hispanas había llegado al puesto portugués de Río Negro[95].

A fin de solicitar información cualificada que disipara las dudas que para entonces había suscitado la obra del misionero orinoquense, el traductor solicitó las luces de un erudito franciscano, residente en Bélgica, el P. Abat, quien con este objetivo escribió a Madrid al P. Jaime de Torres[96]. La contestación del jesuita neogranadino hace alusión al mapa de los Procuradores de la Provincia de Quito de 1751 pero añade que posee una carta dada por un misionero "que es infinitamente más exacta que las otras"[97].

El mapa en cuestión no puede ser el del P. Rotella ya que este misionero había fallecido en 1748[98]. Tampoco puede atribuirse al P. Manuel Román ya que su autor, confiesa, fue el continuador de la obra del descubridor del Casiquiare. Pensamos que la autoría podría radicar en el P. Roque Lubián, de quien recoge Gilij varios de

---

95 Joseph GUMILLA. *Histoire naturelle, civile et geographique de L'Orenoque, et des principales Rivières qu s'y jettent*. Traduite de l'Espagnol sur la seconde Edition, par M. EIDOUS, ci-devant Ingenieur des Armées de S. M. C. Avignon, MDCCLVIII. "Avertissemente du Traducteur".

96 Aseveramos que es el P. Jaime de Torres por la crítica del texto. "Lorsque mes Supérieurs me destinerent pour la fondation de Caracas, je voyageai sur l'Orénoque... Je retournai insuite de Caracas à l'Orénoque, pour trater des certaines affaires avec nôtre Provincial, qui fasoit la visite de ses Missions". En: Joseph GUMILLA. *Histoire naturelle, civile et geographique de L'Orenoque*, "Avertissement du Traducteur". El P. Torres llegó a Caracas para hacerse cargo de la fundación del colegio en 1752 y salió para Madrid en 1755 con el cargo de Procurador de la Provincia del Nuevo Reino.

97 *Ibidem*. "... le Réligieux, qui m'a donné la Carte que j'ai de l'Orénoque, n'étant point au fait de ces matiéres, quoi-qu'il ait été long-temps dans ce Païs à la suite du P. Roman; mais je suis persuadé que cette Carte est infiniment plus exacte que les autres".

98 ANB. *Reales Cédulas*, t. 14, fol., 580. Informe del P. Manuel Román, 1749.

sus viajes a las regiones sureñas guayanesas[99] o en el P. Francisco del Olmo[100].

6. *Felipe Salvador Gilij y su versión italiana*

Con la llegada de la Expedición de Límites en 1756 a territorio jesuítico el quehacer científico de la cartografía oficial pasó definitivamente a dominio del gobierno de la corona[101]. Más, este hecho no significa el fin de este género geográfico entre los misioneros orinoquenses. En primer lugar porque la producción cartográfica de la Expedición seguiría desconocida para la mayoría de los hombres que habitaban en la gran arteria venezolana. Y en segundo término, porque las necesidades que habían motivado gran parte de la cartografía jesuítica seguían vigentes. Sin embargo, la expulsión de la orden en 1767 significó la posible desaparición de mucha parte de este frágil material.

El P. Gilij publica su *Ensayo de Historia americana* en Roma entre 1780 y 1784. Expulsado de los dominios españoles en 1767 y desterrado a Italia, quedaban atrás 13 años de ausencia del gran río venezolano y todas las ilusiones que lo habían trasladado a América en 1743. Por otra parte, mucho había avanzado la ciencia con la Ilustración tanto en Europa como en Tierra Firme, entre otras causas, gracias a la Expedición de Límites y la Expedición Botánica que habían cerrado un ciclo histórico.

Sin embargo, es bueno recordar, aunque sea de pasada, que el P. Gilij fue reconocido por los miembros de la Expedición de Límites como un experto en la Orinoquia y en su geografía. En su libro recogerá conversaciones de tipo muy distinto sostenidas con el

---

99 GILIJ. *Ensayo de Historia americana*, III, 98-104.

100 J. DEL REY FAJARDO. *Bio-bibliogrfía*, 192-194.

101 Demetrio RAMOS PÉREZ. *El Tratado de Límites de 1750 y la Expedición de Iturriaga al Orinoco*. Madrid, Consejo Superior de Investigaciones Científicas, 1946. Manuel LUCENA GIRALDO. *Laboratorio tropical. La Expedición de Límites al Orinoco, 1750-1767*. Caracas, Monte Avila Editores Latinoamericana. Consejo Superior de Investigaciones Científicas, 1991. M. LUCENA GIRALDO y María del Mar FLORES. "Una aproximación a la Colección Bauzá". En: *Revista de Indias*. Madrid. Vol. L, nº 189 (1989) 547-584.

primer Comisario sobre muy diversos tópicos[102]. Cuando Iturriaga quiso realizar el viaje al Ventuari por tierra, se dirigió al jesuita italiano pidiéndole consejo. En su respuesta le remitirá de inmediato una interesante documentación: "... describí el país intermedio bajo sus ojos lo mejor que pude, notando ríos y naciones y montañas, e incluido un relato por extenso en el que expliqué todo minuciosamente"[103]. Y en otra oportunidad anotará que "además de los conocimientos geográficos, de los que no estaba ciertamente escaso, este señor [Iturriaga] quiso servirse de mi por su amabilidad y por el concepto que tuvo de mi pericia, fuera esta la que fuera, sobre las comarcas orinoquenses"[104].

Cuando el misionero de La Encaramada saca a la luz pública su obra –la mejor a nuestro juicio entre la producción jesuítica orinoquense– echa de menos el no poder publicar un mapa de la Expedición de Límites y por ello recurre al que "yo he esbozado con la ayuda de algunos eruditos señores"[105]. Para el segundo tomo se servirá de las adaptaciones llevadas a cabo por el jesuita portugués Eusebio Veiga[106] del mapa de Luis de Surville y en el cuarto de la de Rigoberto Bonne[107].

Pero lo que otorga valor a la obra cartográfica del jesuita italiano son los capítulos que dedica en su *Ensayo de Historia Americana* a lo que podríamos designar la geografía histórica[108]. Él mismo hace una síntesis: "Baste a los lectores saber que hasta el año 1767 que dejé el Orinoco, por mi y por otros ya se habían descubierto al mediodía un gran trecho. Hasta dos y tres jornadas era conocida la extensión de tierra que hay entre mi antigua reducción y Uruana.

---

102 GILIJ. *Ensayo de Historia americana*, II, 113; IV, 272: sobre la devoción de los hombres que habitaban el Llano caraqueño.

103 GILIJ. *Ensayo de Historia americana*, I, 129.

104 GILIJ. *Ensayo de Historia americana*, I, 129.

105 GILIJ. *Ensayo de Historia americana*, I, 23-24.

106 VAZ DE CARVALHO, José. "VEIGA, Eusebio da". En: Charles E. O'NEILL y Joaquín Mª DOMÍNGUEZ. *Diccionario histórico de la Compañía de Jesús*. Roma-Madrid, Institutum Historicum S. I.-Comillas, IV (2001) 3916.

107 GILIJ. *Ensayo de Historia americana*, IV, XXII.

108 Véase sobre todo el tomo I.

Parte yo y parte Forneri habíamos en diversas ocasiones, por agua y por tierra, descubierto los países de los parecas. Las tierras de los piaroas, que están enfrente de Carichana y Anaveni, fueron varias veces y con inmenso esfuerzo visitadas por el P. Francisco del Olmo para sacar de allí a los indígenas hacia los poblados cristianos. Este mismo misionero, Forneri, Aranda y otros, unas veces por agua y otras por tierra, han examinado todos los ríos que hay desde la cascada [raudal] Mapara hasta el Ventuari"[109].

Se trata de un mapa muy esquemático pero con información muy valiosa en lo que se refiere al Orinoco medio. Gilij reconoce que hay errores en las coordenadas astronómicas pero fija tres puntos fundamentales en su vida y en la misional: las bocas del Orinoco, Cabruta y los Raudales de Atures[110].

Quien estudie con detención el mapa de Gilij observará de inmediato que la concepción que tiene de la Guayana es siempre amazónica, testimonio de una tradición de los jesuitas neogranadinos que siempre defendieron que su territorialidad era ribereña del Amazonas.

Una segunda percepción es la importancia que asigna a la "Caribana", núcleo fundamental para entender la historia del Orinoco en los siglos coloniales. Y así lo recogerá como recuerdo: "Es muy célebre en los mapas la tierra que se llama Caribana, pero poco o nada se encuentra escrito de ella"[111].

Pero donde su pericia se evidencia desde el primer momento es en la presentación de la red fluvial del Orinoco medio tal como él la vivió hasta 1767, a pesar de haber conocido en Roma la cartografía moderna editada en Europa.

En relación al nacimiento del Orinoco confirma la tradición iniciada por Rotella de que es un río guayanés y con prudencia añade: "... no parece dudoso en nuestros días que no esté o en la

---

109 GILIJ. *Ensayo de Historia americana*, I, 128.

110 GILIJ. *Ensayo de Historia americana*, I, 24.

111 GILIJ. *Ensayo de Historia americana*, I, 126.

laguna Parime, o, al menos, en su vecindad"[112]. Pero le niega al lago el carácter de gran centro distribuidor de aguas de la región guayanesa[113].

Se puede afirmar que sobre la intercomunicación de las dos grandes cuencas su relato es el que más luces arroja y el que recoge el testimonio directo de los descubridores del Casiquiare[114]

7. *Los jesuitas desterrados y su cartografía*

Un capítulo aparte ameritaría la obra de los jesuitas expulsos en Italia tras la deportación forzosa de que fueron objeto por parte del rey Carlos III en 1767. La vida y la obra de estos expatriados está todavía por escribirse aunque Miguel Batllori abriera esta veta antes de 1967[115]. Muchos se insertaron en las más variadas corrientes de las ciencias y aportaron a ellas sus saberes americanos.

En las disciplinas cartográficas hará Gilij referencia expresa a la ausencia de una carta geográfica exacta de Tierra Firme pero también expresará que desde hace tiempo "se espera una más pormenorizada y más cuidadosa de cuantas han aparecido, del Padre Joaquín Subías, versadísimo en esta materia, pero todavía no se ha dado a la estampa"[116]. Hasta el momento no hemos podido identificar la obra de este cartógrafo[117].

Si por analogía establecemos que el libro del P. Antonio Julián *La Perla de América, Provincia de Santa Marta* (Madrid, 1787) incluye un mapa de la citada provincia, también podemos pensar que los escritos inéditos similares para la Orinoquia podrían portar sus respectivas cartas[118].

112 GILIJ. *Ensayo de Historia americana*, I, 46. Su tesis la asienta sobre el testimonio dado por un compañero de Apolinar Díez de la Fuente quien llegó a las proximidades del lago la Parima. (Véase. *Ob. cit.*, I, 287-288).
113 GILIJ. *Ensayo de Historia americana*, I, 290.
114 GILIJ. *Ensayo de Historia americana*, I, 49-57.
115 Miguel BATLLORI. *La cultura hispano-italiana de los jesuitas expulsos. Españoles, Hispanoamericanos, Filipinos (1767-1814)*. Madrid, 1966.
116 GILIJ. *Ensayo de Historia americana*, IV, p. XXII.
117 José DEL REY FAJARDO. *Biblioteca de Escritores jesuitas neogranadinos*. Bogotá, Editorial Pontificia Universidad Javeriana (2006) 660-661.
118 J. DEL REY FAJARDO. *Bío-bibliografía*, 319-324.

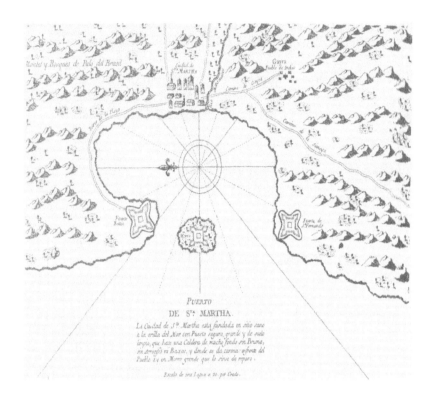

Antonio Julián

Es el mapa de la Provincia de Santa Marta.

Dentro de la historiografía jesuítica orinoquense se citan dos obras, todavía inéditas, escritas por el P. Roque Lubián[119]. Nos referimos a la *Historia del Orinoco* y al *Apéndice a la Real Expedición de límites entre los dominios de España y Portugal en América*[120].

---

119 J. DEL REY FAJARDO. *Bío-bibliografía*, 348-350.

120 Archivo de Loyola. HERVÁS Y PANDURO. *Biblioteca Jesuítico-Española de escritores que han florecido por siete lustros; estos empiezan desde el año 1759, principio del reinado del Augusto Rey Católico Carlos III y acaban en el año 1793.* Tomo I, entrada: LUBIÁN, Roque.

Idéntica hipótesis podríamos formular con la *Historia natural del Orinoco*, manuscrito del P. Antonio Salillas[121], que según las notas de los bibliófilos españoles Uriarte y Lecina, habría sido redactado en Italia[122].

Antes de finalizar este estudio pensamos que se debe incluir en él el *Dizionario Storico-Geografico dell'America Meridionale* (Venecia, 1771) del P. Juan Domingo Coleti (1727-1798)[123], misionero en la Provincia de Quito. Se trata de una verdadera enciclopedia geo-histórica que obtuvo gran difusión en los medios cultos europeos aunque 15 años más tarde fuera superada por el *Diccionario Geográfico-Histórico de las Indias occidentales o América* (Madrid, 1786) de don Antonio Alcedo y Herrera. Coleti ilustra su *Diccionario* con una carta, cuidadosamente planeada y delineada por él mismo, después de confrontar un catálogo de 24 mapas. Aunque no todas las informaciones son correctas hay que reconocerle el mérito de haber sido el primero el enfrentar la difícil tarea de dar una visión integrada de Hispanoamérica desde el mundo europeo[124].

121 J. DEL REY FAJARDO. *Bío-bibliografía*, 568-569.

122 Archivo inédito Uriarte-Lecina. Papeletas: SALILLAS, Antonio.

123 J. ESCALERA. "Coleti, Giandomenico". En: Charles E. O'NEILL y Joaquín Mª DOMÍNGUEZ. *Diccionario histórico de la Compañía de Jesús*. Roma-Madrid, Institutum Historicum S. I.-Comillas, II (2001) 854-855.

124 Gabriel Giraldo JARAMILLO. "El Padre Juan Domingo Coleti y su Diccionario histórico-geográfico de la América meridional". En: *Boletín de la Sociedad Geográfica de Colombia*. Bogotá, 10 (1952) 1-19. (El año 1954 el autor volvió a recoger este artículo en su libro *Estudios Históricos*. Bogotá, 1954). José Eug. de URIARTE y Mariano LECINA. *Biblioteca de escritores de la Compañía de Jesús pertenecientes a la antigua asistencia de España desde sus orígenes hasta el año 1773*. Madrid, II (1929-1930) 262-264.

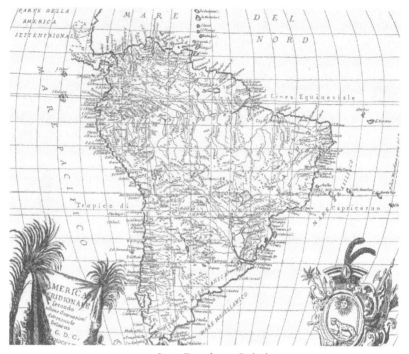

Juan Domingo Coleti.
Mapa de Sudamérica.

Esta es a grandes rasgos la disciplina cartográfica desarrollada por los jesuitas venezolanos que entregaron sus vidas al gran proyecto de civilización y cristianización de la gran Orinoquia.

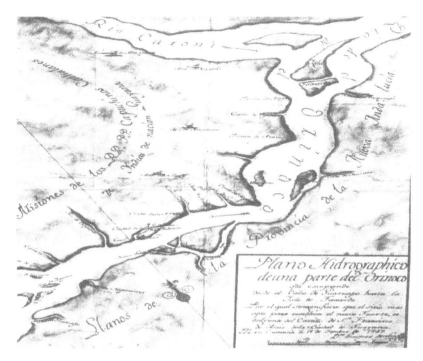

Plano Hidrographico de una parte del Orinoco que comprehende desde el Caño de Guaruapo hasta la Ysla de Faxardo. Por el qual se manifiesta que el sitio mas apto para establecer el nuevo Fuerte, es enfrente del Castillo de San Francisco de Asís de la Ciudad de Guayana.
Fho. en Cumaná a 18 de Octubre de 1747.

ARCHIVOS Y BIBLIOGRAFÍA

I. ARCHIVOS

Alcalá de Henares. Archivo de la antigua Provincia de Toledo. (APT)

Fondo Astráin 5, 18, 26, 28,

Legajos: 6, 26, 132,

Bogotá. Archivo Nacional de Colombia. (ANB)

Caciques e indios, 25,

Conventos, 7, 29, 34, 68,

    Encomiendas, 2, 8, 24, XIII,

    Miscelánea, 86,

    Notaría 3, 151 (1723),

    Poblaciones Boyacá, 1, 2

    Reales Cédulas, 9, 14,

Temporalidades, 5, 13,

Caracas. Archivo de la Universidad Católica Andrés Bello. (AU-CAB).

Documentos varios.

Caracas. Archivo General del Ministerio de Relaciones Exteriores.

    Límites de Venezuela-Guayana Esequiva. Legajo, 120,

Loyola (Guipúzcoa). Archivo de Loyola.

    Diario del P. Manuel Luengo.

192

Madrid. Archivo Histórico Nacional. (AHN)

Jesuitas, 827/2,

Madrid. Archivo del Museo Naval.

Carpeta, XIII-9.

Documento, 320.

Madrid. Archivo del Real Jardín Botánico.

Manuscritos, Siglas II, 4-1-34.

Madrid. Archivo del Servicio Geográfico del Ejército.

Carpeta: *Venezuela y Guayana.*

Madrid. Archivo inédito Uriarte-Lecina. (IUL)

Documentos varios.

Madrid. Biblioteca Nacional.

Mss., 105.

México. Archivo General de la Nación.

Reales Cédulas, vol., 9: Expediente, 56,

Quito. Archivo de la antigua Provincia de Quito. (APQu.)

Legajos: 3, 446,

Roma. Archivum Romanum Societatis Iesu. (ARSI)

Congregationes Provinciales, 88,

Fondo Gesuitico, 757, 1486/3,

Germania Superior, 12,

Historia Societatis, Defuncti: 1701-1723,

Provicia Novi Regni et Quiti (N. R. et Q.), 3, 4, 5, 15-I ; 15-II.

Opera Nostrorum, 342

Romana, 109,

Santiago de Chile. Archivo Nacional de Chile. (ANCh)

Jesuitas, 446

Sevilla. Archivo General de Indias. (AGI)

Caracas, 150, 198, 205, 391, 440,

Escribanía, 1011 A. *Pleitos*. Pieza 9ª.

Mapas y planos de Venezuela, n° 80.

Patronato, Leg., 27, 28, 29, Ramo 21, 254, Ramo 1,

Quito, 198,

Santafé, 2, 36, 173, 177, 245, 249, 269, 298, 306,

Santo Domingo, 590, 632, 634, 678,

Simancas. Archivo General de Simancas. (AGS)

Estado, 7393, 7397,

Valladolid. Biblioteca Universitaria.

Mss. 342

II. BIBLIOGRAFÍA

"Acta de fundación de la ciudad de Santiago de las Atalayas". En: *Revista del Archivo Nacional*. Bogotá, 6 (1944) 45-47.

ACEVEDO LATORRE, Eduardo, *Diccionario geográfico de Colombia*. Bogotá, Instituto Geográfico A. Codazzi, 1971.

ACOSTA, José de. *Historia natural y moral de las Indias*. Sevilla, Imprenta de Juan de León, 1590.

ACOSTA. José de. *De natura novi Orbis libri duo et de Promulgatione Evangelii apud barbaros sive de Procuranda Indorum salute libri sex*. Salmanticae, apud Gillelmum Foquel, 1589 (1588).

ACUÑA, Cristóbal de. *Nuevo Descubrimiento del gran río de las Amazonas, por el Padre Cristóbal de Acuña, religioso de la Compañía de Jesús y calificador de la Suprema General Inquisición, el cual se hizo por orden de S.M. el año 1639 por la provincia de Quito en los reinos de Perú. Al excmo. Conde Duque de Olivares. Con Licencia en Madrid en la imprenta del Reino, año 1641*.

AGUADO BLEYE, P. "España y la didáctica geográfica de los jesuitas". En: *Estudios geográficos*, 6 (1946) 355-410.

AGUIRRE ELORRIAGA, Manuel. *La Compañía de Jesús en Venezuela.* Caracas, Editorial Cóndor, 1941.

AIGENLER, Adam. *Tabula geographico-horologa universalis, problematis cosmographicis, astronomicis, geographicis, gnomonicis illustrata.* Ingolstadt, Typis Ioannis Ostermayri, 1668.

ALEGRET RUIZ, José Raúl. "Caminos y carreteras". En: FUNDACIÓN POLAR. *Diccionario de Historia de Venezuela.* Caracas, 1 (1997) 602-605.

ALVARADO, Eugenio. "Informe reservado sobre el manejo y conducta que tuvieron los Padres Jesuitas con la expedición de la Línea Divisoria entre España y Portugal en la Península Austral y orillas del Orinoco". En: José DEL REY FAJARDO. *Documentos jesuíticos relativos a la historia de la Compañía de Jesús en Venezuela.* Caracas, Academia Nacional de la Historia, III (1974) 215-333.

AMAYA ROLDÁN, Martín. *Historia de Chita.* Tunja, Imprenta Oficial, 1930.

ARELLANO, Fernando, *Una introducción a la Venezuela prehispánica,* Universidad Católica Andrés Bello, Caracas 1986.

ARMAS CHITY, José Antonio. Guayana. *Su tierra y su historia.* Caracas, Ministerio de Obras Públicas, II, 1968.

ARROM, José Juan. "Esquema generacional de las letras hispanoamericanas". En: *Thesaurus.* Bogotá, t. XVI, nº 2 (1961) 311-342.

AVENDAÑO VERA, Astrid. "Maraver de Silva, Pedro". En: FUNDACIÓN POLAR. *Diccionario de Historia de Venezuela.* Caracas, Fundación Polar, III (1997) 46-47.

AVRIL, Philippe. *Voyages en divers états d'Europe et d'Asie entreprits pour découvrir un nouveau chemin à la Chine.* París, Jean Boudot, 1693.

BAPTISTA, Javier y Cayetano BRUNO. "Paraguay". En: Charles E. O'NEILL y Joaquín Mª DOMÍNGUEZ. *Diccionario histórico de la Compañía de Jesús.* Roma-Madrid, III (2001) 3032-3038.

BAPTISTA, Javier. "Acosta, José de". En: Charles E. O'NEILL y Joaquín Mª DOMÍNGUEZ. *Diccionario histórico de la Compañía de Jesús.* Roma-Madrid, Institutum Historicum S. I.-Comillas, I (2001) 10-12.

BARANDIARÁN, Daniel de. "Brasil nació en Tordesillas. (Historia de los límites entre Venezuela y Brasil). Primera Parte: 1494-1801. En: *Paramillo*. San Cristóbal, Universidad Católica del Táchira (1994) 329-774.

BARANDIARÁN, Daniel de. "El Orinoco amazónico de las Misiones jesuíticas". En: José DEL REY FAJARDO (Edit.). *Misiones jesuíticas en la Orinoquia*. San Cristóbal, Universidad Católica del Táchira, II (1992) 129-360.

BARANDIARÁN, Daniel de. "La crónica del Hermano Vega 1730-1750". En: Agustín de VEGA. *Noticia del Principio y Progresos del establecimiento de las Missiones de Gentiles en el Rio Orinoco, por la Compañía de Jesús*. Estudio introductorio: José del Rey Fajardo y Daniel de Barandiarán. Caracas, Academian Nacional de la Historia (2000) 119-514.

BARANDIARÁN, Daniel de. *Los hombres de los ríos*. (Los jesuitas y el Orinoco Amazónico). 37-38. [Mss. Gentilmente cedido por el autor].

BARNADAS, Josep M., "Introducción". EDER, Francisco Javier, sj., *Breve descripción de las Reducciones de Mojos*, Traducción y edición de BARNADAS, Josep M., *Historia Boliviana*, Cochabamba 1985.

BATLLORI, Miguel. *La cultura hispano-italiana de los jesuitas expulsos. Españoles, Hispanoamericanos, Filipinos (1767-1814)*. Madrid, Gredos, 1966.

BAYLE, Constantino. "Las Misiones, defensa de las fortalezas de Mainas". En: *Missionalia Hispanica*. Madrid (1951) 417-503.

BAYLE, Constantino. "Notas sobre bibliografía jesuítica en Mainas". En *Missionalia Hispanica*. Madrid (1949) 277-317.

BECK, Gaspar. *Misión del río Orinoco en el Nuevo Reino. 1684. [Missio orinocensis in novo Regno, 1684]*. El documento, en latín, se encuentra en: ARSI. N. R. et Q., 15-I, fols., 71r-78v. La traducción española la publicamos por vez primera en: *Documentos jesuíticos relativos a la historia de la Compañía de Jesús en Venezuela*. Caracas, Academia Nacional de la Historia, II (1974) 168-190.

BOUSEMART, Gabriel. *Carta del Padre Gabriel Bousemart, Rector del Colegio Imperial de Madrid, para los Padres Superiores de la Provincia de Toledo, sobre la religiosa vida, y virtudes del Padre*

Joseph Cassani, difunto el día doce de noviembre de 1750. [Madrid, 1750].

BOXER, Charles. "Comercio e contrabando entre Bahía e Potosí no século XVI". En: *Revista de Historia.* Sao Paulo, IV (1953) 195-212.

BRIET, Philippe. *Théâtre geographique de l'Europe.* París, Mariette, 1653.

BURRUS, Ernest J.. "Kino (Chini, Chino) Eusebio Francisco". En: Charles E. O'NEILL y Joaquín Mª DOMÍNGUEZ. *Diccionario histórico de la Compañía de Jesús.* Roma-Madrid, III (2001) 2194-2195.

CAMPEAU, L. "Marquette, Jacques". En: Charles E. O'NEILL y Joaquín Mª DOMÍNGUEZ. *Diccionario histórico de la Compañía de Jesús.* Roma-Madrid, III (2001) 2514.

CAMPO DEL POZO, Fernando *Los Agustinos y las lenguas indígenas de Venezuela.* Caracas, Universidad Católica Andrés Bello, 1979.

CAPEL, H. "La Geografía como ciencia matemática mixta. La aportación del círculo jesuítico madrileño en el siglo XVII". En: *Geocrítica* (1980) n°. 30.

CAPUEL, Juan. *Autos de don Antonio de la Pedroza y Guerrero, del Consejo de Su Magestad en el Real y Supremo de Indias.* Santa Fe de Bogotá, día 15 de febrero de 1719. (En: J. DEL REY FAJARDO. *Documentos jesuíticos relativos a la Historia de la Compañía de Jesús en Venezuela.* Caracas, Academia Nacional de la Historia, II, 310).

CARAMAN, Philip y Hubert JACOBS. "Lobo, Jerónimo". En: Charles E. O'NEILL y Joaquín Mª DOMÍNGUEZ. *Diccionario histórico de la Compañía de Jesús.* Roma-Madrid, 3 (2001) 2404.

CARAMAN, Philip y Javier BAPTISTA. "XI. Tratado de Límites, 1750". En: Charles E. O'NEILL y Joaquín Mª DOMÍNGUEZ. *Diccionario histórico de la Compañía de Jesús.* Roma-Madrid, I (2001) 139-144.

CARAMAN, Philip. "Páez, Pedro". En: Charles E. O'NEILL y Joaquín Mª DOMÍNGUEZ. *Diccionario histórico de la Compañía de Jesús.* Roma-Madrid, 3 (2001) 2946

CARRIZOSA ARGÁEZ, Enrique. *Índices de los árboles de las Genealogías del Nuevo Reino de Granada de Juan Flórez de Ocáriz.* Bogotá, Instituto Caro y Cuervo. Instituto Colombiano de Cultura Hispánica, 1990.

CARROCERA, Buenaventura de. *Lingüística indígena venezolana y los misioneros Capuchinos*. Caracas, Universidad Católica Andrés Bello, 1981.

CARVAJAL Jacinto de. *Relación del descubrimiento del río Apure hasta su ingreso en el Orinoco*. León, Ediciones de la Diputación de León, 1892.

CASSANI, Joseph. *Historia de la Provincia de la Compañía de Jesús del Nuevo Reyno de Granada en la América*. Estudio preliminar y anotaciones al texto por José del Rey, s. j. Caracas, Biblioteca de la Academia Nacional de la Historia, 1967.

CAULÍN, Antonio. *Historia de la Nueva Andalucía*. Caracas, Academia Nacional de la Historia, I, 1966.

CHANTRE Y HERRERA, José. *Historia de las Misiones de la Compañía de Jesús en el Marañón Español (1637-1767)*. Madrid, Imprenta de A. Avrial, 1901.

CIVRIEUX, Marc de. "Los caribes y la conquista de la Guyana española (Etnohistoria Kari'ña)". En *Montalbán*. Caracas, 5 (1976) 875-1021.

COBOS, María Teresa. "El llanero y la colonización del Oriente". En: *Boletín Cultural y Bibliográfico*. Bogotá, 9 (1966) 74-78.

COLMENARES, Germán. *Las haciendas de los jesuitas en el Nuevo Reino de Granada*. Bogotá, Universidad Nacional de Colombia, 1969.

CORRADINE MORA, Magdalena. "Conquistadores y primeras ciudades del Llano. Fundacion de la ciudad de San José de Cravo por don Adrián de Vargas". En *Repertorio Boyacense*. Tunja, Academia Boyacense de Historia, 337 (2001) 51-80.

CORREIA-AFONSO, John y Nancy M. GETTELMAN. "Goes (Góis), Bento de". En: Charles E. O'NEILL y Joaquín Mª DOMÍNGUEZ. *Diccionario histórico de la Compañía de Jesús*. Roma-Madrid, 2 (2001) 1765-1766.

D'ELIA, P. M. *Galileo in China. Relations through the Roman College between Galileo and the Jesuit Scientist-Missionaries*. Cambridge (Mass.) Harvard University Press, 1960.

DAINVILLE, François de. *L'éducation des jésuites (XVI-XVIII siècles)*. Paris, Les Editions de Minuit, 1978.

DAVIN, Diego. *Cartas edificantes y curiosas escritas de las misiones extranjeras y de levante por algunos misioneros de la Compañía de Jesús*. Madrid, Imprenta de la Viuda de Manuel Fernández y del Supremo Consejo de la Inquisición, XVI (1757).

DEL REY FAJARDO, José y Edda O. SAMUDIO A. *Hombre, tierra y sociedad. I. Topohistoria y Resguardo indígena*. San Cristóbal-Bogotá, Universidad Católica del Táchira-Pontificia Universidad Javeriana (1996) 7-158.

DEL REY FAJARDO, José, "Consideraciones sobre el hombre y la lengua tuneba" en MÁRQUEZ, María Elena, BERICHÁ (AGUABLANCA, Esperanza) y OLZA, Jesús, *Gramática de la lengua tuneba*, Universidad Católica del Táchira, San Cristóbal 1988, pp. 5-28.

DEL REY FAJARDO, José, *Los Jesuitas y las Lenguas Indígenas Venezolanas*, Caracas, Universidad Católica Andrés Bello, 1979.

DEL REY FAJARDO, José. "Antoine Boislevert (1618-1669), Fundador [de las Misiones] de los Llanos de Casanare". En: *Boletín de la Academia Nacional de la Historia*. Caracas, t. LXXVII, n°. 308 (1994) 81-104.

DEL REY FAJARDO, José. "Apuntes para una Historia de la Cartografía Jesuítica en Venezuela". En: *Boletín Histórico*. Caracas. Fundación John Boulton, n° 38 (1975) 152-170.

DEL REY FAJARDO, José. "Introducción a la Topohistoria misional jesuítica llanera y orinoquense". En: *Paramillo*. San Cristóbal, n°. 11-12 (1992-1993) 91-227.

DEL REY FAJARDO, José. "Jesuitas defensores de Guayana". En *SIC*. Caracas (1958) 174-176.

DEL REY FAJARDO, José. "La Misión del Airico: 1695-1704". En: *Boletín de la Academia Nacional de la Historia*. Caracas, t. LXXVI, n°. 302, (1993) 49-68.

DEL REY FAJARDO, José. "Introducción al estudio de la Historia de las misiones jesuíticas en la Orinoquia". En: José DEL REY FAJARDO (Edit.). *Misiones jesuíticas en la Orinoquia*. San Cristóbal, I (1992) 197-682.

DEL REY FAJARDO, José. "José Gumilla, explorador científico de la Orinoquia". En: Juan PLAZAOLA (Edit.). *Jesuitas exploradores, pioneros y geógrafos*. Bilbao, Ediciones Mensajero (2006) 199-243.

DEL REY FAJARDO, José. "Notas sobre la vida y la obra del H. Agustín de Vega (1712-1763)". En: Agustín de VEGA. *Noticia del Principio y progreso del establecimiento de las Missiones de Gentiles en el Rio Orinoco, por la Compañia de Jesus...* Estudio introductorio: José del Rey Fajardo sj y Daniel de Barandiarán. Caracas, Biblioteca de la Academia Nacional de la Historia (2000) 11-120.

DEL REY FAJARDO, José. *Aportes jesuíticos a la filología colonial venezolana*. Caracas, Ministerio de Educación, 1971, 2 vols.

DEL REY FAJARDO, José. *Bío-bibliografía de los jesuitas en la Venezuela colonial*. San Cristóbal-Santafé de Bogotá, Universidad Católica del Táchira-Pontificia Universidad Javeriana, 1995.

DEL REY FAJARDO, José. *Catedráticos jesuitas de la Javeriana colonial*. Bogotá, CEJA, 2002.

DEL REY FAJARDO, José. *Documentos jesuíticos relativos a la Historia de la Compañía de Jesús en Venezuela*. Caracas, Biblioteca de la Academia Nacional de la Historia, II y III, 1974.

DEL REY FAJARDO, José. *La expulsión de los jesuitas de Venezuela (1767-1768)*. San Cristóbal, Universidad Católica del Táchira, 1990.

DEL REY FAJARDO, José. *Las bibliotecas jesuíticas en la Venezuela colonial*. Caracas, Biblioteca de la Academia Nacional de la Historia, 1999, 2 vols.

DEL REY FAJARDO, José. *Los jesuitas en Venezuela*. Tomo V: *Las Misiones germen de la nacionalidad*. Caracas-Bogotá, Universidad Católica Andrés Bello-Pontificia Universidad Javeriana, 2007.

DEL REY FAJARDO, José. *Misiones jesuíticas en la Orinoquia*. Tomo I. *Aspectos fundacionales*. Caracas, Universidad Católica Andrés Bello, 1977.

DEL REY FAJARDO, José. Tomo III: *Topo-Historia*. San Cristóbal, Fondo Editorial "Simón Rodríguez" de la Lotería del Táchira, 2011, 2 vols.

DEL REY. José. "Venezuela y la ideología gumillana". En: *Sic,* Caracas (1964), 74-76.

DEL REY FAJARDO, José. *El aporte de la Javeriana colonial a la cartografía Orinoquense.* Bogotá, Pontificia Universidad Javeriana, 2003.

DESAUTELS, Alfred R.. *Les Mémoires de Tróvoux et le mouvement des idées au XVIIIe siècle.* Roma, Institutum Historicum S.I., 1956

DOBRIZHOFFER, Martín. *Historia de abiponibus equestri bellicosaque paraquariae natione: locupletata copiosis barbararum gentium, urbium.* Viennæ, Typis Josephi Nob. di Kurzbek, 1784.

DONÍS RÍOS, Manuel Alberto. "La cartografía jesuítica en la Orinoquia (siglo XVIII)". En: José del REY FAJARDO (Edit.). *Misiones jesuíticas en la Orinoquia.* San Cristóbal, I (1992) 783-840.

DU TERTRE, Jean Baptiste. *Histoire Génerale des Antilles habités par les françois.* París, Chez Thomas Iolly, au Palais, en la Salle des Merciers, à la Palme, & aux Armes d'Hollande, I, 1667.

DUARTE LEVEL, Lino. *Historia Patria.* Cromotip, 1995

DUQUE GÓMEZ, Luis. "Visión Etnológica del Llano y el proceso de la evangelización". En: José DEL REY FAJARDO (Edit.). *Misiones jesuíticas en la Orinoquia.* San Cristóbal, Universidad Católica del Táchira, I (1992) 683-717.

ECHÁNOVE, Alfonso, "Origen y evolución de la idea jesuítica de *Recucciones* en las Misiones del Virreinato del Perú" en *Missionalida Hispanica,* XII, n° 34, Madrid 1955, pp. 95-144; XIII, n° 39, Madrid (1956) 497-540.

EDER, Francisco Javier, sj., *Breve descripción de las Reducciones de Mojos,* Traducción y edición de BARNADAS, Josep M. *Historia Boliviana,* Cochabamba, Edit. Impresiones Poligraf., 1985.

EGUÍA RUIZ, Constacio. "El P. José Cassani, cofundador de la Academia española". En: *Boletín de la Academia española.* Madrid, XXII (1935) 7-30.

ESCALERA, José. "Coleti, Giandomenico". En: Charles E. O'NEILL y Joaquín Mª DOMÍNGUEZ. *Diccionario histórico de la Compañía de Jesús.* Roma-Madrid, Institutum Historicum S. I.-Comillas, II (2001) 854-855.

ESTEVE BARBA, Francisco. *Cultura virreinal*. Barcelona-Madrid, Salvat Editores, 1965.

EZQUERRA, Ramón. "La crítica española de la situación de América en el siglo XVIII". En: *Revista de Indias*. Madrid, nº., 87-88 (1962) 159-286.

FERNÁNDEZ G., Enrique "Acuña, Cristóbal de". En: Charles E. O'NEILL y Joaquín Mª DOMÍNGUEZ. *Diccionario histórico de la Compañía de Jesús*. Roma-Madrid, I (2001) 13.

FERNÁNDEZ HERES, Rafael. "Factores históricos determinantes en la creación del Arzobispado de Caracas". [Manuscrito]

FOUCHER, Michel. « Géographie de la Compagnie de Jésus: une géopolitique spirituelle". En: *Hérodote*, 56 (1990) 55-66.

FREYRE, Gilberto. *Casa-Grande y Senzala*. Caracas, Biblioteca Ayacucho, 1977.

FRIEDE, Juan. *Descubrimiento y conquista del Nuevo Reino de Granada*. Bogotá, Historia Extensa de Colombia, II, 1965.

FRIEDE, Juan. *El Adelantado don Gonzalo de Jiménez de Quesada*. Bogotá, C. Valencia Editores, 1979.

FRITZ, Samuel. *El gran río Marañón o Amazonas con la misión de la Compañía de Jesús*, geográficamente delineado por el P. Samuel Fritz, missionero continuo de este rio. P. J. de N. Societatis Iesu, quondam in hoc Marañon missionarius, sculpebat Quiti, anno 1707.

FURLONG CARDIFF, Guillermo. *Cartografía jesuítica del Río de la Plata*. Buenos Aires, Talleres S. A. Casa Jacobo Peuser, 1936.

FURLONG, Guillermo. *Historia social y cultural del Río de la Plata 1536-1810*. El transplante cultural: Ciencia. Buenos Aires, Tipográfica Editora Argentina, 1969.

GALLLEGOS, Rómulo. *Doña Bárbara*. Bogotá, Oveja Negra, 1987.

GANUZA, Marcelino. *Monografía de las Misiones vivas de Agustinos Recoletos (Candelarios) en Colombia. Siglo XVII-XX*. Bogotá, Imprenta de San Bernardo, II, 1921.

GARCÍA BUSTAMANTE, Miguel. "A los Llanos de San Juan y San Martín. El camino real a San Juan de los Llanos". En: Pilar MORENO DE ÁNGEL y Jorge Orlando MELO GONZÁLEZ. *Cami-*

nos reales de Colombia. Bogotá, Fondo FEN Colombia, I (1995) 250 y ss.

GARCÍA DE CORTÁZAR, Fernando. "Algo más que un aventurero. 500 años del nacimiento de San Francisco Javier". En: *SIC.* Caracas, n°., 684 (2006) 165.

GARCÍA, Sonia. "El Dorado, mito de". En: FUNDACIÓN POLAR. *Diccionario de Historia de Venezuela.* Caracas, Fundación Polar, II (1997) 190-192.

GARCÍA, Sonia. "Ordaz, Diego de". En: FUNDACIÓN POLAR. *Diccionario de Historia de Venezuela.* Caracas, Fundación Polar, III (1997) 405-407.

GERL, Herbert. *Catalogus generalis Provinciae Germaniae Superioris et Bavariae Societatis Iesu 1556-1773.* Monachii [München], 1968.

GILIJ, Felipe Salvador. *Ensayo de Historia Americana, o sea, Historia natural y sacra de los reinos y de las provincias españolas de tierra firme en la América Meridional, escrita por el abate Felipe Salvador Gilij y dedicada a la Santidad de N.S. Papa Pío VI.* Roma 1780-1784. Edic. de la Academia Nacional de la Historia, vols. 71-73. Caracas, 1965.

GILIJ, Felipe Salvador. *Ensayo de historia americana.* Caracas, Academia Nacional de la Historia, 1965, 3 vols.

GIRALDO JARAMILLO, Gabriel. "El Padre Juan Domingo Coleti y su Diccionario histórico-geográfico de la América meridional". En: *Boletín de la Sociedad Geográfica de Colombia.* Bogotá, 10 (1952) 1-19. (El año 1954 el autor volvió a recoger este artículo en su libro *Estudios Históricos.* Bogotá, 1954.

GONZÁLEZ O., Hermann. "Martínez Rubio, Juan". En: Charles E. O'NEILL y Joaquín Mª DOMÍNGUEZ. *Diccionario histórico de la Compañía de Jesús.* Roma-Madrid, III (2001) 25-27.

GONZÁLEZ OROPEZA, Hermann. *Atlas de las historia cartográfica de Venezuela.* Caaracas, Editorial Papi, 1983.

GROCIO, Hugo. *Mare Liberum sive de jure quod Batavis competit ad indiana commercia dissertatio.* Lugduni Batavorum, Ex officina L. Elzevirri, 1609.

GUMILLA, José. *El Orinoco ilustrado y defendido,* Caracas, Academia Nacional de la Historia, 1963,

GUMILLA, Joseph. *Histoire naturelle, civile et geographique de L'Orenoque, et des principales Rivières qu s'y jettent*. Traduite de l'Espagnol sur la seconde Edition, par M. EIDOUS, ci-devant Ingenieur des Armées de S. M. C. Avignon, MDCCLVIII. "Avertissemente du Traducteur".

GUTIÉRREZ, Alberto. "Gloria y tragedia del primer rector de Santa Fe". En: *Theologica Xaveriana*. Bogotá, n°. 152 (204) 629-649.

HERNÁNDEZ, Graciela. "El Fortín de San Francisco Javier: una estrategia clérigo-militar en el proceso de colonización del Orinoco Medio durante el siglo XVIII". En *Montalbán*. Caracas, 29 (1996) 29-53.

HERVÁS Y PANDURO, Lorenzo. *Biblioteca jesuítico-española (1759-1799)*. Estudio introductorio, edición crítica y notas: Antonio Astorgano Abajo. Madrid, Libris: Asociación Libreros de viejo, 2007.

HERVÁS Y PANDURO, Lorenzo. *Catálogo de las lenguas de las naciones conocidas, y numeración, división, y clases de éstas según la diversidad de sus idiomas y dialectos*. Volumen 1: *Lengua y naciones americanas*. Madrid, [s.n.], (Imprenta de la Administración del Real Arbitrio de Beneficencia), 1800.

HOLT, Geoffrey. "MAIRE, Christopher". En: Charles E. O'NEILL y Joaquín Mª DOMÍNGUEZ. *Diccionario histórico de la Compañía de Jesús*. Roma-Madrid, Institutum Historicum S. I.-Comillas, III (2001) 2478.

HUONDER, A. *Deutsche Jesuitenmissionäre des 17 und 18 Jahrhunderts*. Freiburg/ B., Herder'sche Verlagshandlung, 1899.

Imago primi saeculi. Amberes (1640).

IPARRAGUIRE, Ignacio, Cándido de DALMASES y Manuel RUIZ JURADO. *Obras de San Ignacio de Loyola*. Madrid, Biblioteca de Autores Cristianos,

JACOBS, Hubert. "Lobo, Jerónimo". En: Charles E. O'NEILL y Joaquín Mª DOMÍNGUEZ. *Diccionario histórico de la Compañía de Jesús*. Roma-Madrid, 2 (2001) 1773.

JEREZ, Hipólito. *Los jesuitas en Casanare*. Bogotá, Prensas del Ministerio de Educación Nacional, 1952.

JOUANÉN, José. *Historia de la Compañía de Jesús en la antigua Provincia de Quito 1570-1774*. Quito, Editorial Ecuatoriana, I, 1941.

JULIÁN, Antonio. *La Perla de América, Provincia de Santa Marta, reconocida, observada y expuesta en discursos históricos por Don Antonio Julián*. Madrid, por Don Antonio de Sancha, 1787.

KIEKENS, J. F. *Un mártir gantés. Ignacio Toebast de la Compañía de Jesús. Su vida y su martirio 1648-1684*. Lovaina, Imprenta Charles Peeter. Rue de Namur, 22. 1888. En: José DEL REY FAJARDO. *Documentos jesuíticos relativos a la Historia de la Compañía de Jesús en Venezuela*; III, 223-274. [Tígulo original: *Een gentsche martelaar Ignatius Toebast, van het Gezelschap Jesus. Zijin Leven, zijne Brieven, en zijne Marteldood*. Louvain, 1888]

KINO, Eusebio. *Las misiones de Sonora y Arizona*. México, Editorial "Cultura", 1913-1922.

KRATZ, Guillermo. *El tratado hispano-portugués de límites de 1750 y sus consecuencias*. Roma, Institutum Historicum S. I., 1954.

LA CONDAMINE, Carlos María de. Viaje a la *América Meridional*. París 1745. En su versión española de la Cuarta Edición. Madrid, "Colección Austral". 1962.

LA CONDAMINE, Charles M. de. *Viaje a la América Meridional por el Río de las Amazonas*. Barcelona, Editorial Alta Fulla, 1986.

LACOUTURE, Jean. *Jesuitas. I. Los conquistadores*. Barcelona-Buenos Aires-México, Ediciones Paidós, 1993.

LANGEBAEK, Carl Henrik et alii. *Por los caminos del piedemonte. Una historia de las comunicaciones entre los Andes Orientales y los Llanos. Siglos XVI a XIX*. Santafé de Bogotá, Universidad de Los Andes, 2000.

LECLER, Joseph. "La <donation> d'Alexandre VI". En: *Etudes*, París (1938) 1-16; 195-208.

LODARES, Baltasar de. *Los franciscanos capuchinos en Venezuela*. Documentos referentes a las Misiones Franciscanas en esta República. Caracas, Cía. Anon. Edit. Empresa Gutenberg, 1929, 3 vols [I, 1929. II, 1930. III, 1931]

LÓPEZ RUIZ, Jesús María. *Herández de Serpa y su «hueste» de 1569 con destino a la Nueva Andalucía*. Caracas, Biblioteca de la Academia Nacional de la Historia, 1974.

LOZANO, Pedro. *Descripción Chorographica del terreno, Rios, Arboles y Animales de las dilatadíssimas Provincias del Gran Chaco, Gua-*

lamba y de los ritos y costumbres de las innumerables naciones barbaras e infieles que la habitan... Córdoba, En el Colegio de la Assumption, por Joseph Santos Balbás, 1733.

LUCENA GIRALDO, Manuel y Antonio E. DE PEDRO. *La frontera caríbica: Expedición de Límites al Orinoco, 1754-1761.* Caracas, Cuadernos lagovén, 1992.

LUCENA GIRALDO, Manuel y María del Mar FLORES. "Una aproximación a la Colección Bauzá". En: *Revista de Indias.* Madrid. Vol. L, n° 189 (1989) 547-584.

LUCENA GIRALDO, Manuel. "Ciencia para la frontera: las Expediciones de Límites españolas (1754-1804)". En: *Cuadernos Hispanoamericanos.* Los Complementarios/2. Madrid, 1988.

LUCENA GIRALDO, Manuel. "Defensa del territorio y explotación forestal en Guayana, 1758-1793". En: M. LUCENA GIRALDO (Edit.). *El bosque ilustrado. Estudios sobre la política forestal española en América.* Madrid, Ministerio del Medio Ambiente, 1991.

LUCENA GIRALDO, Manuel. "Expedición de Límites de 1754-1761". En: FUNDACIÓN POLAR. *Diccionario de Historia de Venezuela.* Caracas, II (1997) 292-294.

LUCENA GIRALDO, Manuel. "Los jesuitas y la expedición de límites al Orinoco, 1750-1767". En: *Paramillo.* San Cristóbal, 11-12(1992-1993) 243-257.

LUCENA GIRALDO, Manuel. *Laboratorio tropical.* La Expedición de Límites al Orinoco, 1750-1767. Caracas, Monte Ávila Editoresconsejo superior de Investigaciones Científicas, 1991.

MAIRE, Cristóbal y BOSCOVICH Roger Joseph. *De litteraria expeditione per Pontificiam dictionem ad dimetiendos duos meridiani gradus et corrigendam mappam geographicam jussu, et auspiciis Benedicti XIV. Pont. Max. suscepto a Patribus Societ. Jesu Christophoro Maire et Rogerio Josepho Boscovich.* Romae, MDCCLV.

MARONI, Pablo. *Noticias auténticas del famoso río Marañón, y misión apostólica de la Compañía de Jesús de la Provincia de Quito.* Madrid, Estab. tip. de Fortanet, 1889.

MARQUETTE, Jacques. *Récit des voyages et des découvertes du R. Père Jacques Marquette de la Compagnie de Jésus, en l'année 1673 et aux suivantes: La continuation de ses voyages par le R. P. Claude Alloüez et Le journal journal autographe du P. Marquette en 1674 & 1675, avec la carte de son voyage tracée de sa main.* Albanie, N.Y. Impr. de Weed, Parsons & cie., 1855.

MARTÍN, Luis. *La conquista intelectual del Perú.* Barcelona, Editorial Casipe, 2001.

MARTÍNEZ DE LA] ESCALERA, José. "Cassani, José). En: Charles E. O'NEILL y Joaquín Mª DOMÍNGUEZ. *Diccionario histórico de la Compañía de Jesús.* Roma-Madrid, I (2001) 695.

MARTÍNEZ RUBIO, Juan. *Comentarios acerca de las realizaciones de los Padres de la Compañía de Jesús de la Provincia del Nuevo Reino de Granada desde el año 1684 hasta el año 1690. [Commentarii eorum quae gesta sunt a Patribus Societatis Jesu Provinciae Novi Regni Granatensis ab anno sexcentesimo octogesimo quarto ad annum millesimum sexcentesimum nonagesimum].* ARSI. N. R. et Q., 13-I, fols., 36-103.

MATEOS, Francisco. "Antecedentes de la entrada de los jesuitas españoles en las Misiones de América". En: *Missionalia Hispanica.* Madrid (1944) 109-166.

MATEOS, Francisco. "Notas Históricas sobre el antiguamente llamado Archivo de las temporalidades de Jesuítas". En: Araceli GUGLIERI NAVARRO. *Documentos de la Compañía de Jesús en el Archivo Histórico Nacional.* Madrid, Editorial Razón y Fe, Madrid (1967) VII-LXXXXII.

MATEOS, Francisco. *Historia General de la Compañía de Jesús en la Provincia del Perú.* Crónica anónima de 1600 que trata del establecimiento y Misiones de la Compañía de Jesús en los países de habla española en la Améica Meridional. Tomo I. *Historia General y del Colegio de Lima.* Madrid, Consejo Superior de Ivestigaciones Científicas, 1944.

MERCADO, Pedro de. *Historia de la Provincia del Nuevo Reino y Quito de la Compañía de Jesús.* Bogotá, Biblioteca de la Presidencia de Colombia, 1957,

MERCADO, Pedro de. *Historia de la Provincia del Nuevo Reino y Quito de la Compañía de Jesús.* Bogotá, Biblioteca de la Presidencia de Colombia, 1957, 4 vols.

MIMBELA, Mateo. "Relación de la entrada a las Naciones Betoyes y su cristianización (1725)", En: José GUMILLA. *Escritos varios*. Caracas, Academia Nacional de la Historia (1970) 189-266.

MORALES PADRÓN, F. y J. LLAVADOR MIRA. *Mapas, planos y dibujos sobre Venezuela existentes en el Archivo General de Indias*. Sevilla Escuela Estudios Hispanoamericanos, 1958.

MORALES, Martín María (Edit.). *A mis manos han llegado*. Cartas de los PP. Generales a la antigua Provincia del Paraguay (1608-1639). Madrid-Roma, Monumenta Historica Societatis Iesu-Universidad Pontificia de Comillas, 2005.

MORENO DE ÁNGEL, Pilar y Jorge Orlando MELO GONZÁLEZ. *Caminos reales de Colombia*. Bogotá, Fondo FEN Colombia, I, 1995.

MOREY, Nancy C., y MOREY, Robert V., "Los sáliva" en Walter COPPENS (edit.), *Los aborígenes de Venezuela*, I, Caracas, Fundación La Salle de Ciencias Naturales, 1980, pp. 241-285.

NADAL, Jerónimo. *Commentarii de Instituto Societatis Jesu*. Roma, Monumenta Historica S. I., 1962.

O'NEILL, Charles E. "Briet, Philippe". En: Charles E. O'NEILL y Joaquín Mª DOMÍNGUEZ. *Diccionario histórico de la Compañía de Jesús*. Roma-Madrid, Institutum Historicum S. I.-Comillas, I (2001) 547.

O'NEILL, Charles E. "Geografía". En: Charles O'NEILL y Joaquín Mª. DOMÍNGUEZ. *Diccionario histórico de la Compañía de Jesús*. Roma-Madrid, Institutum Historicum S. I.-Universidad Pontificia de Comillas, II (2001) 1712-1714.

OJER, Pablo. "El Mapa de Guayana del P. Bernardo Rotella, S. J.". En: SIC. Caracas, nª. 250 (1962) 489-492.

OJER, Pablo. *Don Antonio de Berrío, Gobernador del Dorado*. Caracas, Universidad Católica Andrés Bello, 1960.

OJER, Pablo. *La Década fundamental en la controversia de Límites entre Venezuela y Colombia (1881-1891)*. Maracaibo, Corpozulia, 1982.

OJER, Pablo. *La formación del Oriente venezolano. I. Creación de las gobernaciones*. Caracas, Universidad Católica Andrés Bello, 1966.

ORTEGA, José. *Apostólicos afanes de la Compañía de Jesús, escritos por un Padre de la misma sagrada Religión de su provincia de México*. Barcelona, Pablo Nadal, 1754.

ORTIZ, Sergio Elías. *Nuevo Reino de Granada. Real Audiencia y Presidentes*. Tomo 4. *Presidentes de capa y espada (1654-1719)*. Bogotá, Academia Colombiana de la Historia, Historia Extensa de Colombia, vol., III, 1966.

OTS CAPDEQUÍ, José María. *Instituciones sociales de la América española en el período colonial*. La Plata, Facultad de Humanidades y Ciencias de la Educación, 1934.

OVIEDO Y BAÑOS, José. *Historia de la Provincia de Venezuela*. Madrid, Biblioteca de Autores Españoles. "Historiadores de Indias", 1958.

PACHECO, Juan Manuel. "La expulsión de los jesuitas del Nuevo Reino de Granada". En: *Revista de Indias*. Madrid, 113-114 (1968). 351-381.

PACHECO, Juan Manuel. "Los Jesuítas de la Provincia del Nuevo Reino de Granada expulsados en 1767". En: *Ecclesiastica Xaveriana*. Bogotá, 3 (1953) 23-78.

PACHECO, Juan Manuel. "Mercado, Pedro de (II)". En: Charles E. O'NEILL y Joaquín Mª DOMÍNGUEZ. *Diccionario histórico de la Compañía de Jesús*. Roma-Madrid, III (2001) 2632.

PACHECO, Juan Manuel. *Los jesuitas en Colombia*. Bogotá, Editorial San Juan Eudes, I, 1959; Hijos de Santiago Rodríguez, II, 1962; Pontificia Universidad Javeriana, III, 1989.

PARRA PARDI, María Elena. "Fernández de Serpa, Diego". En: FUNDACIÓN POLAR. *Diccionario de Historia de Venezuela*. Caracas, Fundación Polar, II (1997) 338-339.

PARRA PARDI, María Elena. "Mendoza y Berrío, Martín de". En: Charles E. O'NEILL y Joaquín Mª DOMÍNGUEZ. *Diccionario histórico de la Compañía de Jesús*. Roma-Madrid, III (2001) 127.

PATIÑO, Víctor Manuel. *Historia de la cultura material en la América equinoccial*. Tomo III. *Vías, transportes, comunicaciones*. Bogotá, Instituto Caro y Cuervo, 1991.

PELLEPRAT, Pierre. *Relato de las Misiones de los Padres de la Compañía de Jesús en las Islas y en Tierra Firme de América Meridio-*

nal. Estudio preliminar por José del Rey. Caracas, Academia Nacional de la Historia, 1965.

PERERA, Miguel Ángel. *La provincia fantasma. Guayana siglo XVII.* Ecología cultural y antropología histórica de una rapiña, 1598-1704. Caracas, Universidad Central de Venezuela, 2003.

PERERA, Miguel Ángel. *Oro y Hambre: Antropología histórica y Ecología cultural de un mal entendido. Guayana en el siglo XVI.* [Manuscrito].

PÉREZ ÁNGEL, Héctor Publio. *La hacienda de Caribabare. Estructura y relaciones de mercado 1767-1810.* Yopal (Casanare), 1997.

PLAZAOLA, Juan (Edit.). *Jesuitas exploradores, pioneros y geógrafos.* Bilbao, Ediciones Mensajero, 2006.

PÖCK, Gaspar. Véase: Gaspar Beck,

PRADILLA Elena. "Un caso de encomienda tuneba 1635-1664. Aspectos históricos. Los tunebos". En: *Repertorio Boyacense.* Tunja. Año LXXII (1988) n°. 321, pp. 22-51.

QUIROGA, José. *Descripción del Río Paraguay, desde la boca del Xauru hasta la confluencia del Paraná,* por el P. José Quiroga de la Compañía de Jesús. Buenos Aires, Imprenta del Estado, 1836.

RALEIGH, Walter. *The Discoverie of the large, rich and bewtiful empyre of Guiana, with a relation of the great and Golden Citie of Manoa (wich the Spanyards call El Dorado)...* London, Robert Robinson, 1596.

RAMOS PÉREZ, Demetrio. "La defensa de Guayana". En *Revista de Indias.* Madrid, 16 (1956) 527-584.

RAMOS PÉREZ, Demetrio. "Las ideas geográficas del Padre Gumilla". En: *Estudios geográficos.* Madrid, n° 14 (1944) 179-199.

RAMOS PÉREZ, Demetrio. "Un mapa inédito del Río Orinoco". En: *Revista de Indias.* Madrid. Año V, n° 15 (1944) 89-104.

RAMOS PÉREZ, Demetrio. *El mito del Dorado. Su génesis y proceso.* Caracas, Academia Nacional de la Historia, 1973.

RAMOS PÉREZ, Demetrio. *El tratado de límites de 1750 y la expedición de Iturriaga al Orinoco.* Madrid, Consejo Superior de Investigaciones Científicas, 1946.

RAMOS, Demetrio. "Gumilla y la publicación de El Orinoco ilustrado". En: P. José GUMILLA S. I. *El Orinoco Ilustrado y Defendido*. Caracas, Biblioteca de la Academia Nacional de la Historia, vol., 68 (1963) p. XXVII-CXXXVIII.

RAMOS, Demetrio. "Un mapa inédito del Río Orinoco. Es el precedente del de Gumilla y el más antiguo de los conocidos". En: *Revista de Indias*. Madrid, n°. 15 (1944) 89-104.

RAUSCH, Jane M., *Una frontera de la sabana tropical. Los llanos de Colombia 1531-1831,* Colección Bibliográfica Banco de Colombia, s/a (El original inglés es de 1984) Santafé de Bogotá,

RIVERA, José Eustasio. *La vorágine*. Bogotá, Editorial Pontificia Universidad Javeriana, 2005.

RIVERO, Juan. *Historia de las Misiones de los Llanos de Casanare y los ríos Orinoco y Meta*. Bogotá, Biblioteca de la Presidencia de Colombia, 1956.

RODRÍGUEZ MIRABAL, Adelina. "Comunicaciones y transporte". En: En: FUNDACIÓN POLAR. *Diccionario de Historia de Venezuela*. Caracas, 1 (1997) 948-953.

RODRÍGUEZ, Manuel. *El Marañon y Amazonas, historia de los descubrimientos, entradas y reducción de naciones...* Madrid, en la Imprenta de Antonio Gonçalez de Reyes, 1684.

RUEDA Enciso, José Eduardo. "El complejo económico administrativo de las antiguas haciendas jesuíticas del Casanare". *Boletín Cultural y Bibliográfico*. Bogotá, Biblioteca Luis Ángel Arango. Volumen XXVI, n° 20 (1989) 3-16

RUEDA ENCISO, José Eduardo. "El desarrollo geo-político de la Compañía de Jesús en los Llanos Orientales de Colombia". En *Los Llanos: una historia sin fronteras*. Simposio de Historia sobre los Llanos colombo-venezolanos. (Octubre, 1988) 184-196.

RUIZ JURADO, Manuel. "Nadal, Jerónimo". En: Charles E. O'NEILL y Joaquín Mª DOMÍNGUEZ. *Diccionario histórico de la Compañía de Jesús*. Roma-Madrid, 3 (2001) 2793-2796.

SÁEZ, José Luis. "Los jesuitas en el Caribe insular de habla castellana (1575-1767)". En: *Paramillo*. San Cristóbal, 16 (1997) 5-156.

SALAZAR QUIJADA, Adolfo. *La Toponimia venezolana en las fuentes cartográficas del Archivo General de Indias*. Caracas, Academia Nacional de la Historia, 1983.

SAMUDIO, Edda. *El colegio San Francisco Javier en el contexto de la Mérida colonial*. Mérida, Universidad de Los Andes, I, 2003.

SANTOS HERNÁNDEZ, Ángel. "Actividad misionera de los jesuitas en el continente americano". En: José DEL REY FAJARDO (Edit.). *Misiones jesuíticas en la Orinoquia*. San Cristóbal, Universidad Católica de Táchira, I (1992) 7-137.

SANTOS, Ángel. "Mariana (Mariano). Luis". En: Charles E. O'NEILL y Joaquín Mª DOMÍNGUEZ. *Diccionario histórico de la Compañía de Jesús*. Roma-Madrid, 3 (2001) 2507.

SEBES, Joseph y John W. WITEK. "China". En: Charles E. O'NEILL y Joaquín Mª DOMÍNGUEZ. *Diccionario histórico de la Compañía de Jesús*. Roma-Madrid, 1 (2001) 776-787.

SHERBURNE, Richard F. "Andrade, Antonio de". En: Charles E. O'NEILL y Joaquín Mª DOMÍNGUEZ. *Diccionario histórico de la Compañía de Jesús*. Roma-Madrid, 1 (2001) 160-161.

SOMMERVOGEL, Carlos. *Bibliothèque de la Compagnie de Jésus*. Bruxelles, Schepens-París, Picard, 1890-1932, 11 vols. [Reimpresión por el P. M. DYKMANS. Héverlé-Louvain. Éditions de la Bibliothèque S. J. Collège philosophique et théologique, 1960].

STREIT, Rob. *Bibliotheca Missionum*. Dritter Band. *Amerikanische Missionsliteratur 1700-1909*. 1927.

STRILIC, Ivan. "Boskovic, Rudjer". En: Charles E. O'NEILL y Joaquín Mª DOMÍNGUEZ. *Diccionario histórico de la Compañía de Jesús*. Roma-Madrid, Institutum Historicum S. I.-Comillas, I (2001) 499-500.

TAPIA, Matías de. *Mudo lamento de la vastísima, y numerosa gentilidad, que habita las dilatadas márgenes del caudaloso Orinoco, su origen, y sus vertientes, a los piadosos oídos de la Magestad Cathólica de las Españas, nuestro Señor Don Phelipe Quinto (que Dios guarde)*. Madrid, 1715. [Reproducido en: José DEL REY. *Documentos jesuíticos relativos a la Historia de la Compañía de Jesús en Venezuela*. Caracas, Academia Nacional de la Historia (1966) 169-213].

212

TOVAR, Antonio y Consuelo LARRUCA DE TOVAR. *Catálogo de las lenguas de América del Sur con clasificaciones, indicaciones tipológicas, bibliografía y mapas.* Madrid, Edit. Gredos, 1984.

URIARTE, J. Eug. de. *Catálogo razonado de obras anónimas y seudónimas de autores de la Compañía de Jesús pertenecientes a la antigua asistencia española*: con un apéndice de otras de los mismos, dignas de especial estudio bibliográfico... Madrid, Sucesores de Rivadeneyra, 1904-1916, 5 vols.

URIARTE, José Eug. de y Mariano LECINA. *Biblioteca de escritores de la Compañía de Jesús pertenecientes a la antigua Asistencia de España, desde sus orígenes hasta el año de 1773.* Madrid, Viuda de López del Horno, I, 1925; Gráfica Universal, II, 1929-1930.

USECHE LOSADA, Mariano. *El proceso colonial en el alto Orinoco-Río Negro (siglos XVI a XVIII).* Bogotá, Banco de la República, 1987.

VALKENBORG. *Treurig Verhaal van de reize en marteldood van den eerw. P. I. Toebast ...* Gand., 1716.

VARGAS UGARTE, Rubén. *Historia de la Compañía de Jesús en el Perú.* Burgos, Imprenta de Aldecoa, 1963-1965, 4 vols.

VAUMAS, G. DE. *L'éveil missionnaire de la France au XVIIe. Siècle.* París, Bloud & Gay. Bibliothèque de l'histoire de l'Eglise. Collecion publiée sous la direction de e. Jarry. Giovanni, 198.

VAUMAS. *L'éveil missionaire de la France au XVIIe siècle.* Paris, Bloud& Gay, 1959.

VAZ DE CARVALHO, José. "VEIGA, Eusebio da". En: Charles E. O'NEILL y Joaquín Mª DOMÍNGUEZ. *Diccionario histórico de la Compañía de Jesús.* Roma-Madrid, Institutum Historicum S. I.-Comillas, IV (2001) 3916.

VEGA, Agustín de. *Noticia del Principio y progresos del establecimiento de las Missiones de Gentiles en el Rio Orinoco, por la Compañía de Jesus, con la continuacion, y oposiciones que hicieron los Carives hasta el año de 744 en que se les aterro, y atemorizo, con la venida de unos Cabres traydos, que se havecindaron en Cabruta. Lo que para mejor inteligencia iremos contando por los años, en que se establecieron dichas Missiones, y lo que en cada uno passó, cómo passó, la qual relacion haze un testigo de vista que lo ha an-*

dado todo por si mismo muchas vezes, Religioso de la Misma Compañia. El manuscrito que hemos utilizado reposa en la Biblioteca Newberry de Chicago. Mss. 1180. Lo publicamos en: *Documentos jesuíticos relativos a la Historia de la Compañía de Jesús en Venezuela.* Caracas, II (1974) 9-149. La segunda edición aparece de forma autónoma en la Biblioteca de la Academia Nacional de la Historia el año 2000.

VELANDIA, Roberto. *Descubrimientos y caminos de los Llanos orientales.* Bogotá, Colcultura, 1996.

VENEGAS, Miguel. *Noticia de la California y de su conquista temporal y espiritual hasta el tiempo presente.* Madrid, en la imprenta de la viuda de Manuel Fernandez, y del Supremo Consejo de la Inquisicion, 1757.

VERGARA Y VELASCO, F. J., *Nueva geografía de Colombia,* Bogotá, Imprenta de Vapor de Zalamea Hermanos, 1901-1902,

VILA, Pablo. *Geografía de Venezuela. II. El paisaje natural y el paisaje humanizado.* Caracas, Ministerio de Educación, 1965.

VILLALBA, Jorge y J. Mª DOMÍNGUEZ. "Fritz, Samuel". En: Charles E. O'NEILL y Joaquín Mª DOMÍNGUEZ. *Diccionario histórico de la Compañía de Jesús.* Roma-Madrid, II (2001) 2194-2195.

VILLALBA, Jorge. "Chantre y Herrera, José". En: En: Charles E. O'NEILL y Joaquín Mª DOMÍNGUEZ. *Diccionario histórico de la Compañía de Jesús.* Roma-Madrid, I (2001) 751-752.

VILLALBA, Jorge. "Maroni, Pablo". En: Charles E. O'NEILL y Joaquín Mª DOMÍNGUEZ. *Diccionario histórico de la Compañía de Jesús.* Roma-Madrid, III (2001) 2511.

VILLALBA, Jorge. "Rodríguez Villaseñor, Manuel". En: Charles E. O'NEILL y Joaquín Mª DOMÍNGUEZ. *Diccionario histórico de la Compañía de Jesús.* Roma-Madrid, IV (2001) 3398.

VILLAVA, Jorge. «V. Descubriientos geográicos y cartografia». En: Charles E. O'NEILL. "Geografía". En: Charles O'NEILL y Joaquín Mª. DOMÍNGUEZ. *Diccionario histórico de la Compañía de Jesús.,* I, 126-127.

VINDEL, F. *Mapas de América en los libros españoles (1503-1798).* Madrid, Talleres tipográficos de Góngora. 1955.

VIVAS RAMÍREZ, Fabricio. "Comunicaciones fluviales y lacustres". En: FUNDACIÓN POLAR. *Diccionario de Historia de Venezuela.* Caracas, 1 (1997) 943-945

WEST, Robert C., "The Geography of Colombia" en *The Caribbean Contemporary Colombia,* CURTIS WILGIUS, A. (edit.), Gainesville 1962, p. 19

WITEK, John W. "AIGENLER, Adam". En: Charles E. O'NEILL y Joaquín Mª DOMÍNGUEZ. *Diccionario histórico de la Compañía de Jesús.* Roma-Madrid, Institutum Historicum S. I.-Comillas, I (2001) 27.

WITEK, John W. "AVRIL, Philippe". En: Charles E. O'NEILL y Joaquín Mª DOMÍNGUEZ. *Diccionario histórico de la Compañía de Jesús.* Roma-Madrid, Institutum Historicum S. I.-Comillas, I (2001) 308.

WRIGHT, Jonathan. *Los jesuitas. Una historia de los soldados de Dios.* Santa Perpetua de Mogola (Barcelona). 2005.

ZUBILLAGA. Félix. *Cartas y escritos de San Francisco Javier.* Madrid, Biblioteca de Autores Cristianos, t. 101, 1979.

CPSIA information can be obtained
at www.ICGtesting.com
Printed in the USA
BVHW070814150419
545531BV00001B/106/P

9 789803 654504